电信网络诈骗关联犯罪法律适用疑难问题研究

◉ 主　编　李怀胜
◉ 副主编　李　佳　傅　博

人民日报出版社

北京

图书在版编目（CIP）数据

电信网络诈骗关联犯罪法律适用疑难问题研究 /
李怀胜主编 . — 北京：人民日报出版社，2023.9
ISBN 978-7-5115-7954-6

Ⅰ.①电… Ⅱ.①李… Ⅲ.①电信—诈骗—预防犯罪—
法规—法律适用—中国②互联网络—诈骗—预防犯罪—
法规—法律适用—中国 Ⅳ.① D924.335

中国国家版本馆 CIP 数据核字（2023）第 162296 号

书　　名：**电信网络诈骗关联犯罪法律适用疑难问题研究**
　　　　　DIANXIN WANGLUO ZHAPIAN GUANLIAN FANZUI FALÜ SHIYONG
　　　　　YINAN WENTI YANJIU

主　　编：李怀胜

出 版 人：刘华新
责任编辑：毕春月　刘思捷
装帧设计：新成博创
　　　　　XIN CHENG BO CHUANG

出版发行：人民日报出版社
社　　址：北京金台西路 2 号
邮政编码：100733
发行热线：（010）65369509　65369527　65369846　65363528
邮购热线：（010）65369530　65363527
编辑热线：（010）65369521
网　　址：www.peopledailypress.com
经　　销：新华书店
印　　刷：北京博海升彩色印刷有限公司
法律顾问：北京科宇律师事务所　（010）83622312

开　　本：710mm×1000mm　1/16
字　　数：258 千字
印　　张：17.5
版次印次：2023 年 10 月第 1 版　2023 年 10 月第 1 次印刷

书　　号：ISBN 978-7-5115-7954-6
定　　价：68.00 元

编委会

（以撰写章节先后为序）

李怀胜　中国政法大学网络法学研究所所长

李　佳　腾讯公司法务部总经理

傅　博　北京天达共和律师事务所律师

陈希娟　北京市东城区人民检察院检察官助理

李嘉裕　上海市人民检察院检察官助理

孙跃元　中国政法大学博士研究生

苏锾圯　北京航空航天大学博士研究生

华钦卿　中国政法大学硕士研究生

陈　钏　中国政法大学硕士研究生

文思宇　中国政法大学硕士研究生

易　琴　中国政法大学硕士研究生

门美子　腾讯公司法务部高级总监

姚　理　腾讯公司法务部高级研究员

吴延鸿　腾讯公司法务部高级研究员

王　斌　腾讯公司法务部高级研究员

万　毅　腾讯公司法务部高级研究员

周　杨　腾讯公司法务部高级研究员

前　言

近年来，电信网络诈骗关联犯罪形势十分严峻，已成为发案最多、上升最快、涉及面最广、人民群众反映最强烈的犯罪类型。在现代信息技术条件下，伴随网络的非接触性和金融的高度便捷性，电信网络诈骗犯罪呈现出破案难、追赃难、定性难等诸多特点，电信网络诈骗关联犯罪的主观明知推定困境、客观行为厘定困境、管辖困境、证据认定困境等成为制约司法实践打击电信网络诈骗关联犯罪的重要因素。这决定了治理电信网络诈骗关联犯罪是一项艰巨的工作任务，诸多司法适用疑难问题，有待进一步厘清。在此背景下，中国政法大学网络法学研究所联合腾讯公司法务部展开对电信网络诈骗关联犯罪法律适用疑难问题的研究，本书即研究成果。

本书以"基础事实—刑事实体—刑事程序—转化提升"为脉络，有针对性地回应电信网络诈骗关联犯罪法律适用疑难问题，以期满足司法实践有效打击电信网络诈骗犯罪的现实需求，同时为网络犯罪刑法理论研究提供进一步参考。

第一章"电信网络诈骗的严重社会危害与刑法规范供给不足"，分析了电信网络诈骗犯罪社会侵害的产业链化和复合法益化指向，归纳总结了当前法学理论、立法与司法实践对电信网络诈骗犯罪的多元角度应对，并宏观地提出"源头治理—提前介入—立足根本"的电信网络诈骗犯罪治理破局之道。

第二章"基础事实：电信网络诈骗黑灰产链条核心节点与'两卡'功能的定位与打击机制"，从犯罪学的角度，以电信网络诈骗犯罪总体概况为切入点，分析了电信网络诈骗黑灰产链条的结合方式与动态运行模式，电信网络诈骗关联犯罪的公司化、"合法化"、集资化转型现状，以及当前针对电信网络诈骗犯罪全链条规制措施的实证效能，归纳出在预防、侦查、抓捕、追赃挽损等各个环节都存在的影响打击效能的阻碍因素，进而展开对电信网络诈骗关联犯罪治理中的刑事实体问题的探索研究。

第三章"刑事实体：电信网络诈骗关联犯罪法律适用疑难问题的解决路径探索研究"，主观方面，在归纳总结当前网络犯罪领域明知推定的理论和实践发展路径的基础上，尝试在帮助信息网络犯罪活动罪中构建典型行为与主观目的的对应模型，并将其制度化。客观方面，在采用"独立的参与行为说"解释帮助信息网络犯罪活动罪行为性质的基础上，对支付结算型帮助信息网络犯罪活动罪与掩饰、隐瞒犯罪所得、犯罪所得收益罪的适用做出区分；同时，针对电信网络诈骗犯罪的数额认定困境，补充性地提出"时空规制模式"，以适应我国打击境外有组织电信网络诈骗犯罪的高压政策。

第四章"刑事程序：电信网络诈骗关联犯罪的统一管辖机制与行刑衔接机制构建研究"，对电信网络诈骗关联犯罪治理中存在的若干刑事程序困境提出解决方案，包括现行法律司法解释框架下电信网络诈骗关联犯罪管辖困境的破解思路，跨境电信网络诈骗犯罪瑕疵证据转化的"前端—中端—终端"方案调适，电子数据真实性与完整性保障的优化方案，电信网络诈骗追赃挽损机制建构，以及网络犯罪案件反向行刑衔接机制构建的调适路径。

第五章"转化提升：'防控一体化'视野下电信网络诈骗关联犯罪的风险合规共治防范研究"，基于合规预防理念，提出电信网络诈骗关联犯罪综合治理体系应坚守"防控一体化"思路，建立案件分流处理机制和跨地域、跨部门的预警监测与信息共享体制。同时，检察机关宜在电信网络诈骗关联犯罪综合治理体系中发挥协调枢纽和指导监督的作用。此外，网络平台在电信网络诈骗关联犯罪综合治理体系中的协同治理地位亦不可或缺，本书以介绍腾讯公司的反诈防治策略体系为主，建议网络平台应在电信网络诈骗治理中发挥相应的积极作用。

本书是笔者主持的 2022 年国家社科基金一般项目"人工智能时代算法安全的刑法保障研究"（项目号：22BFX048）的阶段性研究成果，它既可以为司法实务治理电信网络诈骗及其关联犯罪提供相关解决方案，又可以作为相关理论研究的参考书目。本书由笔者担任主编，腾讯公司法务部总经理李佳、北京天达共和律师事务所律师傅博担任副主编，本书撰稿人还包括北京市东城区人民检察院检察官助理陈希娟，上海市人民检察院检察官助理李嘉裕，中国政法大学博士研究生孙跃元，北京航空航天大学博士研究生苏镘圯，中国政法大学硕士研究生华钦卿、陈钏、文思宇、易琴，以及腾讯公司法务部的门美子、姚理、吴延鸿、王斌、万毅、周杨等专家学者。

本书的出版，离不开腾讯公司法务部的大力支持，以及人民日报出版社编辑为本书所做的工作。对此，我们表示衷心的感谢！

李怀胜

中国政法大学网络法学研究所所长

2023 年 5 月 20 日

目　录

第一章

电信网络诈骗的严重社会危害与
刑法规范供给不足

电信网络诈骗犯罪是一种伴随社会发展和科技进步产生的，且不断衍生变化的新型侵犯财产犯罪，它是指以非法占有为目的，利用固话、手机、网络等现代电信技术手段及信件、报纸等传统媒介传递虚假信息，通过银行自助存兑功能或其他支付手段，以非接触性的方式实现非法占有他人财物目的的行为。当前，电信网络诈骗已成为世界各国面临的社会"顽疾"之一，诈骗联络方式也逐渐从电话、短信、电子邮件向社交网站、即时通信工具蔓延扩散，诈骗手法不断翻新，技术对抗性持续增强，诈骗话术紧跟时事热点，从提供免费旅游、机票、快递理赔到谎称中大奖、政府退税等；诈骗模式也从境内诈骗向跨境诈骗发展，例如，2019年底马来西亚警方破获的"中国公民在马来西亚最大的电信诈骗"，以及2020年初德国土耳其警方联合铲除的"重大电信诈骗窝点"，均为诈骗犯罪集团组织人员在海外设立"大本营"对本国人民实施跨境诈骗。[①] 对此，党中央、国务院高度重视打击治理电信网络诈骗违法犯罪工作，各地区各部门各行业和全国公安机关全链条重拳打击涉

---

① 中国信息通信研究院安全研究所：《新形势下电信网络诈骗治理研究报告》，2020年，第1页。

诈犯罪生态系统，全方位筑牢技术反诈防护网，全领域铲除电信网络诈骗犯罪滋生土壤。[①]但在电信网络诈骗及其关联犯罪持续高发的背景下，无论是刑事立法还是刑事司法，均表现出刑法规范供给不足的现象，这成为治理电信网络诈骗犯罪的重要制约因素。

第一节　电信网络诈骗犯罪的社会侵害指向

　　电信网络诈骗犯罪活动在我国最早出现于 20 世纪 90 年代的台湾地区，2003 年左右从福建传入大陆，并在全国范围内蔓延。其发展大致可分为三个阶段：第一阶段"萌芽期"（2005—2015 年），主要表现为通过"刮刮卡"、手机短信和大量拨打电话"广撒网式"进行诈骗，通过冒充老师、公检法机关等话术进行诈骗，加之早期的反诈宣传并不普及，给诈骗分子留下较大犯罪空间；第二阶段"发展期"（2016—2019 年），随着互联网技术的迅速发展，金融支付手段的多样化，早期的通讯诈骗升级为网络诈骗，现金交易支付也转型为移动支付方式，形式和手段五花八门，令人防不胜防；第三阶段"多发期"（2020 年以来），2020 年新冠疫情发生以后，电信网络诈骗案件更是迅猛增长，被诈骗对象也逐渐从老年人、低学历者等特殊群体扩大至所有人。

　　经过 20 多年来的发展，电信网络诈骗犯罪形成了上、中、下游分明的链条式行业特征，由单纯的财产犯罪蜕变为综合性、复合型的危害社会秩序犯罪，涉及扰乱无线电通讯管理秩序罪，掩饰、隐瞒犯罪所得、犯罪所得收益罪，侵犯公民个人信息罪，妨害信用卡管理罪，帮助信息网络犯罪活动罪等罪名。

---

① 《坚决遏制电信网络诈骗违法犯罪多发高发态势》，《人民日报》2022年4月19日第6版。

一、由单一的诈骗犯罪向综合的全产业链条的犯罪转变

电信网络诈骗犯罪刚开始在国内兴起时,主要通过电话、信件、张贴广告、报刊刊文等方式,向不特定人发送虚假信息实施诈骗。实施模式一般为一人或者几人一组,在电信诈骗活动中各自独立完成针对不同被害人的完整诈骗行为,各诈骗环节分别独立,没有交叉或重合。这一时期的电信网络诈骗犯罪,由于技术和情报水平较低,未形成犯罪产业,多为各犯罪团伙或个人独立作业,成员之间没有分工或者分工不明确,与普通诈骗罪的区别主要在于通信工具和钱款支付方式的不同,属于单一的诈骗犯罪,不涉及上、中、下游的关联犯罪。

然而,近年来随着互联网新技术的不断发展,电信网络诈骗形式层出不穷、诈骗手段不断升级、分工日益细化,电信网络诈骗犯罪逐渐形成了上、中、下游环节相互协作的全产业链条式犯罪模式,又称为"电信网络诈骗黑灰产业链"。其中,上游环节主要为之后实施电信网络诈骗犯罪收集并提供各种资源,包括信息物料与技术工具等。信息物料是指与个人身份有关的信息,如手机号码、实名制网络账号、信用卡信息资料等。技术工具主要包括物理性工具与程序性工具。前者主要是指猫池、卡池、手机群控设备、伪基站等,后者主要包括计算机病毒等破坏性程序、钓鱼网站等。[1]中游环节主要表现为实施诈骗,是电信网络诈骗的核心环节,一般包括确定诈骗对象、编写诈骗脚本、开展诈骗活动等内容。下游环节则通常是诈骗成功后的非法洗钱活动。通过"地下钱庄"、收购个人银行卡"四件套"或空壳公司对公账户手法洗钱,是传统的洗钱手段。2020年以来,通过数字货币、"跑分平台"、"第四方支付"等实施洗钱的手法越发常见,甚至出现通过黑客技术批量劫持话费充值订单,从而使正常充值用户在完全不知情的情况下沦为洗钱犯罪工具的新

---

① 刘宪权:《网络黑产链犯罪中帮助行为的刑法评价》,《法学》2022年第1期,第67页。

型洗钱手段。^①上、中、下游各环节联系紧密，又相互独立，由此围绕电信网络诈骗衍生出一系列专业的"引流""洗钱""侵公""贩卡""贩号"等互相支持、互相依存、利益共享的黑灰产业链犯罪模式，电信网络诈骗呈现系统化、生态化、专业化的趋势。^②重点高发的具备系统化产业链模式的新型诈骗形式，主要有以下三种。

（一）交友类诈骗：杀猪盘

"杀猪盘"主要指通过婚恋平台、社交软件等方式寻找潜在受害者，通过包装人设、情感经营换取对方信任；一旦确立恋爱关系，就开始以投资理财平台高回报、赌博网站有漏洞等话术，诱骗被害人拿钱出来，最终实现骗取钱财的目的。

自 2018 年底开始，短视频平台开始成为"杀猪盘"引流的重要途径，不法黑灰产团伙开始在短视频平台寻找、吸引潜在受害者。短视频平台的"杀猪盘"骗局一般分为两类：一类为冒充 40 岁以下男子，专门针对有情感需求的女性用户进行诈骗，最近还出现了包装成 30 岁以下女子的账号，用以欺骗男性用户；另一类为冒充维和军官，一般包装为 40—50 岁的外国男子，或者冒充维和警察和护士，用以欺骗目标用户。这些"杀猪盘"团伙会先养号、发布视频、积累粉丝、增加点赞量，尤其是会故意发布自拍照，然后通过上述账号向其目标人群发送私信，吸引目标人群的关注和喜欢，在双方有过初步交流后向对方提供社交账号，引流到社交账号上进一步进行关系维护，为下一步行骗做准备。

---

① 庄华、马忠红：《东南亚地区中国公民跨境网络犯罪及治理研究》，《南洋问题研究》2021 年第 4 期，第 49 页。

② 孙建光：《浅谈当前形势下电信网络诈骗犯罪治理》，《信息网络安全》2021 年增刊，第 30 页。

（二）兼职类诈骗：杀鸟盘

"杀鸟盘"主要指刷单诈骗、兼职诈骗，骗子通过发布高薪兼职信息吸引受害者参与，再通过套路不断鼓动受害者投钱代刷，最终骗取其所有投资钱财。

"杀鸟盘"基本可以分为五个步骤：第一步"买饵料"，定位目标人群，在校学生、家庭主妇、无固定收入人群是主要诈骗对象；第二步"挂鸟网"，通过私信、视频等发布虚假兼职招工广告，引"鸟"至其他社交软件进行诱骗；第三步"喂鸟"，诱骗成功后，前期以虚假利好、小额任务返利等骗取信任，让"鸟"以为真的能赚到钱；第四步"醉鸟"，逐渐增加刷单、充值金额，以"系统故障""任务未完成"等借口骗"鸟"加大金钱投入；第五步"杀鸟"，以不完成任务不返利为借口，诱骗恐吓"鸟"继续刷单，达到一定金额则删除拉黑。

（三）金融类诈骗：杀鱼盘

"杀鱼盘"主要指信用卡提额、贷款诈骗，骗子在网上发布信息称，可以提高信用卡额度、强制开通蚂蚁借呗、黑户"洗白"来吸引受害者上钩，随后通过发布虚假链接，诱骗受害者通过花呗等付款。

其步骤和形式与"杀猪盘""杀鸟盘"类似，首先通过"钓鱼手"在各大社交平台引流，注册大量账号发布金融广告，"鱼"上钩后转给"杀鱼手"，此后便采取一系列诈骗话术进行"坑蒙拐骗"，在此过程中离不开"链接手"制作相应金额的虚假链接以提供实质性帮助。

二、由单纯的侵犯财产犯罪向复合的多重法益侵害转变

20世纪90年代，电信网络诈骗主要依靠电话进行，当时台湾地区的一些骗子通过"王八卡"（冒名申请的电话卡）实施诈骗，他们声称被害人中了刮刮乐和赌马等大奖，但在领奖前需要先寄出一定额度的税金以及律师费、公

证费、手续费的方式进行诈骗。2003年以后，这种诈骗方式传到大陆，恰逢短信用户爆发式增长，短信诈骗因此成为主要手段之一。2008年之后，随着电脑、手机的普及，一些犯罪分子开始用钓鱼网站、木马病毒等网络手段实施诈骗。然而这一时期的电信网络诈骗犯罪不论是通过电话、短信的方式，还是利用钓鱼网站等网络手段实施诈骗，电话、短信、网站都只是实施诈骗活动的工具与媒介，所侵害的犯罪客体始终是财产法益。

随着网络技术的不断发展，电信网络诈骗活动逐步演变成犯罪产业，形成严密复杂、相互配合、环环相扣的网络黑灰产业链条，并以电信网络诈骗为核心衍生出一系列上、中、下游关联犯罪。此时的电信网络诈骗犯罪依靠完备的"贩号""洗钱"等黑灰产业，与互联网平台以及一些通信工具相互融合。电信网络诈骗犯罪不仅仅是以网络、电话等为媒介，对公私财产进行诈骗的侵犯财产法益的犯罪，更是依靠上、中、下游各环节的网络黑灰产业，对网络信息安全、司法秩序等多重法益造成侵害的产业链式犯罪。基于电信网络诈骗犯罪黑灰产业链式的发展，目前，电信网络诈骗犯罪侵害的法益既涉及上游环节的信息利益、网络安全秩序利益，又包括中游环节的财产利益，更涵盖下游环节的金融管理秩序、司法秩序等法益，其侵害的法益已经由单独的财产利益转变为复合的多重法益。

电信网络诈骗的产业链中至关重要的上游"引流"和下游"变现"，涉及除诈骗罪本身侵犯的财产权益以外的其他众多法益，目前存在的典型模式总结如下。

（一）上游犯罪：跨平台"引流"诈骗

黑灰产诈骗团伙的运作模式近年来持续创新，正在呈现智能化、产业化、链条化和跨平台化的趋势。以短视频平台为例，跨平台引流作案模式体现为：利用短视频平台内容传播速度快、触达面广的特性，发布诱惑性内容，引导用户前往第三方社交平台沟通，配合刷单、贷款、交友、返利等多种手法诈骗，逐渐形成"恶意注册—引流—诈骗—洗钱"各环节精细分工的完整链条。除短视频平台以外，二手交易平台、婚恋网站、招聘网站等，只要具有发送私信、评论等功能的平台，都可能成为引流入口。引流黑灰产多以工作室、营销公司的身份活动，绕过平台限制规则，甚至使用"定制型引流脚本"大量发送低俗广告、涉黄涉政等内容，从而达到曝光目的。此种周期长、环节多、手法叠加的引流诈骗方式，也加大了各个平台与黑灰产诈骗团伙对抗的难度。

目前，跨平台引流诈骗黑灰产已实现"分身"，上游套路，下游行骗，即形成"引流"与"变现"两个分工明确的上、下游产业：上游通过吸粉、广告点击、流量劫持、话术获得"粉丝"引流至下游，此时群控软件、引流脚本等外挂设备便成为辅助工具；被上游的引流团伙导入下游的流量会被"标签化"，分为色情流量、股民流量、车主流量、赌徒流量、兼职流量、租房流量等多个类型，再以不同的价格卖给定向诈骗团伙（进一步实施诈骗）或"黑五类"产品销售人员，进行变现。引流团伙在犯罪链条中所处地位不同，可能涉嫌诈骗罪，帮助信息网络犯罪活动罪，提供侵入、非法控制计算机信息系统程序、工具罪等。基于此，引流环节应作为平台及政府监管部门搭建反诈攻防体系的关键一环。

引流诈骗根据推广手法不同，可以总结为以下五种模式。

1. 利用视频内容"吸粉引流"

短视频本身内容丰富多样且基于推荐算法可以精准触达受众，部分黑灰产分子发布炫富、色情等低俗视频，健康、减肥、美妆等硬广告营销视频，壁纸、明星、影视等各类吸睛视频增加粉丝量，以上述视频内容为噱头，直接引导有需求的粉丝添加社交账号；或者利用所积攒粉丝量在直播间内以"宠粉"为名义，引导粉丝加入粉丝群或第三方交易平台，从而进一步实施精准诈骗。

例如，在房某庆、谭某帮助信息网络犯罪活动案中，被告人房某庆、谭某共同出资提供手机、电脑等设备，开设工作室，被告人房某庆负责提供技术支持，被告人谭某负责对接上家客户接单、管理财务，并聘用被告人胡某奇、周某意等人作为业务员，负责注册抖音账号、拍摄及发布视频。被告人房某庆、谭某、胡某奇、周某意明知其上家利用色情视频网站实施犯罪，仍通过自行拍摄并发布带有色情诱惑的视频，视频内明示其上家的社交账号，吸引目标男性添加账号后付费观看该网站色情视频的方式，帮助其上家拉动、吸引网站客源，并从中获利。该工作室共计非法获利人民币 8 万余元。使用话术包括"看片加我，好看不贵，海量资源，应有尽有……"①

此外，还包括以下主要形式：利用壁纸视频吸引"壁纸粉"，引导至私聊场景提供壁纸，后续实施诈骗；利用明星视频吸粉，冒充偶像明星以中奖宠粉为噱头，实施诈骗；发布壮阳药广告，引导至公众号问诊，高价推销"壮阳药"产品；直播时以宠粉为噱头，邀请观众加入粉丝群进而实施诈骗；等等。

2. 利用私信功能"精准引流"

短视频和直播平台用户具有较强流动性，而私信功能增加了一定的私密性及针对性，故黑灰产通过发布赠送福利、软色情、仿冒号等虚假内容与私信叠加的方式，诱导有一定需求的用户；或借助人工、脚本，直接以随机私信的方式批量引流，如陌生人打招呼、搜索附近人等网络裂变式的营销，实现扩大引流效果的目的。之后，将上述用户引流至私密性更强的即时通信服务端口，实施兼职刷单、虚假返利、投资理财、"杀猪盘"等诈骗犯罪活动。

例如，在袁某儒帮助信息网络犯罪活动案中，被告人袁某儒雇用员工张某斌等人共同从事"粉丝引流"活动，即买粉商通过联系中间商或有粉丝渠道的出粉商（卖粉商），按其要求为其提供的交友账号添加好友。其中，出粉商的具体操作流程为：通过网络购买或者租用大量新注册零级无好友的社交账号，使用事先购买的脚本软件，将新社交账号批量修改为美女头像，伪装成美女账号，再使用"追梦附近人采集器"等软件搜索附近人的社交账号，以打招呼的名义发送信息、添加好友，然后再群发买粉商提供的社交账号及

① 湖南省长沙市雨花区人民法院（2021）湘0111刑初45号刑事判决书。

有关赚钱的消息，最后以双方成功加上好友的数量结算报酬，每个粉丝的报酬为 1 元至 1.8 元不等。[①]

利用私信引流的诈骗形式还包括：私信游戏视频评论区用户，后续以赠送皮肤诈骗未成年人；以租房等名义私信用户，并诱骗其添加社交账号，实施投资理财诈骗；开发并销售不受限制对外发送信息的引流软件，突破平台的技术保护；虚构女性身份向社交软件陌生人打招呼，加为好友后，假意谈恋爱，实施游戏充值；等等。

3. 利用评论区"人为引流"

由于短视频评论区多为活跃用户，黑灰产团伙便事先编辑好一些带有联系方式的引流话术，在自己的视频评论区或引起广泛评论的热门视频评论区，以回复他人评论的方式进行人为引导，如"请关注 ×× 公众号""门票找我""赚钱私信我"等。

例如，在蔡某达诈骗案中，被告人蔡某达通过加入某"相声粉丝群"，先以购买者身份向群内发布售卖相声演出门票信息的"黄牛"咨询票价、购票流程、同演员吃饭等细节；了解相关事项后，在粉丝群、二手交易平台、社交软件等发布持有并售卖相声演出门票的虚假信息。某日，被害人卞某在短视频下方评论区看到被告人蔡某达发布持有相声演出门票欲原价售卖的信息后，添加被告人蔡某达社交账号。2019 年 5 月 21 日至 7 月 12 日期间，被告人以"支付门票订金、快递保价费、尾款""合开公司"等理由诈骗共计34586.95 元。[②]

4. 利用主页留言"话术引流"

为规避平台风控及逃避追溯，部分黑灰产犯罪分子伪装身份，与具有一定粉丝量的用户合作，该类用户所发布的视频内容多为具有话题性和热度的内容，借助用户的影响力在主页添加"引流社交账号"或话术文案，进而吸

---

① 河南省焦作市山阳区人民法院（2020）豫0811刑初146号刑事判决书。
② 福建省泉州市洛江区人民法院（2020）闽0504刑初65号刑事判决书。

引粉丝主动添加"引流社交账号"。也有在主播个人主页预留社交账号，吸引粉丝加好友，以高额返现、虚假捐款等理由进行诈骗的形式。

例如，在王某、李某诈骗案中，被告人王某等人成立寿某公司。该公司通过在视频软件上发布一些流行、搞笑等容易引起关注的视频，在主页上留一些像"改善男性"等之类的词语，吸引不特定人员添加好友或在各个社交群组内以添加好友的方式招揽用户，引诱用户关注公司账号"道××功"；冒充"道家传承人某老师""房中术咨询某老师"等，按照公司编制的话术，谎称按照该公司"道家房中术"视频课程进行锻炼，即可治疗男子性方面的疾病，诱骗用户以999元、1280元、1680元不等的价格购买该视频课程。至2019年3月8日案发，骗取被害人武某、吕某等人共计170674元。[1]

5. 关键词搜索"推送引流"

网站引流一定程度上依赖于搜索引擎的"关键词相关性"，即用户搜索一个词，搜索引擎会把最相关的东西推送给用户，同时会根据用户行为的活跃程度进行推荐，包括发布内容、粉丝数量、点赞量、评论量及转发量等多个标准。因此，引流团伙通过采取植入木马程序的方式影响搜索引擎的推送结果，或者发布与关键词相关联内容并增加活跃度从而利用搜索推送引流至目标用户，抑或是利用关键词"互联网算运数"搜索推荐，引流至相关账号后以做法事消灾等为事由进行诈骗。

例如，在吴某、贺某钧、付某豪等非法获取计算机信息系统数据、非法控制计算机信息系统案中，被告人贺某钧从被告人付某豪处购买"webshell"（网站后台的管理权限），并负责菲律宾东方集团下属的博彩公司在中国大陆地区的网络推广。被告人付某豪等人通过"菜刀""御剑""挖掘机"等黑客工具识别有漏洞的网站，非法侵入并控制相关网站后植入木马链接，非法获取"webshell"后，以"挂黑链"的技术手段在被控制网站首页tittle中插入贺

---

[1] 河北省邯郸市中级人民法院（2020）冀04刑终603号刑事裁定书。

某钧提供的跳转码，然后劫持网站快照，致使从百度、360等搜索引擎打开被非法控制的网站后会跳转到带有"北京赛车""重庆时时彩"等彩种的赌博网站，实现从搜索引擎进行网络流量引流，为境外赌博网站提高搜索排名和访问量的非法目的。贺某钧等人的非法控制计算机信息系统的行为，致使967家网站被非法控制。①

（二）下游犯罪：黑灰产"变现"的常见模式

网络黑灰产，是网络黑色产业链和灰色产业链的统称。简单来说，网络黑产是法律明文禁止的产业，如通过远程侵入计算机系统或植入木马病毒，批量窃取他人数据信息；网络灰产是打法律擦边球的产业，如数据爬取、恶意注册、刷单炒信等，这类行为在查处或定性上存在模糊地带，但客观上具备一定危害性。随着技术和行业的不断发展，黑灰产的外延也在不断扩张。根据犯罪手段，黑灰产的上、中游犯罪可分为三类：一是黑客犯罪，主要指危害计算机信息系统安全犯罪案件，包括技术攻击和侵犯数据安全的黑灰产；二是网上犯罪，主要指传统犯罪的网络化，如利用危害计算机信息系统安全实施的诈骗、敲诈勒索等犯罪，也就是我们所说的网络诈骗、网络敲诈、网络赌博等；三是涉网犯罪，主要指破坏网络空间秩序的犯罪，如刷量、引流、薅羊毛及渠道作弊等各类常见规则作弊行为。

电信网络诈骗分子在实施了上游和中游的步骤并获利后，如何将违法所得变现是下游犯罪中重要的一环。其变现方式主要有以下五种。

1. 利用直播平台销赃

例如，在董某、张某涛掩饰、隐瞒犯罪所得、犯罪所得收益案中，刘某在网上看到兼职刷单返佣金的信息后，添加"×忘川"为好友后，扫描对方发送的支付账户二维码，共计支付2万多元涉案资金，Y币实际充值至某公司

---

① 河北省邯郸市中级人民法院（2020）冀04刑终603号刑事裁定书。

由被告人董某使用的 YY 平台账号内。该账号中此前由张某涛从昵称为"KK"处以 16000 元购买 2 万个 Y 币，后又以 16800 元的价格将 2 万个 Y 币出售给被告人董某，要求被告人董某尽快将该 2 万个 Y 币兑换掉，并删除二人之间的聊天及交易记录。被告人董某遂将该 2 万个 Y 币兑换成红钻券消费掉，至 2020 年 5 月 25 日 16 时 31 分 2 秒，该账户仅剩余 1 个 Y 币。[①]

2. 利用第三方支付平台销赃

例如，在董某、蒙某等诈骗，掩饰、隐瞒犯罪所得、犯罪所得收益案中，被告人董某通过反编译研制出感染手机的木马程序，并伙同蒙某不定期购买服务器、域名用于放置木马程序。该木马程序感染手机后会自动向手机通讯录内的用户发送带有木马下载地址的短信，同时能获取用户手机内的短信记录等信息。在获取用户手机号等个人信息后，如果用户在工行绑定了特定的消费通道，则通过获取到的手机银行卡部分信息及截取的手机短信验证码在电商平台购买盛大电子点券（卡）；之后按照一定的折扣将购买的盛大电子点券（卡）出售给被告人郑某、窦某。被告人郑某、窦某自 2016 年 11 月至 2017 年 2 月底期间收购董某的盛大电子点券（卡）几十余次，后转卖牟利。[②]

3. 利用虚拟货币平台销赃

例如，在李某、王某等掩饰、隐瞒犯罪所得、犯罪所得收益案中，被告人李某等人明知 6X 数字货币交易平台内的资金来源不合法（王某因被虚构的投资理财"皇玛金融"诈骗 51 万余元），仍使用 6X 数字货币交易平台洗钱获利。被告人李某、贾某注册平台账户，持有多张他人的银行卡分散进行操作：购买平台内虚拟货币，以人民币 1∶1 的比例买入虚拟货币，再将虚拟货币以 1∶1 的比例卖出，后用 POS 机将卖虚拟货币的钱款套现洗白再次购买虚拟货币，通过如此操作赚取 4‰ 的利润。[③]

[①] 河南省唐河县人民法院（2020）豫1328刑初597号刑事判决书。

[②] 安徽省淮北市相山区人民法院（2017）皖0603刑初427号刑事判决书。

[③] 新疆生产建设兵团霍城垦区人民法院（2020）兵0401刑初18号刑事判决书。

其原理主要是将犯罪所得转化成虚拟货币，之后在虚拟市场将虚拟货币予以转移，再将该货币转化成商品交易套现或者直接用 POS 机套现，将黑钱洗成形式上合法的"白钱"。

4. 利用网络赌博销赃

例如，在贺某、夏某诈骗、交通肇事案中，被告人贺某与夏某经人介绍开展"跑分"业务，即进入专门的群组用自己或者他人的收款码进行配号排队，排上队后，所提供的账户会有网络赌博等来历不明的资金转入（金额数百元至数万元不等），再将账户里的资金全部转至群里指定的银行账户，转账成功后群主会按照转账数额的 15‰给转账人提成。贺某、夏某遂缴纳 3 万元押金，加入"胖哥"介绍的群组进行"跑分"活动。为获取更多账户，贺某等人设立多个群组，找自己的亲友及溆浦县城高中学生，获取他们的账户用于"跑分"。自 2019 年 8 月至 9 月 24 日，贺某等人组建的"跑分"群，收取的来历不明资金近 4500 万元，各被告人及其下线分别转给"跑分"群指定的昔某公司、诠某公司、竺某公司等公司及个人的银行账户。[①]

5. 利用网上银行洗钱

例如，在刘某、张某等洗钱案中，涉案团伙为实施集资诈骗，注册了森某公司，利用网络推送"新桥资本"手机 APP，以高额投资利润为诱饵进行虚假投资项目宣传，获取公众投资理财资金 800 多万元，并在获取资金后，于 2019 年 11 月 20 日将 APP 关闭。2018 年 11 月左右，被告人刘某为将集资诈骗资金转换为现金，将该业务交给被告人张某等人。张某等人在接到该业务后，组织被告人彭某等人开通多张银行卡及网银，由被告人魏某在潮信、土豆等聊天群中通知张某等人提供银行账户并告知到款金额及时间，待森某公司账户的钱转入张某、彭某等人提供的账户后，张某等人随即将收到的转账资金通过网银分散划转到其各自掌握的银行卡账户中，并持银行卡到 ATM

---

① 湖南省怀化市中级人民法院（2020）湘12刑终340号刑事裁定书。

机上取现。彭某等人在取现后将现金交给张某，由张某将所取现金统一交至刘某处，再由刘某将资金交给上线。经审计，取现的金额为 290 万元。其中刘某非法获利 14700 元，张某非法获利 1 万元。[①]

上述网上银行洗钱的基本模式是：犯罪人使用不同的身份信息在各银行注册多个交易账户，再将需要洗白的犯罪资金存入其中，通过网上银行操作，将各账户中的赃款小额交易给中间账户，再进行多次转账，最终成为"洗白"的资金。由于网上银行转账到账迅速，不受时间、地点限制，安全隐蔽，数额较小不易被监管部门所察觉，犯罪分子可以轻易地将赃款"洗净"。

（三）"承上启下"：互联网账号交易黑灰产链条

信息和账号是网络用户赖以生存的基础。其中，互联网账号作为用户的"网络身份"，一旦被滥用便会演变为网络黑灰产作弊乃至网络犯罪的重要工具。由于互联网账号具备数据属性、财产属性和人身属性等多重法律属性，因此，成为黑灰产精准实施作恶、隐蔽真实身份、逃避溯源追究的工具，并据此衍生出以账号为核心的黑灰产链条。互联网账号交易在黑灰产利益链条中起到承上启下的作用：负责将上游生产和提供的各类黑灰产资源（包括信息、物料、互联网账号等）进行包装和批量转售，以"账号售卖平台"、提供"养号服务"等形式存在，帮助互联网账号流转至下游直接执行黑灰产行为的人员或普通用户，这不仅增加了互联网平台的安全防护成本，还为下游网络黑灰产变现提供了"弹药"。

1. 产业链上游

产业链上游负责生产和提供各类黑灰产资源，即互联网账号的生产者，所提供的物料包括信息物料（各种非法手段获取的公民个人信息）、工具物料（猫池、卡池等自动化工具）以及账号物料（通过批量注册、钓鱼盗号等

[①] 广东省始兴县人民法院（2019）粤0222刑初106号刑事判决书。

方式生产大量互联网账号）。首先，需要进行角色分工，根据获取账号资源所使用的工具、物料的不同分为工具开发者、卡源卡商、猫池厂商、号商和黑客等。其次，会有专门负责个人信息的环节，黑灰产的信息物料是为网络犯罪提供虚假身份信息，进而逃避手机卡、互联网账号的实名认证。信息物料主要包括银行卡四件套（身份证原件、身份证对应的手机卡、身份证对应的银行卡和网银U盾）、企业八件套（对公银行卡、U盾、法人身份证、公司营业执照、对公账户、公章、法人私章、对公开户许可证）、手机黑卡（未进行实名登记、冒用他人身份实名登记或无法查实使用人员并被用于违法犯罪活动的手机卡）等。非法获取公民个人信息的主要手段包括但不限于以下几种：购买、交换手机号等公民个人信息，内部员工泄露公民个人信息，随机生成手机号，收集、清洗公开网站信息，等等。[①] 再次，账号注册除了需要信息物料，还依赖于工具物料（如批量注册脚本、改机工具、接码平台等），基本流程为：通过运行批量注册脚本，调用接码平台短信验证码API接口完成账号注册，最终生成包括手机号、密码、手机参数在内的txt文件。具体手段包括：提供批量注册脚本，利用接码平台、解码器等获取验证码，提供改机工具等设备，等等。[②] 最后，除了通过上述方法批量注册账号外，还可以通过木马盗取账号、拖库、撞库、破解等手段实现互联网账号的批量供应。[③]

2. 产业链中游

产业链中游负责收购上游通过各类黑灰产资源生产的互联网账号，同时承担着"养号"的重任，并将账号分发至各类平台。号商一般囤积白号、跳

---

① 浙江省杭州市余杭区人民法院（2017）浙0110刑初737号刑事判决书、江苏省常州市武进区人民法院（2017）苏0412刑初1342号刑事判决书。

② 江苏省徐州市云龙区人民法院（2018）苏0303刑初345号刑事判决书、广东省清远市中级人民法院（2019）粤18刑终434号刑事裁定书。

③ 江苏省盐城市中级人民法院（2020）苏09刑终105号之二刑事判决书、广东省珠海市中级人民法院（2020）粤04刑终101号刑事判决书、江苏省盐城市中级人民法院（2021）苏09刑终43号刑事裁定书。

转号、老号、单双参号四类账号，具体可分工为号商、养号工作室、工具代售平台、打码平台。由于最终需要将账号出售，因此对账号的养护、涨粉、扩大影响力等方面需要重点"呵护"，主要模式包括：使用群控平台模拟人工批量操作，可能涉及提供侵入、非法控制计算机信息系统程序、工具罪；[1] 组织人工养号的模式可能涉及帮助信息网络犯罪活动罪、侵犯公民个人信息罪等；[2] 通过建立养号平台提供账号的解绑、换绑、找回密码、解封等功能，囤积大量账号以继续牟利的模式，则可能触犯破坏计算机信息系统罪。[3]

3. 产业链下游

产业链下游负责最终将互联网账号流通至黑灰产市场，同时滋生出"账号交易平台"，为交易提供中介服务，并将账号资源以出租或出售的方式提供给用号人，进而直接进行广告营销、诈骗、刷单炒信、薅羊毛等黑灰产行为。随着改机工具、接码平台的迭代，账号注册成本降低，越来越多黑灰产流入号商角色，通过养号，账号几乎还原了真实用户的日常使用情况，降低了封号的概率，加之海量的刷量需求，为账号交易带来暴利。当前，账号交易渠道可分为号商、发卡平台、账号代售平台、账号交易社交群、地下黑市、用号方。基于账号交易渠道的不同，可以大致分为六种交易模式：通过社交群交易，通过暗网、论坛交易，通过自建或第三方发卡平台交易，依托电商、二手交易平台交易，借助非法 APP 交易，提供账号租赁服务交易。[4]

---

① 辽宁省朝阳县人民法院（2018）辽1321刑初178号刑事判决书。

② 湖南省衡阳市蒸湘区人民法院（2021）湘0408刑初127号刑事判决书、江西省井冈山市人民法院（2020）赣0881刑初39号刑事判决书。

③ 湖北省荆州市荆州区人民法院（2021）鄂1003刑初84号刑事判决书。

④ 上海市宝山区人民法院（2019）沪0113刑初2364号刑事判决书、浙江省宁波市奉化区人民法院（2021）浙0213刑初135号刑事判决书、广东省深圳市坪山区人民法院（2021）粤0310刑初144号刑事判决书、江西省上饶市中级人民法院（2018）赣11刑终137号刑事裁定书、湖南省永顺县人民法院（2021）湘3127刑初188号刑事判决书。

第二节　理论、立法与实践的多元角度应对

在电信网络诈骗犯罪日益猖獗的背景下，电信网络诈骗犯罪受到司法理论界、实务界的共同关注，相关理论研究持续升温，相关司法举措不断出台，形成打击电信网络诈骗犯罪的合力。

一、理论视角：综合性研究和多元视角的尝试性关注

对于电信网络诈骗犯罪的理论研究，学者们注重从网络犯罪产业链的视角切入，将电信网络诈骗犯罪置于网络犯罪的宏观背景下展开研究。通过综合性研究和多元视角的持续性研究，不断深化对犯罪规模的本质认识。

当前，电信网络诈骗犯罪逐步呈现出"单独犯罪—团伙犯罪—职业犯罪—产业化犯罪—犯罪产业链"的趋势，体现了分工精细化、专业化、组织化、集团化的特征，形成了上、中、下游分明的链条式犯罪模式，是对链条化产业提供支撑性作用的帮助型违法犯罪活动。各团伙之间独立存在、独立运行，又相辅相成、相互依存，团伙间"点对点"交流，形成了一系列网络黑灰产业链。[①] 其中，上游黑灰产业由"料商""卡商""号商""链接商"构成，是电信网络诈骗资源的重要来源渠道。具体而言，"料商"提供木马病毒、公民个人信息等，"卡商"提供银行卡、手机卡、三方账户等，"号商"提供社交网络账号，"链接商"提供域名地址、源码等。中游黑灰产业以话务诈骗、网络诈骗、网络赌博、网络投资等作为诈骗团伙的话术手段，实施具体的诈骗活动。下游黑灰产业的主要任务是完成洗钱活动，主要包括资金"水房"、地下钱庄、对冲商户、取现"车手"等形式。

---

① 申龙、曲源明、胡书萌：《电信网络诈骗黑灰产业链剖析及应对》，《中国刑事警察》2021年第4期，第53页。

上游黑灰产业是整条电信网络诈骗犯罪产业链的开端，主要分为开发制作与批发零售团伙，在整个产业链中承担技术支持的角色。因此，上游产业链被形象地称为电信网络诈骗犯罪的"土壤"。上游产业链以盗取贩卖公民个人信息产业、非法开办贩卖电话卡产业、恶意注册产业、虚假认证产业为主，趋向于电信网络诈骗犯罪的预备阶段，为中游的诈骗犯罪团伙实施犯罪提供便利条件。在大数据时代，公民的个人信息以数据形式储存下来。出于网络诈骗犯罪的牟利需求，产业链上游会出现大量网络黑客，他们开发木马病毒或钓鱼网站等，侵入计算机系统或迷惑受害者以窃取公民个人信息。尤其是电信网络诈骗从撒网式诈骗到精准化诈骗，所依赖的正是非法买卖个人信息从而精准掌握被害人情况。手机 APP 也是个人信息泄露的重要渠道，物流快递企业、医疗机构、学校，甚至政府机构都存在个人信息泄露的风险。[①] 个人信息的非法获取和利用在上游黑灰产业中作为突出一环，应当被严格重视、严密预防、严厉打击。实施电信诈骗活动前的人员招募可能涉及强迫劳动罪、非法拘禁罪、组织他人偷越国（边）境罪等罪名，推广引流过程中可能涉及侵犯公民个人信息罪、妨碍信用卡管理罪、伪造身份证件罪、非法利用信息网络罪、破坏计算机信息系统罪、扰乱无线电通讯管理秩序罪等罪名。

中游犯罪产业链主要以自动化的方式利用各类黑灰产资源实施诈骗，可以称之为电信网络诈骗的"树干"。它以非法网络推广、钓鱼网站搭建、虚假 APP 技术开发等产业为主，作为电信网络诈骗产业链的核心，中游犯罪产业内部组织链条结构紧凑、层级分明，犯罪指令和犯罪报酬都是自上而下进行分配，每一层级都只对自己的上一级负责，与正常的企业结构极为相似，可以分为领导层、策划层和执行层。领导层作为提供资金的幕后领导人，类似于普通公司中的董事，对于整个犯罪组织拥有绝对的指挥控制权；策划层是电信网络诈骗团伙中的骨干力量，担任着策划者和实际管理者的双重身份，

---

① 庄华、马忠红：《东南亚地区中国公民跨境网络犯罪及治理研究》，《南洋问题研究》
  2021年第4期，第48页。

类似于普通公司中的总监或经理;执行层则在策划层的领导下实施具体的网络诈骗活动,类似于普通公司中的部门职员。对于电信网络诈骗活动中冒充国家机关工作人员实施诈骗是否构成招摇撞骗罪,在理论上存在想象竞合、牵连犯和法条竞合之争。在冒充国家机关工作人员招摇撞骗的过程中,偶然骗取少量财物的,不影响招摇撞骗罪的认定,但骗取数额较大、数额巨大或者特别巨大财物的,则是招摇撞骗罪与诈骗罪的想象竞合犯,因为其行为同时侵犯了两个犯罪保护的法益;[①] 行为人冒充国家机关工作人员骗得财物的行为属于择一关系的法条竞合[②],可以径直采用重法优于轻法的原则;冒充国家工作人员进行诈骗的行为属于典型的牵连犯形态,应将"冒充国家工作人员"与"骗取他人钱财"视为牵连犯的手段行为与目的行为关系;[③] 而最高人民法院、最高人民检察院的司法解释对此直接规定"依照处罚较重的规定定罪处罚"。中游犯罪链中还可能涉及信用卡诈骗罪、传播淫秽物品罪、传播淫秽物品牟利罪等罪名,但目前对于中游犯罪链的打击主要还是依靠诈骗罪予以规制。然而仅依靠事后打击难以应对电信网络诈骗犯罪利用新技术新业态新升级的犯罪工具不断加速迭代更新的现实状况,应当构建起"防控一体化"的电信网络诈骗关联犯罪治理体系,采取"破链式"侦办手段增加电信网络诈骗犯罪组链难度,从而达到治理电信网络诈骗犯罪的司法和社会预期。

下游黑灰产业可以对应上游和中游的"土壤"和"树干",被看作电信网络诈骗犯罪的"果实"。下游的洗钱产业是整个产业链形成闭环的重要条件。对于电信网络诈骗犯罪的侦查渠道来说,通过"资金流"追查赃款流向从而破获电信网络诈骗犯罪案件,是最常用的侦查方式。但由于洗钱产业链的日

---

① 张明楷:《法条竞合与想象竞合的区分》,《法学研究》2016年第1期,第145页。

② 施鑫、李鑫:《电信网络诈骗关联行为的刑事司法认定》,《警学研究》2019年第2期,第33页。

③ 孟庆华:《电信诈骗犯罪司法解释的理解与适用》,《上海政法学院学报(法治论丛)》2011年第6期,第130页。

益泛滥，资金流追查面临巨大挑战。传统的洗钱主要通过"地下钱庄"、收购个人银行卡"四件套"或空壳公司对公账户等来实现；2020年以来，通过数字货币、"跑分平台"、"第四方支付"等实施洗钱的手法层出不穷，甚至出现通过黑客技术批量劫持话费充值订单，从而使正常充值用户在完全不知情的情况下沦为洗钱犯罪工具的新型洗钱手段。[①] 按照资金转移渠道划分的话，可以分为银行卡洗钱和网络洗钱产业，银行卡洗钱产业主要包括非法办理银行卡、"车手"取现等，网络洗钱产业则包括第三方支付、第四方聚合支付、"跑分平台"、虚拟货币交易、虚假交易等产业形式。对于帮助取款、转移诈骗所得赃款和变现等行为的司法认定还存在争议，目前主要是以电信网络诈骗犯罪的共犯处理和掩饰、隐瞒犯罪所得、犯罪所得收益罪处理；但是当电信诈骗犯罪中涉及刑法分则第三章规定的破坏金融管理秩序犯罪和金融诈骗犯罪时，就引申出是否能以洗钱罪评价在电信网络诈骗犯罪既遂之后帮助取款、转款或变现行为的问题，应认定为洗钱罪除需具备对上游犯罪的特殊要求外，行为人还应当具有掩饰、隐瞒上游犯罪所得及其收益的来源、性质的主观目的。

除此之外，帮助型违法犯罪活动也是电信网络诈骗犯罪产业链中起到重要支撑性作用的一环。鉴于电信网络诈骗犯罪经济利益驱动巨大、犯罪成本低、网民安全意识匮乏以及网络监管难度大、打击网络犯罪力量薄弱等原因，周边衍生了许多相关技术支撑链条，如搭建维护硬件技术平台、编写虚假诈骗短信或者网页广告、贩卖银行卡等产业。随着电信网络诈骗跨国跨境化日趋严峻，境外犯罪团伙需要大量中国人提供劳务，于是滋生出大量的跨境人员输送现象。跨境人员输送产业链，包括以"高薪"利诱、组织中国公民出境旅游等方式合法出境，再在境外从事网络赌博、网络诈骗等犯罪；也可能直接由劳务中介公司诱骗中国公民赴境外的博彩公司从事网络赌博和网络诈

---

① 庄华、马忠红：《东南亚地区中国公民跨境网络犯罪及治理研究》，《南洋问题研究》2021年第4期，第49页。

骗；还包括以组织偷渡的违法形式出境。网络犯罪团伙与组织偷渡的团伙会事先进行分工，前者负责物色人员，后者负责将人员输送出境，例如，浙江警方侦破的2020年"9·17"组织偷越国（边）境专案，该偷渡团伙就有组织者、骨干马仔、领路人、接送司机等不同角色。位于境外的诈骗集团以高薪为诱饵，诱骗境内的同乡、同学出境打工，并将准备偷渡人员信息发送给偷渡团伙中的组织者；组织者为偷渡人员购买全国各地前往云南的机票；骨干马仔将偷渡人员运送到云南边境地区；领路人带人穿越边境线；接送司机负责将偷渡人员送至诈骗集团所在地。他们各有分工，形成完整输送链条。[①]

另一典型的支撑性帮助行为便是帮助信息网络犯罪活动罪，主要针对明知是电信网络诈骗犯罪而"为其提供互联网接入、服务器托管、网络存储、通讯传输等技术支持，或者提供广告推广、支付结算等帮助，情节严重"的行为。理论界对于该罪的性质、"明知"和"犯罪"认定及处罚范围都存在较大争议。首先是在性质界定上，对于帮助行为规定独立的法定刑，既可能表现为帮助犯的正犯化，又可能只是帮助犯的量刑规则，在进行实质判断时，要根据共犯从属性的原理、相关犯罪的保护法益和相关行为是否侵犯法益及其侵犯程度得出合理结论。[②]例如，行为人为他人提供了法条规定的帮助行为，但他人并未实施信息网络犯罪活动，或并未利用该条件实施信息网络犯罪活动，则行为人提供互联网技术支持的行为本身不可能侵犯任何法益，或法益侵害结果与行为人的帮助行为没有因果关系，所以对该等行为不可能以犯罪论处。因此，从字面含义和实质分析两方面来说，帮助信息网络犯罪活动罪都只是对特定的帮助犯规定了量刑规则。[③]但大多数学者并不赞同"量

---

① 庄华、马忠红：《东南亚地区中国公民跨境网络犯罪及治理研究》，《南洋问题研究》2021年第4期，第48页。

② 陈洪兵：《帮助信息网络犯罪活动罪的限缩解释适用》，《辽宁大学学报（哲学社会科学版）》2018年第1期，第110页。

③ 张明楷：《论帮助信息网络犯罪活动罪》，《政治与法律》2016年第2期，第5页。

刑规则说"，正因为《刑法》第287条之二规定的帮助信息网络犯罪活动罪是独立的罪名，所以其才有独立的法定刑。如果将帮助信息网络犯罪活动罪解释为刑法总则中的共犯规定之外的"量刑规则"，会导致刑法总则共犯理论被虚置，刑法总则关于从犯、帮助犯等的规定都会无法适用，从而使刑法总则设立的犯罪一般原理被刑法分则架空，最终丧失其对刑法分则的指导意义。对于该罪可以分解为"明知＋帮助"的规范解读模式，属于帮助行为的正犯化。[1] 但也有学者否定以上两种观点，提出帮助信息网络犯罪活动罪是一种具有"积量构罪"构造的新型网络犯罪，具有独立性[2]，或认为该罪是共犯与非共犯这两种类型的帮助行为共存的兜底罪名。[3] 本罪的主观要求"明知"，就帮助信息网络犯罪活动罪而言，根据其构成要件可以转化为两种类型：一是明知正犯的犯罪计划或意图，且有促进犯罪行为更容易实现的意思（"明知且促进型"）；二是虽然明知正犯的犯罪计划或意图，但是没有促进该犯罪行为易于实现的意思（"明知非促进型"）。本罪的设定实际上对于上述两种类型都予以犯罪化，并且意在将上述第二种类型的出罪可能予以封堵，实际上是以立法的形式肯定了"明知非促进型"的中立帮助行为的可罚性，而这种情形在德、日等国的刑法学理论上以及诸多判例中，均被认为不应处罚。[4] 也有观点表明，"明知"包括确切明知和概括明知，但不同于可能明知。在实践中需要注意对正常业务帮助行为与专门用于违法犯罪的帮助予以区分认定[5]，并且可以借鉴英美法中"犯罪促进罪"的理念降低对"明知"的要求。对于"明

---

① 刘艳红：《网络犯罪帮助行为正犯化之批判》，《法商研究》2016年第3期，第20页。

② 皮勇：《论新型网络犯罪立法及其适用》，《中国社会科学》2018年第10期，第143—145页。

③ 江溯：《帮助信息网络犯罪活动罪的解释方向》，《中国刑事法杂志》2020年第5期，第84页。

④ 刘艳红：《网络犯罪帮助行为正犯化之批判》，《法商研究》2016年第3期，第21页。

⑤ 喻海松：《新型信息网络犯罪司法适用探微》，《中国应用法学》2019年第6期，第162—163页。

知他人利用信息网络实施犯罪"中的"犯罪",应以被帮助对象已利用帮助行为实施网络犯罪且已达到相应犯罪入罪条件为前提,亦即,"犯罪"涵括了符合刑法分则行为类型但尚未构成犯罪的行为或是犯罪行为和符合刑法分则类型的严重违法行为。[①]该罪的增设,扩大了网络中立帮助行为的可罚性,应当采用"全面性考察"标准进行限制。但是,随着当前网络社会的发展,网络犯罪已经不限于以计算机信息系统为对象或工具的犯罪,而是与"网络空间的社会化"同步发展为"社会化的网络犯罪",本罪积极回应了当前遏制网络犯罪的迫切需要,没有扩大处罚范围。

二、立法视角:逐渐升级和全面应对的法律资源供给

在有关电信网络诈骗的众多法律规范中,刑法处于绝对核心地位,其余规范性文件均以刑法为最终落足点,尤其是《刑法修正案(九)》基于帮助行为正犯化、预备行为实行化两大理念增设的帮助信息网络犯罪活动罪、非法利用信息网络罪,已成为打击电信网络诈骗关联犯罪最为重要的罪名。在网络安全法规体系建设方面,《网络安全法》《数据安全法》《个人信息保护法》等法律,以及《关键信息基础设施安全保护条例》等行政法规,共同构建起网络法治的基本框架。其中,《个人信息保护法》将"保护个人信息权益"和"促进个人信息合理利用"作为并行的立法目标,兼具司法保护及行政监管等多元保护模式,统合私主体和公权力机关的责任与义务,在原有《网络安全法》和《民法典》对个人信息保护规定的基础之上给予了更完善的制度补充[②],配合《刑法》中侵犯公民个人信息罪的适用,对于打击电信网络诈骗犯罪上游涉及公民个人信息犯罪具有重要指导意义。

为了应对电信网络诈骗的不断泛滥,尤其是疫情后电信网络诈骗及其关

---

① 皮勇:《论新型网络犯罪立法及其适用》,《中国社会科学》2018年第10期,第133页。
② 中国信息通信研究院:《互联网法律白皮书》,2021年,第10—11页。

联犯罪的"爆发式"增长，工业和信息化部、公安部等相关部委在《刑法》基础上，出台了一系列专门针对电信网络诈骗及其关联犯罪的规范性文件。其中，最为典型的是工业和信息化部单独或与公安部门联合发布的 2016 年《关于进一步防范和打击通讯信息诈骗工作的实施意见》、2020 年《关于运用大数据推进防范治理电信网络诈骗长效机制建设工作方案》、2021 年《关于依法清理整治涉诈电话卡、物联网卡以及关联互联网账号的通告》等部门规章。相关部门规章较为注重对电信网络诈骗黑灰产链条上、下游关联犯罪的打击，围绕监管能力、技术平台、工作机制三个方面，对相关工作任务进行部署。在提升监管能力方面，多个部门规章均强调进一步强化行业源头治理，不断提升技术防范和打击能力，加强对"两卡"流通乱象的整治，从严从快落实电话实名制，规范入网审核，坚决整治网络改号行为，强化个人信息保护，健全创新事前防范、责任落实、成效评价、信用管理等制度；在构建技术平台方面，部门规章指出要充分发挥大数据、人工智能等新技术在电信网络诈骗及其关联犯罪的预防和治理中的作用，构建大数据反诈平台，持续提升大数据技术管控水平，充分释放大数据在防范治理电信网络诈骗方面的强大效能；在完善工作机制方面，强调要持续优化跨政企、跨行业、跨部门的联防联控工作机制，以多部门、多领域合作应对日益繁杂的电信网络诈骗黑灰产业链。

各省市出台的规范性文件形式较为灵活，如浙江省高级人民法院、浙江省人民检察院、浙江省公安厅联合印发的《关于办理电信网络诈骗犯罪案件若干问题的解答》，以问答的形式对电信网络诈骗的管辖、分案处理、与关联犯罪的区分、主观故意认定、客观事实认定、证据收集以及犯罪数额认定等实务中常见疑难问题进行了解答；《湖南省打击治理电信网络诈骗犯罪和跨境突出犯罪工作责任制规定》，则是全国首个打击治理电信网络诈骗犯罪的党内法规。这些规范性文件虽然不是常规意义上的地方性法规或地方政府规章，但对构建"党政主管、综治主导、行业主责、公安主打、社会各界共同参与"

的打击治理工作格局具有积极推动作用。

在电信网络诈骗犯罪作案方式不断翻新，由电信诈骗向网络诈骗转变，作案窝点由境内向境外转移，技术手段不断演变升级以及黑灰产规模剧增，形成上、中、下游连接紧密的多层次产业链的大背景下，在吸收现有相关规范的基础上制定的电信网络诈骗专门性法律《反电信网络诈骗法（草案）》于2021年10月初次提请审议，拟从通信治理、金融治理、互联网治理三个层面构建起电信网络诈骗及其关联犯罪的全面治理体系。2022年9月2日，该法于十三届全国人大常委会第三十六次会议中表决通过，2022年12月1日起正式施行。在《反电信网络诈骗法》正式生效前，中共中央办公厅、国务院办公厅印发《关于加强打击治理电信网络诈骗违法犯罪工作的意见》，再次强调了打防结合、防范为先，源头治理、综合治理的治理理念，强调各级党委和政府加强对打击治理电信网络诈骗违法犯罪工作的组织领导，统筹力量资源，建立职责清晰、协同联动、衔接紧密、运转高效的打击治理体系，依法严厉打击电信网络诈骗违法犯罪、构建严密防范体系、加强行业监管源头治理，从而将整个党委系统与行政系统均纳入电信网络诈骗及其关联犯罪的治理体系中。

《反电信网络诈骗法》坚持系统观念、法治思维，注重源头治理、综合治理，将电信业务经营者、金融机构、互联网服务提供者而非电信网络诈骗的直接参与者作为主要规制对象，反映出电信网络诈骗的打击重心不断前移，"防控一体、预防为主"已成为治理电信网络诈骗及其关联犯罪的核心理念，尤其注重"惩、防、治"三个角度的有机统一。与此同时，《反电信网络诈骗法》的出台补齐了现有法律分散化以及针对性、细化性不足的短板，采取"小切口"和"急用先行"的专项立法，在金融、通信、互联网等多领域，人员链、资金链、信息链、技术链等各环节都作出相应规定，回应了实践的现实需求。[①]《反电信网络诈骗法》对于打击跨境电信网络诈骗也作出具体制

---

① 王爱立：《全面准确实施反电信网络诈骗法 坚决打击电信网络诈骗违法犯罪活动》，《人民检察》2022年第19期，第19页。

度回应，特别规定公安机关要加强国际警务合作，提升信息交流、调查取证、侦查抓捕、追赃挽损等方面合作效能，坚决有效打击和遏制跨境电信网络诈骗。同时，《反电信网络诈骗法》与《个人信息保护法》相衔接，要求个人信息处理者要建立个人信息被用于电信网络诈骗的防范机制，尤其对与实施电信网络诈骗密切相关的物流信息、贷款信息、交易信息、婚介信息等要重点保护。该法还规定公安机关在办理电信网络诈骗案件时要"一案双查"，对犯罪所利用的个人信息来源进行查证溯源，依法追究提供、泄露个人信息人员的法律责任。[①] 该法重点保障还包括但不限于以下几个方面：落实实名制方面，从源头将电信网络诈骗犯罪所需的电话卡、银行卡、网络账号等工具严格管控，在电话卡、物联网卡、金融领域等多方面采取动态实名认证；对于电话卡、银行卡数量管控更加严格，将"断卡"行动总结的一些经验制度上升为法律制度，并且在开卡、开户管理方面采取数量核验机制和风险信息共享机制，打通各个企业之间的数据壁垒，提升开卡、开户涉诈防治效能；对于监测到涉诈异常的电话卡、银行卡、互联网账号，分别由电信企业、银行和支付机构、互联网企业采取限制功能、暂停服务等有效处置措施。该法第25条、第42条、第43条对黑灰产及其法律责任作了规定，其中第25条第2款给电信业务经营者、互联网服务提供者设定了合理的注意义务要求。[②]

更加值得注意的是，《反电信网络诈骗法》属于行政法律而非刑事法律，这意味着对电信网络诈骗及其关联犯罪的打击真正实现了"常态化"转型，公安部门以及金融、通信等领域的行业主管部门在国务院打击治理电信网络诈骗工作机制之下，密切配合、快速联动，将电信网络诈骗治理纳入日常工作中。整体而言，我国关于电信网络诈骗及其关联犯罪的法律资源供给呈现

---

① 《完善法律责任体系 加大打防惩处力度 〈中华人民共和国反电信网络诈骗法〉亮点解读》，《中国防伪报道》2022年第11期，第69页。

② 张义健：《反电信网络诈骗法的主要考虑和有关重要制度》，《中国信息安全》2022年第10期，第28—33页。

出逐渐升级的趋势，立法层级不断提升，所涉部门不断增加，已形成较为完善的电信网络诈骗及其关联犯罪立法规制体系。

但现有立法规制体系的缺陷也是显而易见的。首先，将过多的党政主体纳入电信网络诈骗及其关联犯罪的治理框架是否适宜值得进一步探讨。诚然，电信网络诈骗及其关联犯罪的治理离不开部门联动、各方快速响应，但对电信网络诈骗的治理进程进行梳理可以发现，除了司法机关、工信部门和金融部门外，其他部门的参与度十分有限。因此，将整个党政系统与行政系统均纳入电信网络诈骗治理体系，不仅可能导致部门职能边界不清，还可能造成行政资源的浪费。

其次，《反电信网络诈骗法》的实效性有待验证。《反电信网络诈骗法》对电信业务经营者、金融机构、互联网服务提供者提出的义务要求早已散见于不同法律规范中，例如，2017 年生效的《网络安全法》已对网络实名制作出规定，但实践效果不甚理想。现阶段，电信网络诈骗关联犯罪的治理难点并非电信业务经营者、金融机构与互联网服务提供者不受监管，相反，这些主体已深度参与到对电信网络诈骗关联犯罪的治理中；而且《反电信网络诈骗法》对于行刑衔接、跨境管辖与分案、主观故意认定、客观事实认定等核心问题均未涉及，也未创制新的治理机制。因此，《反电信网络诈骗法》的实施，能否达到预期效果，遏制电信网络诈骗及其关联犯罪，仍需打一个问号。

三、司法视角：对电信网络诈骗核心难点的突破尝试

公安机关是打击电信网络诈骗犯罪的中坚力量。近年来，全国公安机关采取"断卡""净网""断流"等一系列专项行动，保持对犯罪分子的高压严打态势。2020 年 10 月全国"断卡"行动开展以来，取得丰厚成果，随着"断卡"行动持续深入推进，公安机关成功打掉一大批非法开办贩卖"两卡"违法犯罪团伙，缴获一大批用于电信网络诈骗活动的银行卡，诈骗团伙资金流

通渠道受到极大限制。2021 年 5 月公安机关开展"断流"专案行动以来，按照"一团伙一专班、一案一斩链"的要求，对招募人员前往境外实施电信网络诈骗开展全链条打击，有力震撼了境外诈骗团伙。同时，紧盯作案手法的更新变换，不断升级反制手段，对诈骗电话、短信进行拦截，全面铺开预警防范工作。全国公安机关在全社会营造反诈氛围，提高人民群众的反诈意识，积极开展反诈宣传活动，发送公益短信，开发国家反诈中心 APP，开通国家反诈中心官方政务号等，力争实现一人被骗、全国免疫的积极预防效果。①

当前，电信网络诈骗犯罪处于多发态势，与之关联的网络黑灰产犯罪滋生蔓延。检察机关坚持打、防、管、控一体推进，依法严厉惩治电信网络诈骗及其关联犯罪，协同推进网络综合治理。数据显示，2021 年，全国检察机关共起诉电信网络诈骗犯罪 4 万人。电信网络诈骗及其关联犯罪呈现三个基本态势。第一，从发案数量看，电信网络诈骗犯罪有所回落，与之相关联的网络黑灰产犯罪上涨较快。2019 年至 2021 年，检察机关分别起诉电信网络诈骗犯罪 3.9 万人、5 万人、4 万人。2021 年起诉人数虽有回落，但仍高位运行。与之关联的网络黑灰产犯罪主要涉帮助信息网络犯罪活动罪，掩饰、隐瞒犯罪所得、犯罪所得收益罪，侵犯公民个人信息罪，买卖国家机关公文、证件、印章罪，偷越国（边）境罪等。其中，2021 年起诉帮助信息网络犯罪活动罪近 13 万人，同比上升超 8 倍，居于各类刑事犯罪的第 3 位；为上游犯罪分子转移诈骗资金等的掩饰、隐瞒犯罪所得、犯罪所得收益罪，组织人员到国外参与电信网络诈骗犯罪活动等的偷越国（边）境罪，侵犯公民个人信息罪也增长较快，2021 年起诉人数同比分别上升 104%、281%、64%。第二，从涉案人员看，低龄、低学历、低收入"三低"现象较为突出。起诉的电信网络诈骗犯罪及其关联犯罪中，35 岁以下的占 85%，初中及以下学历的占 70%，无固定职业的占 94%。第三，从诈骗形式看，"幌子"花样

① 腾讯公司：《电信网络诈骗治理研究报告（2021 年）》，2022 年，第 48—50 页。

繁多、欺骗性强。电信网络诈骗涉及日常生活诸多领域，打着投资理财、情感交友、网络购物等"幌子"实施诈骗的占 50%，投资理财类诈骗居于首位，占 26%。[①]

同时，检察机关发现在社会治理中还存在以下四方面的突出问题，应当予以高度关注。第一，年轻人尤其在校学生涉案问题突出。第二，未成年人和老年人受骗案件多发，涉及领域相对集中。第三，公民个人信息泄露问题较为突出，行业"内鬼"问题值得警惕。2021 年，检察机关起诉侵犯公民个人信息犯罪 9800 余人，同比上升 64%，公民个人信息泄露成为电信网络诈骗犯罪的源头行为。2021 年，检察机关起诉泄露公民个人信息的"内鬼"500 余人，涉及通信、银行、保险、房产、酒店、物业、物流等多个行业。[②]第四，网络技术被用于犯罪，降低了犯罪"门槛"。针对这些趋势问题，检察机关坚持"全链条打击、精准化预防、一体化治理"思维，深入开展"断卡"行动，从严惩治行业"内鬼"非法泄露个人信息以及利用虚拟币为诈骗分子"洗钱"等行为，在办案中强化溯源治理，主动协同推进网络领域综合治理。针对电话卡银行卡管理、校园治安管理、保险行业个人信息管理等方面的突出问题，各地检察机关通过制发检察建议、风险提示函、签订备忘录等方式，督促加强综合治理。积极探索办案联动机制，推动建立一体化、智能化公共数据平台，实现由个案办理式监督向类案治理式监督转变，依法加大对电信网络诈骗及其关联犯罪的打击力度，积极营造"天下无诈、全民反诈"的良好环境。[③]

2022 年 4 月 21 日，最高人民检察院发布打击治理电信网络诈骗及其关联犯罪的十大典型案例，其中 5 件为电信网络诈骗犯罪，另外 5 件则是与之关联的网络黑灰产犯罪。这 10 件典型案例较为全面地反映了电信网络诈骗犯

---

① 张昊：《打防管控一体推进严惩犯罪》，《法治日报》2022 年 3 月 3 日第 3 版。

② 薛应军：《检察机关二〇二一年起诉涉电信网络诈骗犯罪四万人》，《民主与法制时报》2022 年 3 月 15 日第 1 版。

③ 张昊：《打防管控一体推进严惩犯罪》，《法治日报》2022 年 3 月 3 日第 3 版。

罪样态，深入揭示了此类犯罪的社会危害。[①] 电信网络诈骗犯罪及其关联犯罪涉及社会生活的方方面面，例如，针对未成年人利用"饭圈"消费实施诈骗，寻找各种新话术的投资理财平台或虚假交易平台实施诈骗，利用网络游戏充值等手段实施诈骗以及虚构基因缺陷引诱被害人购买保健品等；关联黑灰产业链则涉及利用虚拟货币为境外诈骗团伙跨境转移资金，以非法获取公民个人信息作为前置手段激活手机卡等（尤其以行业"内鬼"泄露公民个人信息为重点），通过分工协作向境外运送银行卡套件提供支付结算帮助，非法买卖GOIP设备并提供后续维护的技术帮助以及冒用他人信息实名注册并出售校园宽带账号为电信网络诈骗犯罪提供工具等。

面对跨境电信网络诈骗集团案件高发，犯罪分子往往多国流窜作案，手段不断翻新等现实，检察机关在履职过程中要不断加强与公安机关的协作，主动引导公安机关全面追查、准确认定、依法扣押犯罪资金，不给犯罪分子在经济上以可乘之机，切实维护受骗群众的财产利益。同时，检察机关要会同相关部门加强以案释法，引导社会公众提升投资风险防范意识，提高游戏玩家自我防范能力，推动合规建设，促进网络游戏行业规范健康发展，不断强化追赃挽损，维护人民群众合法权益。此外，由于在诈骗集团中层级众多、人员复杂，准确区分诈骗集团中犯罪分子的分工作用有助于全面惩治各个层级的诈骗犯罪分子。

对于电信网络诈骗关联犯罪的黑灰产业链打击方面，要加强全链条打击，针对利用个人银行卡和收款码帮助电信网络诈骗犯罪分子转移赃款的行为，可以以掩饰、隐瞒犯罪所得罪论处；若形成较为稳定的协作关系，以诈骗罪共犯认定；要严厉打击境内运输银行卡的行为，全力阻断境外电信网络诈骗犯罪物料运转通道。非法买卖宽带账号并提供隐藏IP地址等技术服务，属于为网络犯罪提供技术支持或帮助，依法予以惩治；对于GOIP设备被诈骗犯

---

① 《坚持惩防治结合 筑起防范诈骗防火墙》，《检察日报》2022年4月22日第1版。

分子使用助推电信网络诈骗犯罪,坚持打源头斩链条,并结合主客观相统一原则,综合认定帮助信息网络犯罪活动罪中的"明知"要件,防止该类网络黑灰产滋生发展。当前,公民个人信息已成为电信网络诈骗犯罪的基础工具,对于侵犯公民个人信息的行为,要坚持源头治理,发挥刑事检察和公益诉讼检察双向合力,加强对公民个人信息的全面司法保护。同时,加强校园及周边综合治理,深化法治宣传教育,共同牢筑网络安全的校园防线。

电信网络诈骗犯罪关联犯罪中最为突出的帮助信息网络犯罪活动罪,自2015年《刑法修正案(九)》增设以来,其适用率并不算高,直到2019年《最高人民法院、最高人民检察院关于办理非法利用信息网络、帮助信息网络犯罪活动等刑事案件适用法律若干问题的解释》出台,对帮助信息网络犯罪活动罪的"明知""情节严重"等问题作出细化规定,此后,全国帮助信息网络犯罪的裁判文书数量便呈爆发式增长。鉴于为电信网络诈骗犯罪提供帮助活动的占比较大,且多为提供支付结算等帮助,以及使用"卡酷"、GOIP等设备为其提供通讯传输等技术支持的现实情况,2021年又出台《最高人民法院、最高人民检察院、公安部关于办理电信网络诈骗等刑事案件适用法律若干问题的意见(二)》,对帮助信息网络犯罪活动罪的"帮助行为""明知""其他情节严重"进一步作出补充规定,解决了部分司法实践中的难题,统一了认定和裁判标准。但帮助信息网络犯罪活动罪在实践中的司法适用仍有诸多问题。

第一,主观"明知"认定困难。行为人反侦查意识较强,在缺乏相关确切证据的情况下,目前司法实践中主要以出租、出售、出借银行卡的张数、次数,补卡、挂失银行卡的次数,业务开通情况,预留手机号码,银行卡密码,交易方式,嫌疑人文化程度、收入状况、职业经历、生活环境,以及其他证据来推定行为人主观"明知"。但如何在相关司法解释的指导下,结合案子实际情况对行为人主观"明知"的认识程度、范围及其合理辩解进行综合认定,对于"推定明知"的适用如何进行类型化处理,有待具体思考和分析。

第二，关于"黑吃黑"问题的处理。卖卡人卖出银行卡后再去银行挂失，将诈骗团伙诈骗的资金据为己有的行为构成诈骗罪、帮助信息网络犯罪活动罪抑或是盗窃罪，实践中存在争议。

第三，行刑衔接不够畅通。检察院有专门负责立案监督的部门，狭义的立案监督就是公安机关应当立案而不立案，检察机关监督其立案。广义的立案监督还包括已经立为刑事案件的，不够刑事处罚标准，应转为行政案件；反之，行政机关认为已达到刑事立案标准，由行政案件转为刑事案件。《最高人民法院、最高人民检察院关于办理非法利用信息网络、帮助信息网络犯罪活动等刑事案件适用法律若干问题的解释》第12条第1款第5项规定"二年内曾因非法利用信息网络、帮助信息网络犯罪活动……受过行政处罚，又帮助信息网络犯罪活动的"，该条的适用需要相关行政法规的支撑。《网络安全法》第63条规定"从事危害网络安全的活动，……或者为他人从事危害网络安全的活动提供技术支持、广告推广、支付结算等帮助，尚不构成犯罪的，由公安机关……"，该条虽然将大部分帮助行为规定在内，但对倒卖手机卡的行为没有相关行政处罚规定；此外，行政处罚的前提是不构成刑事犯罪，目前刑事诉讼法中有存疑不起诉、相对不起诉，没有绝对不起诉，因此，行刑衔接有待进一步畅通。

第四，账户余额无法处理。首先，因帮助信息网络犯罪活动罪并非侵犯财产类案件，侵犯的客体主要是社会管理秩序而非个人财产，不宜对案件余额进行处理；其次，账户余额为被诈骗的钱款，在诈骗案件未侦破之前，钱款亦不能做处理；再次，账户涉及的诈骗人数较多，无法分配。此外，公安机关对账户的冻结期限为半年至一年，期满账户如果未续冻，账户上的犯罪所得为失控状态。值得注意的是，电信网络诈骗区别于传统的犯罪，它不受传统地域的限制，网络所到之处皆可参与，但关联犯罪管辖受限，即在案件审查过程中，如发现关联犯罪线索，本区公安机关对该案无管辖权，无法有效地查清犯罪事实，精准打击犯罪。

第三节　探索电信网络诈骗犯罪治理的破局之道

一、源头治理，铲除犯罪土壤

（一）加强技术对抗，搭建防护长城

技术不分好坏，人性却有善恶。现阶段的电信网络诈骗方式随着信息技术的发展不断升级迭代，从最初的打电话、发短信、发链接、中奖兑换等方式，发展到利用网络账号、聊天软件、交友平台，冒充政府机关、亲朋好友、领导熟人进行诈骗等类型，再到如今随着电商行业的崛起，网络购物、刷单、理财、投资、赌博诈骗等方式异军突起。电信网络诈骗犯罪呈现出从单个到团体，从广泛撒网到精准诈骗，从国内到国外的特点。攻克犯罪证据收集、固定的难题，确定犯罪团伙具体作案地点，攻破互联网技术壁垒，填补电信运营商、软件 APP、电商平台技术漏洞，突破电信网络诈骗犯罪的预防、打击、侦破等薄弱环节，从源头上降低犯罪发生，都需要技术不断升级。面对花样迭出，日趋链条化、团伙化、跨国化的电信网络诈骗，技术对抗始终处在与犯罪活动交锋的最前线。利用安全治理工具和相应的技术策略，守好技术防控的第一道安全防线，实现技术反制，对于提升电信网络诈骗防治实效至关重要。首先，企业要积极履行反诈的社会责任，与时俱进，不断更新和调整安全应对策略，长期持续地加强技术对抗手段。电信网络诈骗的特点导致前期无法穷尽所有抵御防控手段，反诈也就无法一劳永逸，因此诈骗犯罪分子不断更迭技术手段的同时，企业要做好长期应战对抗的准备，通过增加审核确认环节、激情风险提示等安全策略，封堵业务漏洞。其次，要加强对专门性诈骗技术和设备的技术治理，例如，根据目前常用的诈骗设备"VOIP""GOIP""卡池""猫池"等的特点，不断探索将大数据、人工智能应用于诈骗风险监控、诈骗预警技术的创新等，不断提高"事前"止骗命中率，

同时为"事中"和"事后"用户权益的维护、不法分子的打击，提供高效可靠的解决方案。[①]

（二）增加犯罪成本，截断上游供给

电信网络诈骗犯罪财产利益是犯罪的最大动因。[②]电信网络犯罪同其他犯罪相比较而言，犯罪成本较低。一是电信网络诈骗犯罪仅需购买个人信息和电子设备，个人信息贩卖渠道广，且批量出售；电子设备简单易得，且价位不高，辐射范围广，可重复使用；投入较低的犯罪成本，便可获得高额收益。基于此，很多犯罪分子冒险一试，初尝甜头之后，一发不可收拾，在犯罪的路上越走越远。二是电信网络诈骗犯罪收益高。电信网络诈骗犯罪常常是专业团伙作案，辐射范围广，犯罪对象多，成功率高，规模大、金额大，特别是网络投资、赌博、理财类的，涉及资金额度巨大，犯罪收益丰厚。三是电信网络诈骗犯罪属于非接触式犯罪，比较隐秘，无案发现场，大都是在网络进行，犯罪痕迹容易抹掉，电子证据难以收集和固定，并且有些犯罪分子在国外，由于涉及国家管辖权的问题，难以使犯罪分子及时归国接受惩罚。此外，还有些电信网络诈骗由于金额小、证据不足等情况无法立案，使得犯罪分子逍遥法外。因此，司法机关很难做到有案必破，及时惩罚犯罪分子，以及有力震慑社会有犯意之人。

电信网络诈骗犯罪分子的犯罪意图，仅是为获取财产性利益，因此，只要增加犯罪成本，减少犯罪收益，就能够有效降低实施犯罪的动机，同时要加大惩罚力度，减少再犯罪的可能性，杜绝电信网络类诈骗的发生。一要加

---

① 腾讯公司：《电信网络诈骗治理研究报告（2021年）》，2022年，第72—73页。

② 黄河、张庆彬、刘涛：《破解打击电信网络诈骗犯罪的五大难题——〈关于办理电信网络诈骗等刑事案件适用法律若干问题的意见〉解读》，《人民检察》2017年第11期，第36页。

强个人信息保护，侵犯个人信息类犯罪是电信网络诈骗犯罪的源头①，它为犯罪提供作案的基本素材，是犯罪的前提基础和必备要素。要杜绝购买居民身份证、个人信息、个人账户行为的发生；加强对银行账户、电信账户以及关联账户的监管，打击地下钱庄，减少洗钱渠道，禁止诈骗金额转账、汇款、套现；对于网络诈骗犯罪所需设备（如 POS 机），进行部门备案登记，严管使用人员和范围，禁止合法渠道非法行为，力争截断电信网络诈骗上游犯罪所需的"两卡"、互联网账号等一系列与身份信息相关的物料供给。二要加大财产性刑罚惩处力度，扩大补偿、赔偿、罚金、没收财产等处罚的适用范围，降低下限、提高上限，加快破案速度，提升办案效率，最大限度剥夺再犯的意图与能力。

二、提前介入，建立预防体系

（一）反诈宣传，杜绝上当受骗

近年来，广泛铺开的反诈宣传使大部分群众已建立基本的防骗意识，但是随着信息网络的不断发展，电信网络诈骗手段和形式不断更新迭代，广大人民群众可能难以及时识破新骗局，因此新形势下的反诈宣传需要进一步常态化，并且力争创新形式，保障宣传的广泛性和普及性。这就需要政府宣传部门、司法机关、新闻媒体、互联网企业共建反诈信息联动机制，对于全国不同区域、不同年龄、不同受教育程度的群众采取针对性、有效性的反诈预警，积极探索人民群众喜闻乐见的宣传方式，如微电影、短视频等，真正落实"一人被骗，全国免疫"。②

具体而言，首先，宣传保护个人信息的重要性，以及泄露所面临的风险，

---

① 靳高风、朱双洋、林晞楠：《中国犯罪形势分析与预测（2017—2018）》，《中国人民公安大学学报（社会科学版）》2018年第2期，第31页。
② 腾讯公司：《电信网络诈骗治理研究报告（2021年）》，2022年，第71—72页。

提升民众保护个人信息的意识，看好自己的身份证件，保管好自己的账户，不轻易展露密码，不连接陌生人的 Wi-Fi，减少个人信息被他人盗取、恶意利用的机会。其次，通过发放宣传单、制作短视频揭示电信网络诈骗犯罪惯用的手段和骗术，以真实案例示警，让民众认识到为什么会被骗、如何防止被骗以及被骗后怎样及时止损。再次，告诫民众不要轻信陌生人，说话做事多留心，增强自理、自律能力，不贪婪，不恐慌，提升理性思考能力，提高心理素质，以防陷入犯罪分子精心设计的骗局。①

（二）账号封禁，落实黑灰产监测

针对电信网络诈骗产业链中高发的违法犯罪行为，如跨平台引流、互联网账号交易等，账号封禁是对抗诈骗的第一重防线。由于跨平台引流作案链条长，前期与诈骗行为相对隔离，方式较为隐蔽，诱导至第三方平台后才会进一步交流和进行诈骗，不仅在一定程度上逃避了平台监管，而且会随着引流手段的不断翻新，难以与正常用户行为相区分，增加了平台审核过滤的难度。为了保障平台用户的权益，目前各平台需采用"人工＋技术"等多类手段相结合的方式，建立网络诈骗防御和治理打击体系。具体而言，可以通过平台的封禁规则，利用大数据和人工智能等技术，提升对主页、私信、评论区等内容的识别能力，例如，通过关键词检测、视频内容抽帧与数据库内容对比匹配的方式，检测视频内是否含有二维码、广告图片；收集"转账""返利"等敏感词语，建立高危关键词词库，尽可能杜绝此类迷惑性账号出现；配合审核规则，采取内容删除、作品隐藏、账号封禁等措施。然而实践中，不法分子会使用谐音、生僻字、符号、表情、弹幕、评论等方法，逃避平台的检测。而且一些用户在封禁期还可以使用其他账号，等原账号解禁后仍可以继续发布违规视频。因此，完善黑名单制度，除了降权和封禁等处罚措施

---

① 王洁：《电信网络诈骗犯罪的独特属性与治理路径》，《中国人民公安大学学报（社会科学版）》2019年第4期，第7—9页。

外，还可对账号绑定的手机号等个人信息进行重点标记，不允许该手机号再次注册，增加不法分子发布违法视频的成本。

此外，黑灰产从业人员在进行虚假账号恶意注册的过程中，为了完成注册和规避风控，对手机号、IP、设备等基础资源极度依赖。因此，可以对已经泄露和已经在使用的黑 IP、黑卡、恶意流量等进行积累和实时更新，深入挖掘可疑账号，建立高危账号库，将高危数据与自身业务数据进行匹配，多维度识别出虚假账号或恶意行为。具体而言，第一，解决作恶源头——手机黑卡，主要表现为非正常实名的手机 SIM 卡，一般在一定生命周期内被黑灰产所固定持有，在该周期内无论在任何平台注册，均有可能被判断为恶意。然而黑灰产作恶手段更新迭代，在国内"断卡"行动及各平台风控策略强压下，黑灰产从业人员会选择使用国外的传统手机黑卡对国内公司进行业务攻击。此外，还出现了拦截卡（拦截正常用户手机设备收到的短信内容，进行恶意注册），其主要特征为"手机号系自然人真实持有"，因此，平台难以直接判断是否为本人操作，还需要结合拦截卡出现的频次以及手机黑卡、黑 IP（如是否使用"秒拨"黑 IP）等命中次数综合判定。第二，针对黑灰产使用假人、假设备、假号码，即机器作弊方式，各平台可围绕"人机识别"进行识别和对抗。但是一旦黑灰产开始使用真实设备、真人手机号码及 IP 资源，就会给电商、UGC 平台、社交平台等的安全攻防带来更大挑战。第三，针对恶意注册、虚假账号泛滥的情况，各互联网平台需要针对批量注册行为不断完善技术对抗。对高危账号进行用户画像，从设备 ID 等多维度进行识别，标记高危账号库，及时采取封禁处罚措施，制止作恶行为。

（三）风险提示，畅通举报途径

针对诈骗的前期违法犯罪行为，如在各个平台引流至站外存在诈骗风险的场景，各平台需要针对关键词的敏感程度，建立醒目提示、防范风险提醒、信息过滤屏蔽等截流措施。增加预警提示既不会影响合规视频的正常观看，又不会增加视频审核人员的负担，因此，用来判断是否为疑似违规视频的标准可以降低一些，以确保所有违规视频上都能出现警示。与此同时，各平台应从正面进行引导，配合反诈视频官方账号建立、防诈骗视频推送等，加大防骗宣传，从正反两方面提示用户理性应对诱导性手段，从而在很大程度上减少诈骗案件发生，达到降低导流的效果。

各平台在加强技术监管的同时，还应发动广大平台用户，畅通用户举报渠道，鼓励用户对疑似诈骗的违规行为进行举报，在显眼的位置标注举报流程、方式、举报处理规则以及举报后如何查看举报进度和处理结果；可以给予举报成功者积分等形式的奖励；为了减少恶意举报，还可以根据用户举报准确率来设置处理先后顺序；平台经过审核确认违规的账号，依据违规程度进行信誉降级处罚，严重的进行封号处理；等等。对于无法立即判断是否存在违法违规的内容，为了防止日后产生更严重影响，要实施举报减流，即一旦有人举报，就对其减流、减少推荐量，当举报人数达到一个阈值，直接暂停推荐；对于举报人数多的内容，进行优先审核，从而有效减少诈骗内容的受众量，也能够及时处理被恶意举报的内容。

三、立足根本，解决实践难题

扼住电信网络诈骗犯罪的命脉，以刑民一体化、防控一体化为视角，构建对电信网络诈骗犯罪的综合性处置策略。

（一）整治重点区域，管控重点人群

从源头遏制犯罪，改变犯罪发生的环境，杜绝犯罪的发生，要对重点区域重点整治，对重点人群重点管控。具体而言，第一，由政府机关牵头，成立专项工作组，到重点整治地区开展实地督导，并将电信网络诈骗犯罪纳入部门考核，调动各方力量，重点突击，尽快取得实效。第二，建立重点区域

人群信息数据库,利用大数据平台实时共享,推进信息流、资金流、人员流的监管,依托跨区域办案协作平台,加强对重点人口的管控,创建打击犯罪新机制。[①]第三,建立长效机制,加强信息研判,变被动为主动,打团伙、打源头,时刻总结经验,创新工作机制,保证工作成果,借鉴优秀经验做法,并在全国推广。[②]

(二)共建共治共享,加强国内国际合作

当前,电信网络诈骗的治理面临控制赃款难、抓捕犯罪分子难、工作协调难的困境[③]。具体来讲,电信网络诈骗犯罪成本低、利润高,犯罪手段多样、更新快,职业化、专业化作案,非接触式犯罪导致侦破难,跨地域难追踪,很多超出公检法机关的职权范围案件侦破难度极大。现有治理模式对黑灰产业链打击不力,对犯罪人惩罚不足,对被害人的保护不到位。[④]电信网络诈骗犯罪不是单纯的财产犯罪,它侵蚀的是公民合法权益、社会秩序和公共安全,是对政府治理能力和治理体系的直接冲击,会带来牵连性的危害后果。因此,要始终坚守法治底线,贯彻共建共治共享,坚持政府主导、多元治理模式。从更高的层面和格局去审视。首先,应当正本清源,重塑正确的经济利益观和法治观;其次,加大扶植当地经济产业的力度,解决职业犯罪群体就业问

[①] 徐永胜、徐公社、韩冰:《地域性职业电信网络诈骗犯罪及其侦防对策研究》,《山东警察学院学报》2018年第1期,第126—127页。

[②] 王晓伟:《治理电信网络诈骗犯罪:现状、问题与对策》,《社会治理》2017年第1期,第47页。

[③] 王洁:《电信网络诈骗犯罪的独特属性与治理路径》,《中国人民公安大学学报(社会科学版)》2019年第4期,第6页。

[④] 王洁:《电信网络诈骗犯罪的独特属性与治理路径》,《中国人民公安大学学报(社会科学版)》2019年第4期,第1—10页。

题①；再次，大力宣传和普及国家反诈中心APP，实现预防、侦查、惩处无缝衔接，构建以大数据战略为基础的预测、预警、预防的违法犯罪治理模式，建立以社会稳定为目标的社会矛盾风险综合防控新体系，推动共建共治共享的犯罪治理新格局和新模式。②

电信网络诈骗犯罪还呈现出国际化特点，它不再局限于一个地区、一个国家，而是呈现出明显的脱域特点，对此我们必须加强国际、区际警务合作，打破地域界限。在尊重国家主权和网络主权原则下进行全球网络犯罪治理，在联合国大会框架内制定网络犯罪国际公约，支持国际刑警组织建立全球国际执法人员培训网络。③搁置制度理念争议，寻求共识，简化程序，联合执法。签订互助条约，搭建打击电信网络诈骗犯罪国际协作平台，积极参加国际反电信网络诈骗联席会议，推动国家间交流合作，加大信息互通共享，加强证据收集固定，加快罪犯引渡，共同防范打击电信网络诈骗犯罪，维护国家和地区的安全稳定。

（三）协同联动，打造联防联控新局面

从犯罪源头看，犯罪分子极易通过网络非法获取、出售公民个人信息；从作案手段看，犯罪分子通过特殊技术，进行改号、伪装、隐藏，迷惑性强；从犯罪成本看，犯罪分子只需前期投入购买信息设备的资金，通过程序批量发送诈骗信息，借助电子银行系统快速转移赃款，便可远程操控，实施非接

---

① 徐永胜、徐公社、韩冰：《地域性职业电信网络诈骗犯罪及其侦防对策研究》，《山东警察学院学报》2018年第1期，第128页。

② 靳高风、朱双洋、林晞楠：《中国犯罪形势分析与预测（2017—2018）》，《中国人民公安大学学报（社会科学版）》2018年第2期，第37页。

③ 李玉华、齐鹏云：《打击跨境电信网络诈骗犯罪的国际合作研究》，《山东警察学院学报》2022年第3期，第122页。

触性精准诈骗，犯罪成本极低①；从犯罪收益看，广撒网式精准诈骗，成功率极高，尤其是赌博、理财、投资类诈骗，金额巨大，收益丰厚；从诈骗类型看，主要包括利用各种平台 APP 进行的交易型、兼职型、交友型、返利型、低价利诱型、金融信用型、仿冒型、色情型、免费送型、盗号型等形式。面对越来越多的电信网络诈骗犯罪，只有深入与电信网络诈骗犯罪相关的环节以及产业链，才能彻底有效遏制电信网络诈骗犯罪。

公安机关作为侦破电信网络诈骗犯罪的主力军，工作方法要进行转变，从各自为战、零打碎敲，转向统一行动、整体部署，例如，建立电信网络诈骗案件侦办平台，加强公安队伍建设，成立专管电信网络诈骗案件小组，及时掌握电信网络诈骗犯罪的最新变化，等等。②但是仅依靠公安机关打击整治电信网络诈骗犯罪，难以从源头上根治，甚至可能会弱化打击效果。因此，要加强警银合作，信息互通，加强监管，紧急止付，减少损失；加强警企合作，阻断诈骗渠道，建立长效应急机制，加强支付结算管理，落实实名制，及时返还冻结资金，减少群众损失，加强监督，确保各项措施尽快落地。③此外，需进一步完善更加科学、精准的跨部门、跨行业、跨平台的协同治理工作机制。具体而言，中国人民银行会同工业和信息化部、国家税务总局、国家市场监督管理总局建立企业信息联网核查系统，积极推进信息共享，为银行核验企业相关信息提供权威渠道，有效防范账户风险。在宣传工作方面，积极开展联合宣导工作，利用各种媒介，广泛、全面、深刻地宣传防范电信网络诈骗，工业和信息化部可以组织地方通信管理局、基础电信企业、支撑

---

① 黄河、张庆彬、刘涛：《破解打击电信网络诈骗犯罪的五大难题——〈关于办理电信网络诈骗等刑事案件适用法律若干问题的意见〉解读》，《人民检察》2017年第11期，第32—33页。

② 王晓伟：《治理电信网络诈骗犯罪：现状、问题与对策》，《社会治理》2017年第1期，第46页。

③ 王晓伟：《治理电信网络诈骗犯罪：现状、问题与对策》，《社会治理》2017年第1期，第43页。

单位等开展多样化的宣传活动，针对重点人群采取特殊形式，如"反诈进校园""反诈进社区"等，中国人民银行可以组织地方银行、支付机构等开展"金融知识普及"宣讲等。①

互联网企业可以建立跨平台、跨行业安全联盟。首先，作为引流平台的各种短视频平台之间可以禁止不法分子在某一平台账户封禁期间使用同一手机号在其他平台注册账号、发布信息，从注册源头上增加不法分子的违法犯罪成本。其次，由于网络黑灰产链条特别是引流诈骗，存在跨平台特征，因此，互联网平台与支付平台、社交平台的黑灰产信息的共享、协同，有助于网络治理效果最大化。再次，各网络平台还应加大与运营商、警方等多个部门的跨行业联动。虽然互联网实行实名认证，但不法分子实施诈骗一般会通过黑灰产或者利用电信运营商的漏洞，使用未实名认证的手机号进行犯罪。对此，各网络平台要定期对用户的手机号进行重新验证，以防用户使用临时手机号注册；同时将可疑用户信息提供给运营商。与此同时，各网络平台应与警方建立合作，定期将已列入黑名单的账号交给警方，若多个平台提交的名单有重合时，要重点关注，展开合作调查。警方也可依赖平台提供的聊天记录、转账记录、登录信息等固定证据，提升打击精准性、及时性、有效性。

---

① 中国信息通信研究院安全研究所：《新形势下电信网络诈骗治理研究报告》，2020年，第28—29页。

第二章

基础事实：
电信网络诈骗黑灰产链条核心节点与
"两卡"功能的定位与打击机制

电信网络诈骗关联犯罪的治理有赖于多系统、多主体的参与。法律作为一种规范，具有抽象性、稳定性等特征，而关涉电信网络诈骗及其关联犯罪的问题却是具体的、不断发展变化的。尽管法律系统发挥着至关重要的作用，但其功能存在边界限制，意图使法律成为治理电信网络诈骗关联犯罪的唯一手段显然是不合理且不现实的。本章对电信网络诈骗的核心节点和流程进行犯罪学梳理的目的在于，精准判断法律能在哪些核心节点发挥作用，以及如何更高效地持续稳定发挥作用。

第一节　电信网络诈骗概况及特征

近年来，党中央、国务院高度重视打击治理电信网络诈骗违法犯罪工作，各地区各部门充分发挥职能作用，合力挤压犯罪空间，深入推进打防管控，各诈骗类型均受到持续强有力的压制，电信网络诈骗犯罪的持续上升势头得到有效遏制，打击治理工作取得显著成效。但随着网络技术的更新迭代，诈骗手段也在不断翻新，这导致电信网络诈骗犯罪仍在"高位运转"，形势依旧严峻。

一、电信网络诈骗的基本概况

根据腾讯公司《电信网络诈骗治理研究报告（2021 年）》的数据，2021年十大电信网络诈骗类型占比由高到低依次是：刷单返利诈骗，"杀猪盘"诈骗，贷款、代办信用卡诈骗，冒充电商物流客服诈骗，冒充公检法及政府机关诈骗，冒充领导、熟人诈骗，虚假购物、服务诈骗，虚假征信诈骗，网络游戏产品虚假交易诈骗，网络婚恋、交友诈骗（非"杀猪盘"）。[1] 其中，刷单返利诈骗，"杀猪盘"诈骗，贷款、代办信用卡诈骗，冒充电商物流客服诈骗合计占比高达 73.9%，是 2021 年最高发的诈骗类型。而假冒身份诈骗由于具有较高欺骗性，还产生了冒充公检法及政府机关和冒充领导的变种类型，未来极有可能出现新的身份变种类型，应进一步提高警惕。上述十大诈骗类型绝大多数情况属于典型套路，虽然国家各部门和社会各界组织开展了大量的宣传和普及，但仍具有蔓延的势头。实际上，多数被害人都已接受过反诈宣传教育，但一旦陷入骗局，往往会丧失理性，失去基本的判断能力。

从损失情况来看，"杀猪盘"诈骗利用被害人心理弱势，不断诱导其投入大量资金，是造成损失最严重的诈骗类型；身份诈骗中的冒充领导及熟人诈骗和冒充公检法及政府机关诈骗分别居于第 2 位、第 3 位。

从性别占比来看，十大诈骗类型中，男性被害人占比 56%，女性占比44%，男性更容易成为诈骗对象。男性更多是在网络婚恋、交友，贷款、代办信用卡以及网络游戏产品虚假交易等场景下被骗，尤其是与"两性"话题

---

① 腾讯公司：《电信网络诈骗治理研究报告（2021年）》，2022年，第6页。

相关的诈骗，男性被害人在网络婚恋、交友诈骗中占比高达 86%；女性则更容易遭受冒充电商物流客服、"杀猪盘"等手法的侵害。

从年龄构成来看，40 岁以下为主要被害群体，占比高达 79%，老年人诈骗相对较少。40 岁以下的年轻群体是诈骗分子最主要的围猎对象。20 岁以下的群体多为经济能力有限、缺乏防范意识与社会经验的学生或初入职场的年轻人，容易落入虚假购物服务交易、刷单返利等骗术陷阱；20—29 岁的群体处于经济和婚恋情况不稳定的阶段，容易陷入假冒身份诈骗、刷单返利、网络贷款等诈骗中；30—39 岁的成熟群体处于经济和工作状况稳定的阶段，容易陷入"杀猪盘"，冒充公检法及政府机关、领导、熟人等诈骗中；50 岁以上的群体接触互联网较少，遭到电信网络诈骗的概率大大降低，因此案件数量占比较低。

二、电信网络诈骗的总体特征

（一）诈骗手法加速迭代变化

诈骗分子紧跟社会热点，同步更新诈骗方法和"话术"，迷惑性强，被害人很容易上当受骗。新冠疫情给社会经济带来一定影响，社会面贷款需求激增。诈骗分子利用虚假贷款 APP 和网站，诱导他人下载登录后，以"手续费""刷流水""保证金"等名义实施诈骗。2021 年以来，诈骗分子开始频繁使用"安全账户"，要求被害人将名下资金归集至本人同一银行账户，甚至要求被害人办理新银行卡，并把全部资金归集至新办理的银行卡，然后非法转移被害人资金。此类诈骗手法由于未涉及对外转账操作，被害人容易上当受骗，遭受巨额财产损失。

诈骗分子还会针对不同群体，根据非法获取的精准的个人信息，量身定制诈骗剧本，实施精准诈骗。例如，包括冒充电商物流客服、熟人或领导以及公检法及政府机关等在内的冒充身份的诈骗，便是由于诈骗分子掌握了精准的个人信息，使得被害人难以辨别对方真实身份。诈骗分子通过"流氓软件"、钓鱼网站、暗网等途径非法获取公民个人信息，或从网站等公开渠道"爬取"公民个人信息，如企业工商信息查询网站、企业官网、机关单位网站等。例如，诈骗分子可从机关单位网站上"爬取"大量公开信息，包括领导干部的姓名、职务等，对该单位内或与单位有业务往来的人员进行诈骗，利用领导干部与被害人的职务关系以及被害人对领导干部的敬畏心理，要求受害者转账。此类诈骗针对性极强、数额巨大，而且极大损害国家机关形象，带来严重不良社会影响。此外，在刷单返利诈骗、"杀猪盘"诈骗等诈骗类型中，诈骗分子在骗取被害人财物后，甚至会诱导被害人去各大网贷平台贷款，对被害人的经济能力产生毁灭性打击，被害人注定难以回归正常生活。

总之，随着人们生产生活加速向网络转移，以电信网络诈骗为代表的新型网络犯罪呈迅猛增长态势，诈骗途径越发多样化、快捷化，诈骗对象选择愈加精准。电信网络诈骗犯罪已成为当下主要的打击治理难题，需要国家机关不断研究调整打击防范措施，做好战略部署。

（二）诈骗技术不断迭代更新

诈骗集团利用区块链、人工智能、虚拟货币、GOIP、共享屏幕等新技术新业态，不断更新升级犯罪工具，与公安机关在通信网络和转账洗钱等方面的攻防对抗不断加剧升级。

从通信网络通道来看，诈骗分子开始大量利用秒拨、VPN、云语音呼叫以及国外运营商的电话卡、短信平台、通信线路实施诈骗。从资金通道来看，传统的三方支付、对公账户洗钱占比减少，大量利用"跑分平台"加数字货币进行洗钱。诈骗集团组织严密、分工明确，呈现出多行业支撑、产业化分布、集团化运作、精细化分工、跨境式布局等跨国有组织犯罪特征。具体来讲，诈骗分子在境外以高薪招聘为诱饵，诱骗大量年轻人赴境外从事诈骗活动。诈骗分子通过境外聊天软件，指挥境内人员从事 APP 制作开发、引流推广、买卖信息、转账洗钱等各类违法犯罪，境内境外衔接紧密，跨国有组织犯罪特征日趋明显。从事后救济来看，诈骗分子在部分案件中始终未实施过索要验证码、要求对外转账等高风险行为，被害人虽有所戒备但也难以洞察诈骗的发生。即使被害人意识到可能被骗，但由于账户密码被修改、手机短信被拦截、通话被转移，也难以及时通过重置密码等方式登录银行查询损失情况和确认诈骗发生，无法及时提供资金损失和转移情况，难以进行有效的事后救济。

（三）诈骗对抗全面升级

1. 诈骗对抗阻断与反阻断日渐升温

互联网技术的快速发展虽然给人们的生活提供了极大的便利，但也让电信网络诈骗搭上技术升级的便车，面对法律和监管的围追堵截，犯罪技术也在不断迭代更新。攻防双方在不断角逐的过程中，此消彼长，对抗日趋白热化。诈骗阻断主要指在实施诈骗的过程中，所有可能使被害人认识到自己正遭受骗局的提醒、预警劝阻等行为。线上的阻断措施主要通过公安机关、金融机构、互联网企业以及被害人亲友进行。具体来讲，2020年公安部推出全国统一的预警劝阻电话96110，公安部与工业和信息化部在2021年又联合推出12381反诈预警短信，并提供国家反诈中心APP对诈骗分子的身份进行智能识别，最大限度阻断电信网络诈骗；金融机构可以通过发送验证码的方式进行身份识别和阻断；互联网企业则是在其业务场景中，依据其建构的风控模型规则，识别、发现高风险对象和交易场景，向用户进行提醒教育，及时拦截阻断。例如，在微信支付的收款方有异常的情况下，可以通过弹窗提示付款方注意核实对方身份，注意资金往来风险等；被害人亲友发现或者得知被害人可能被骗，可以通过电话、微信、短信、QQ等方式与被害人取得联系，阻断诈骗。[①]

---

① 腾讯公司：《电信网络诈骗治理研究报告（2021年）》，2022年，第26—27页。

2. 黑灰产技术不断更新迭代

诈骗分子通常会使用网络电话，在境外给境内人员拨打诈骗电话。起初的技术设备通常为 VOIP，它实现了数字信号与模拟信号的相互转换以及互联网与电话网络的联通；此后演化为 GOIP，以更低的成本介入移动电话网络，让公安机关和运营商更加难以追查到具体的拨出位置。传统的 VOIP 技术存在一定局限性，而 GOIP 技术克服了 VOIP 的固有缺陷，能够在电话挂断之后实现回拨，并且真正实现"人卡分离"，给公安机关的侦查带来更大挑战。早期的互联网账号引流通常通过多开模拟器的方式，随着互联网公司安全政策的不断完善和加强，多开模拟器的群控手段被封杀殆尽，黑灰产便开始转向技术手段更先进、隐蔽性更强的新型云控系统。相较于多开模拟器、传统云控来说，新型云控系统成本更低，更难被封号，可控设备数量也更多。动态二维码技术的出现也使诈骗犯罪可以有效规避审核，对抗监管，利用二维码实施诈骗。例如，正规 APP 的下载二维码审核过后跳转的却是诈骗钓鱼网站，实时动态调整导致其迷惑性很强[①]，这就提高了诈骗分子犯罪的成功率。

3. 利用真人作恶的"众包"手法全产业链渗透

所谓"众包"，原指企业将任务外包给网络上不特定普通大众的一种商业模式。不同于我们所熟知的"外包"，"众包"只能通过互联网进行外包，并且向外发包的数量极多，但工作难度不大。众包模式在网络黑灰产中始于"人肉刷量"，在与司法打击、互联网公司策略的对抗中，逐渐展现出其顽强的生命力和突出优势，而后迅速渗透、蔓延到产业链上、中、下游的各个环节，推动网络黑灰产的进一步升级蜕变，给司法机关的及时打击和互联网行业的有效治理带来新的更大挑战。目前，大多数"众包"平台都以 APP 的形式存在，具有平台化、产业化、专业化的特点，并且隐蔽性极强，可用资源数量惊人，可以为电信网络诈骗的黑灰产业链提供充足的资源支撑。主要手

---

① 腾讯公司：《电信网络诈骗治理研究报告（2021年）》，2022年，第32—35页。

段有：众包招募正常手机用户"出租"其手机短信服务为其接收验证码，众包互联网账号的出租、解封和实名认证，众包"跑分"，众包"人肉刷量"即雇用水军、投手，等等。[①]

4. 诈骗资金流转对抗出现新趋势

在全国"断卡"行动的高压打击下，国内黑灰产洗钱通道受阻，利用银行卡、二维码的洗钱途径成本高、风险大，犯罪分子开始寻找新的洗钱途径。继"卡农""码农"后，虚拟货币洗钱团伙逐渐形成，虚拟货币本身的去中心性、匿名性、全球性等特征给犯罪团伙带来极大便利，虚拟货币洗钱团伙也随时间发展逐渐专业化、规模化，通常称之为"币农"。传统的诈骗资金流转通过"跑分代收"的形式，随着诈骗场景的不断升级，诈骗犯罪逐渐产生对外支付的需求，如兼职诈骗、返利诈骗等，因此"代付"开始出现，并且与"跑分"等新业态结合，发展成为迷惑性更强、隐蔽性也更强的"跑分代付"。跨境非法汇兑洗钱也逐渐更新，由原来的终端支付信用卡境外刷卡、走私POS机境外刷卡升级为利用移动支付二维码等跨境汇兑支付，并且也会借助虚拟介质，如利用游戏点卡、电话卡充值业务的名义进行跨境非法汇兑。此外，电信网络诈骗犯罪团伙近年来偏好将对公账户（商户）作为转移犯罪资金和赃款的目标，因为其可信度高、交易限额大、资金拆分快并且司法止付冻结难。[②] 以上几点需要公安机关、司法机关以及互联网企业等多方重视，联合治理，不断加强技术对抗，实现技术反制。

[①] 腾讯公司：《电信网络诈骗治理研究报告（2021年）》，2022年，第39—41页。
[②] 腾讯公司：《电信网络诈骗治理研究报告（2021年）》，2022年，第41—45页。

第二节 电信网络诈骗黑灰产链条上、中、下游之间的结合方式与动态运行模式研究

电信网络诈骗关联犯罪依托互联网技术，成规模、有组织地扩张泛滥，从行为与核心诈骗行为的联结上看，当下的电信网络诈骗及其关联犯罪可以被细分为上游犯罪、中游犯罪和下游犯罪，各个环节的不法行为盘根错节，环节内部与外部又各自形成极为精细的分工，如此便形成了复杂的电信网络诈骗黑灰产链条。随着大数据时代的全面来临，电信网络诈骗呈现出与传统诈骗行为截然不同的犯罪结合方式与运行模式。

一、上、下游行为客观上呈现出"一对多""多对多"的犯罪形态

大数据时代到来之前，虽然网络技术和移动通信设备已经得到应用，但仍处于初步发展阶段，拨打电话和群发短信仍然是最主要的电信诈骗途径，兼有木马病毒、钓鱼网站等略显先进的诈骗手段。[①] 但囿于技术水平，当时的电信网络诈骗无法突破时间、空间与电信网络用户群体的限制，与传统的诈骗行为并无本质不同。例如，尽管倒卖个人信息的网络黑灰产已经存在，并为电信诈骗的实现提供了些许助推力，但终究仅长出了雏形，在个人信息泄露无法触及公民的基本安全的时期，这类网络黑灰产与诈骗犯罪之间的联结相当有限。在这样的情形下，行为人仅凭自己很难在网络空间中针对不特定的多数人实施诈骗行为。而若要组织起完整的犯罪集团，就需要打通信息收集、技术开发、通信设备储备、话术设计、骗术执行、隐蔽场所选择、洗钱

---

① 中国司法大数据研究院：《司法大数据专题报告之电信网络诈骗（2016.1—2017.12）》，2018年，第5页。

等多个环节。换句话说，科学技术的发展为犯罪分子提供了新的可能性场域与工具，但运用新兴技术所遇到的高门槛也在一定程度上制约了电信网络诈骗的迅速扩张。

早期诈骗分子通常会使用传统的 VOIP 设备，在境外对境内人员拨出诈骗电话，实现数字信号与模拟信号的相互转换以及互联网与电话网络的联通。从本质上说，VOIP 技术与电话、电子邮件或网页并无本质不同，均能在经过互联网连接的机器（电脑、无线设备和手机等）间进行传输。传统的电话网是以电路交换方式传输语音，所要求的传输宽带为 64kbit/s；而 VOIP 是以 IP 分组交换网络为传输平台，对模拟的语音信号进行压缩、打包等一系列特殊处理，使之可以采用无连接的 UDP 协议进行传输。但传统 VOIP 技术仍存在很强的局限性。第一，VOIP 接入 PSTN 服务商网络需要申请特殊线路，在运营商加强管控后，诈骗分子申请到相关线路的难度大幅度提高。第二，VOIP 技术并未实现真正的"人卡分离"，使用者和手机卡仍处于同一位置，故被查获的风险依旧很高。[①] 例如，2023 年陕西绥德某 6 人犯罪团伙在出租屋内联系线务员搭建网络，安装固话、宽带，将上线邮寄的 VOIP 设备进行安装连接，为电信诈骗团伙实施诈骗提供技术支持。设备一旦联通，诈骗分子从境外拨打的电话就可以接入固定电话网络，伪装成国内区号（如 0912）开头的号码拨打到被害人的手机上。但由于 VOIP 技术易被查获，绥德县公安局接到部推线索后迅速出警，抓获正准备办理业务的犯罪嫌疑人。[②] 第三，在通话过程中，传统的 VOIP 技术很难使接听者通过来电号码回拨，因此，犯罪分子很难通过 VOIP 技术持续进行诈骗。由于传统 VOIP 技术的局限性，随后又出现了 GOIP 设备，为犯罪分子实施电信网络诈骗提供了更强大的技术支撑。犯罪分子可以用更低的成本接入移动电话网络，公安机关和运营商更加难以追查

---

① 腾讯公司：《电信网络诈骗治理研究报告（2021 年）》，2022 年，第 32 页。

② 《绥德警方打掉一架设"VOIP"设备帮助实施电信诈骗团伙，6 人被抓》，载 https://www.sohu.com/a/658794085_121123783，最后访问日期：2023 年 3 月 27 日。

到具体的拨出位置。这种在境外利用网络电话对境内的被害人进行诈骗的案件近年来呈井喷式增长，逐渐占据电信诈骗案件的主流。

科学技术的发展逐渐成为电信网络诈骗犯罪的有力推手。传统的"一对一""一对少数"的帮助模式基本不复存在，"一对多""多对多"的共犯参与模式占据主流。[1] 犯罪分子只需控制上游或下游某一个小小的环节，就能穿过无数条网线为多个电信网络诈骗行为开路或断后，可以称得上"一本万利"。例如，现实中如果某一技术开发者研究出一款程序，植入某收费程序并篡改应缴费数额，兜售给多个犯罪团伙，凭借类似的技术，犯罪分子便能轻松复刻诈骗行为，不断以同样的模式向不特定的多数人实施诈骗。

二、电信网络诈骗犯罪的上、中、下游犯罪形态阐释

随着通信技术的迭代更新，大数据时代的电信网络诈骗发生了质的变化，诈骗分子不再需要单打独斗，完整的黑灰产链条能够源源不断地为诈骗犯罪"输血供粮"。[2] 随着技术深深嵌入当前生活的每一个缝隙，运用技术的高成本、高门槛不复存在，电信网络诈骗犯罪从事前准备到事后赃款回流层层分化成为可能，整个电信网络诈骗犯罪可以细分为上游犯罪、中游犯罪和下游犯罪。

上游犯罪是整条电信网络诈骗产业链的源头环节，负责提供各类卡（主要是银行卡、电话卡，即所谓"两卡"）、猫池（Modem Pool）、GOIP 设备、语音包、变声器等物料，为具体的诈骗行为推波助澜。当下隐蔽性强、成本低、难被封号的新型云控系统，就是从早期的多开模拟器转化而来的。新型

---

[1] 喻海松：《网络犯罪形态的碎片化与刑事治理的体系化》，《法律科学（西北政法大学学报）》2022年第3期，第61页。

[2] 喻海松：《网络犯罪黑灰产业链的样态与规制》，《国家检察官学院学报》2021年第1期，第41页。

云控系统能够通过云端协议外挂的形式编写脚本，模拟客户端操作，发送数据包与服务器进行交互，一个账号就可批量化操作和管理上万个社交账号，且能够避开账号安全验证，绕过客户端安全保护机制，进行批量账号登录。因此，不少犯罪分子意图通过研发并销售云控平台谋取巨额利润，这是典型的上游犯罪类型。例如，2021年11月23日，江苏省灌云县法院以提供侵入、非法控制计算机系统程序、工具罪分别判处夏某志、李某等21名被告人有期徒刑四年至拘役五个月不等的刑罚，并处20万元至2000元不等的罚金。[①] 在该案中，为网络犯罪提供工具的云控客户端平台犯罪团伙内部形成了一套严密的代理营销机制，包括平台研发者、平台经营者、代理商、销售人员以及为平台提供技术服务的人员等。购买平台账号多数是用于诈骗、博彩等一些违法犯罪活动，仅仅三年，这一犯罪团伙销售云控平台账号50余万个，非法获利2600余万元，购买平台账号用于中、下游犯罪数量之庞大可见一斑。

中游犯罪是实施各类电信网络诈骗行为的核心环节。目前，随着信息技术的快速更新，电信网络诈骗犯罪利用的新型技术层出不穷，且朝着侦破难、成本低、效率高、规模大的方向不断演进，如动态二维码技术、URL跳转和域名防控技术以及物联网卡技术等。以动态二维码技术为例，动态二维码技术是在二维码与目标诈骗页面之间插入第三方跳转网站，使诈骗分子可以有效躲避审核和监管的技术。用户提交时，二维码对应的是正常网站地址，如正规银行APP的下载链接，审核过后却跳转到诈骗钓鱼网站，如诈骗理财软件的下载入口，[②] 用户难以觉察已经历了多层跳转。网络钓鱼链接也可以轻易地利用二维码进行伪装。网络钓鱼者会将二维码放在较为显眼的位置，例如，如果用户想要登录后进入付款程序或获得对某些服务的访问权限，诈骗分子

---

① 《"自主研发"多款云控平台进行线上销售　灌云县检察院精准定性团伙犯罪行为》，载http://www.jsjc.gov.cn/yaowen/202201/t20220118_1335965.shtml，最后访问日期：2022年1月18日。

② 腾讯公司：《电信网络诈骗治理研究报告（2021年）》，2022年，第35页。

可能会在其中放置二维码。原本只能"一对一"固定跳转的二维码可以有选择地进行"一对多"的灵活跳转，成为诈骗分子进行技术对抗的有力手段。总之，新型技术的快速发展使得诈骗分子犯罪方式更多样，手段更灵活。

下游犯罪负责将犯罪所得资金通过不同渠道进行转移和漂白，经过这一阶段，电信网络诈骗就形成了一个完整的闭环。以张某某等五人掩饰、隐瞒犯罪所得案为典例，犯罪嫌疑人张某某等五人在明知他人利用信息网络实施违法犯罪活动的情况下，仍为他人提供各类收款二维码帮助支付结算并从中获取提成。五人分工明确，为方便转款建立社交群组，首先张某某发布待收款信息，其他四人负责在群内提供收款二维码，完成收款。此时，张某某会向群内发一个银行卡号，由该笔交易的收款人在扣除手续费后，将所收款项转至张某某提供的银行卡内，五人根据每次任务的不同分工，获取不同比例的提成。至此，网络诈骗的钱款被迅速转移。但由于每次的付款账户及收款账户均为不同的人，而张某某等五人各自有经营的商铺，无法区分所收入的300余万元中，哪些是电信诈骗的赃款，哪些是五人的合法收入。张某某等五人虽然对自己的行为供认不讳，但因为交易次数太多，不能准确将收入来源进行划分，给犯罪金额的认定带来一定困难，后办案人员根据交易明细，与电信诈骗案件的报案人逐笔核对，最终确定了张某某等五人的犯罪金额。转账金额的认定是确定嫌疑人是否构成犯罪的重要证据，由于嫌疑人既有合法的营业收入，又从事违法活动，合法收入与违法所得混同，导致犯罪金额难以确定。本案中，李某某有自己的修理店，同时将自己店铺的收款二维码提供给好友张某某转移诈骗资金，账户中既有修理店正常经营收入也有电信网络诈骗钱款，因此，账户收入不能全部被认定为违法所得。此类案件中，嫌疑人账户交易明细条目众多且没有明显的规律，加大了对犯罪的打击难度。

此外，在下游犯罪中，虚拟货币因具有支付工具属性、匿名性、难追查等特点，往往被电信网络诈骗犯罪团伙（以下简称"电诈团伙"）利用，成为非法跨境转移资金的工具。例如，最高人民检察院 2022 年 4 月 21 日发布的打击治理电信网络诈骗及其关联犯罪典型案例中的罗某杰诈骗案。[①] 罗某杰在境外与诈骗分子事前通谋，通过境外地下钱庄人员，和虚拟货币商约定合作，将诈骗资金兑换成虚拟货币"泰达币"进行转移，并搭建非法跨境转移通道。跨境电信网络诈骗犯罪案件多是内外勾结，配合实施，下游犯罪有专门为诈骗犯罪分子提供资金转移的通道，形成较为稳定的协作关系，从而大大增强犯罪分子躲避侦查的能力。

为应对"断卡"行动，电诈团伙改变模式，从以往雇用"车手"取钱变为在内地发展平台"洗钱"。此种模式下，电诈团伙不需要向下游"洗钱"者提供银行卡，而是刺激"洗钱"团伙主动通过租借、购买等方式寻找银行卡，等于"分田到户"、化整为零，解决了电诈团伙自身缺少银行卡的问题。电话卡严格管控后，电诈团伙转而使用境外电话卡，国内对此无法进行管控。相较之下，不论是从动作还是效果来看，互联网治理才刚刚起步。信息泄露、贩卖，平台广告、推广引流等黑灰产禁而不绝，几乎每个互联网企业都在大肆收集个人信息，一些社交平台甚至打着为用户保密的幌子堂而皇之地为电诈团伙提供服务，等等。打击电信网络诈骗依旧任重道远。

三、黑灰产链条上的行为共同性与主观意思联络均呈现弱化趋势

为增强隐蔽性，电信网络诈骗关联犯罪的犯罪行为被切分成多个精细化模块，各模块之间由诈骗团伙统一操控，彼此之间互不知情，导致犯罪行为主观明知难以认定。在传统的诈骗行为中，诈骗团伙以实施诈骗行为为核心，诈骗行为本身在团伙作案中处于中心地位，扮演显性角色。而如前所述，大数据时代的电信网络诈骗行为实现了细化分工，形成了庞大且顽固的黑灰产

[①]《坚持惩防治结合 筑起防范诈骗"防火墙"》，载https://www.spp.gov.cn/spp/xwfbh/wsfbt/202204/t20220421_554307.shtml#1，最后访问日期：2023年4月29日。

链条，上游和下游行为分别决定着电信网络诈骗的开端与最终实现，故曾经作为帮助行为的隐性角色价值逐渐凸显，有时甚至具有比诈骗行为本身更严重的社会危害性。进一步讲，上游与下游的帮助行为本质上并不依附于某一具体电信网络诈骗团伙而存在，其能够凭借技术为其他电诈团伙抑或是更广泛的网络犯罪团伙提供帮助，并将技术变现。行为人既可能同处一个犯罪集团，又可能在网线的不同端口，作为技术、犯罪工具的提供者和使用者各自作业、各取所需、各自获利。各个环节的参与者可替代性极强，诈骗行为的成功并不依赖某一具体行为人，而是依赖于能够组成黑灰产链条的技术或工具。与传统诈骗犯罪的行为人直接存在明确的领导与从属关系不同，大数据时代的电信网络诈骗犯罪链条呈相对松散的组织形式。[①] 与之相应，在这样的犯罪链条中，上游、下游的违法犯罪人员是否与诈骗分子存在明确的意思联络，对于整条黑灰产链条的运行而言并不重要。所有产业链都有着相似的核心，即价值链，其本质是一方向另一方提供产品或服务，而接收方反馈产品与服务相当的价值。[②] 电信网络诈骗犯罪黑灰产链条也是如此，处于同一链条上的犯罪分子并非因为谋求诈骗成功而有了联结，而是渴望各个环节所能产生的利益才心照不宣地聚集。某一环节的犯罪分子对其他参与人及其实施的具体违法犯罪活动可能根本没有认识，相互之间也几乎不发生即时双向的沟通联络，但同样使网络黑灰产犯罪链条迅速滋生发展。这种微妙的联结不仅导致上、下游的行为人是否具有主观的帮助故意难以认定，还加大了公安机关的抓捕困难，行为人分散作业使得侦查人员难以通过抓获某一层级的行为人捣毁整条产业链。例如，违法使用 GOIP 设备所形成的黑灰产业链，从 GOIP 设备的不法生产商、销售商，到专门负责设备安装、调试、维修以及

[①] 娄永涛、唐祥：《大数据时代电信网络诈骗犯罪的防控反思》，《重庆理工大学学报（社会科学）》2020年第3期，第122—123页。

[②] Chen Hongli, Liu Xiuli & Xin Baogui. *The Formation Mechanism of Green Dairy Industry Chain from the Perspective of Green Sustainable Development*. Complexity, 2020.

提供专门场所放置设备的不法人员，以及为设备运转提供大量电话卡的职业"卡商"，处于链条上的犯罪分子并非存在明确的意思联络，也并非因为诈骗行为而聚集，而是为谋求各环节自身的利益而聚集。

四、上、下游违法犯罪行为衍生出新的链条

在电信网络诈骗犯罪的全链条中，上游犯罪受到新技术的加持正加速衍生出形式多元的违法犯罪行为。广义的电信网络诈骗活动呈现出产业链发展的全新模式，与此同时，上游违法犯罪行为呈现出产业链化发展的全新态势。电信网络诈骗犯罪行为的黑灰产链条已经形成大链条内部嵌套小链条的特点，违法犯罪形态朝着愈加复杂多样的方向发展。受巨额不法利益的驱动，一些不法人员利用行业监管漏洞从事黑灰产业，比如非法获取和出售公民个人信息、贩卖银行卡和手机卡、利用伪基站发送信息、提供通信线路、提供分析工具软件、制作木马程序等。尤其是银行卡、电话卡被用于实施电信网络诈骗犯罪的高发势头明显，导致违法办卡贩卖现象突出。实践中，比较典型的是众多"卡贩子"向不知情的群众推送大量广告，引诱群众向其出售自己的银行卡、手机卡、身份证等实名卡证。随后，这些"卡贩子"将所购买的银行卡、手机卡等转卖给电信网络诈骗团伙。在这一过程中，群众中还可能潜藏着带领大家办卡卖卡的"队长"，由"队长"与"卡贩子"联络，负责卡的交接，"卡贩子"也可能与另一层级的"卡贩子"联络，层层转卖，最终流通到诈骗分子手中。又如公民个人信息窃取、贩卖行为，在电信网络诈骗犯罪上游团伙中，有开发用于批量窃取公民个人信息的钓鱼网站、木马病毒的"技术人员"。此类"技术人员"通过研发算法程序、批量生成相关技术产品，能够全方位收集并存储大量的公民财产信息、健康信息、出行信息等多维度数据。此时，会有专门负责对接的犯罪分子将上述钓鱼网站、木马病毒等上游"技术人员"所研发的产品出售给电信网络诈骗团伙，由此形成电信网络

诈骗上游犯罪的层层联通，为中游犯罪"输血供粮"的局面。这种专业化、区域化、职业化的发展倾向，使得电信网络诈骗黑灰产链条的上游本身呈现出形成独立产业链的态势。

总之，大数据和算法技术的迭代更新使电信网络诈骗的犯罪门槛大大降低，如今的电信网络诈骗团伙分工严格且明确具体，不同主体在多个环节能够做到协同作案，形成了彼此勾连、技术完备、获利高昂的严密产业链。这条产业链精细而又庞大，顽固而又紧密，通过服务中游电信网络诈骗行为获取利益，呈现出不断蔓延、迅速扩大且全面进化的严峻态势。

第三节　电信网络诈骗关联犯罪的公司化、"合法化"与集资化转型现状研究

一、电信网络诈骗关联犯罪的公司化、"合法化"

早期的电信网络诈骗及其关联犯罪主要以个体形式单打独斗，而后逐渐形成团伙。当前，电信网络诈骗及其关联犯罪越来越呈现出公司化、集团化的运营趋势，犯罪分子常以合法开设公司的行为掩饰其犯罪活动，堂而皇之地从地下走出至地上，为犯罪活动披上一层合法的外衣，躲避侦查机关的抓捕。犯罪分子通常将自己的犯罪行为同表面合法的经营行为混淆在一起，具有较强的隐蔽性。从外观上看，这些公司的办公地点设在普通的写字楼或居民区，正规合法，甚至有些公司还会模仿一些具有一定知名度的正规公司的名称来浑水摸鱼，消除被害人的戒备心理。例如，河南"11·29"特大收藏品诈骗案中，犯罪公司名称为中视金桥（北京）投资有限公司，就是模仿了中央电视台旗下的中视金桥文化传媒有限公司，犯罪分子借此冒用文物专家

的身份，虚构与知名文物单位合作的事实，骗取群众钱财。[①]

　　电信网络诈骗及其关联犯罪团伙不仅在外观上具有现代企业的形式，而且在发展模式与组织运作模式上向现代企业靠拢。以中游的电诈团伙为例，在发展模式上，电诈团伙会通过报纸、网络、电视等发布招聘信息，招揽更多犯罪分子加入，甚至会在招聘信息中注明工资与待遇。在刘某蓬诈骗案中，被告人刘某蓬就是在网上看到国外招聘信息，前往菲律宾马尼拉的一家"公司"，在招聘广告中，该职位待遇被描述为每月工资6000元、包吃包住，并视业务能力发给提成。[②] 在将"新员工"招至"公司"后，电诈团伙还会安排"培训老师"对"员工"进行岗前培训，也就是对他们进行洗脑，教给他们诈骗的话术、诈骗剧本的编造等。此外，电诈团伙还会以投放广告的形式将诈骗"产品"推送到公众面前，佐以虚假的国家政策、产品功效、高收益等的诱惑，骗取群众财物。在组织运作模式上，其和普通企业一样拥有完整的组织形式，人员之间分工明确，同样有出资人、股东，并成立董事会、监事会，之下又细分经理人、技术维护人员、营销业务员等。[③] 江苏省高级人民法院集中审判的"10·30"跨境电信网络诈骗系列案件中，犯罪分子在柬埔寨、蒙古国等境外国家实施跨国电信网络诈骗，形成庞大的犯罪集团。犯罪集团内部按照职能分为风控部、市场部、运营部、技术部、客服部、行政部与财务部，各部门按照分工各自运作，而这种高复制性的模式是当前电信网络诈骗集团最常见的组织形式。[④] 在这些犯罪集团中，"员工"也有规律的作息时间、定期的业务能力考核、不同的工作重点、透明的晋升通道和成文的公司

---

① 《河南警方打掉一特大诈骗团伙　涉案金额8000余万》，载https://www.chinanews.com/tp/hd2011/2017/05-26/743416.shtml，最后访问日期：2017年5月26日。

② 山东省单县人民法院（2019）鲁1722刑初589号刑事判决书。

③ 刘权：《通讯信息诈骗犯罪公司化问题相关问题研究》，《湖南警察学院学报》2018年第6期，第50页。

④ 《跨境网诈趋"企业化"：部门分散多国，模式可迅速复制》，载https://www.chinanews.com.cn/sh/2021/11-15/9609659.shtml，最后访问日期：2021年11月15日。

规章。"业绩"好的"员工"能够在考核中获得表彰，发给物质奖励，甚至在公司中升职，"业绩"排名靠后的"员工"则会遭到惩罚，通过这种激励机制调动"员工"参与犯罪的积极性，提高犯罪收益。例如，在杜某星、李某诈骗案中，该犯罪集团就以"××集团"为名义实行集中管理、分工协作，甚至统一安排食宿、统一支付底薪加高额提成，公司内部也设有管理者、客服、组长、组员、后勤、财务等岗位，并明确组织结构中各人的分工情况。其中，组长负责督促、教导组内成员寻找被害人实施诈骗，并依据诈骗业绩情况按比例提成。[①]

最高人民法院发布的典型案例中，李某权等69人诈骗案亦采用了类似的运行模式。[②] 该犯罪集团采用"总经理—经理—主任—业务主管—业务员"的层级传销组织管理模式，要求新加入成员缴纳入门费，按照一定的比例数额层层向上返利，向组织交单作为成员晋升的业绩标准，层层返利作为对各层级的回报和利益刺激，不断诱骗他人加入该诈骗集团。被告人李某权作为诈骗犯罪集团的总经理，全面负责掌握犯罪集团的活动，设立诈骗窝点并安排主要管理人员对各个窝点进行监控和管理，安排专人传授犯罪方法，收取诈骗所得资金，分配犯罪所得，对不特定的被害人实施诈骗活动，诈骗犯罪活动涉及全国31个省市自治区，诈骗非法所得920余万元。这类犯罪集团利用传销模式发展诈骗成员，计酬返利，不断发展壮大，集团内部层级严密，分工明确，组织特征鲜明。其犯罪手段新颖，利用社会闲散青年创业找工作的想法，以偏远经济欠发达地区作为犯罪场所，在全国范围内不断诱骗他人加入，造成恶劣的社会影响。

电信网络诈骗犯罪公司的公司化、"合法化"的另一典型犯罪模式是使用他人身份材料成立空壳公司，通过网上银行系统提交开立对公账户的材料、

---

① 浙江省平阳县人民法院（2020）浙0326刑初250号刑事判决书。

② 《电信网络诈骗犯罪典型案例》，载https://www.court.gov.cn/zixun-xiangqing-200671.html，最后访问日期：2023年5月8日。

雇用专人冒充公司会计到银行柜台完成纸质材料的核验。现实中，由于法人代表不是公司实际控制人的情况比较常见，财务中介帮助办理相关开户业务也比较常见，普通民众不认为这些生活中常见的行为已经构成了犯罪。也就是说，电诈团伙很容易便能找到愿意提供自己的身份证供他人注册公司的人员，或伪装成公司的财务人员将纸质银行账户开户材料交到银行柜台的跑腿人员；事后，电诈团伙会提供其一定数额的好处费。由此，在相关电诈团伙的操纵下，一个具有合法外衣的公司账户就被"合法"设立了。相较于个人账户而言，公司账户具有更高的信誉度。对于上述提供身份证注册公司，或伪装成财务人员并跑腿的人来说，由于证实主观明知的证据不足，犯罪链条上各环节的违法性被不断稀释，导致对关联犯罪的打击困难重重，办案人员需根据嫌疑人的过往经历、行为次数、获利情况等情节，综合认定其行为是否构成犯罪。

二、电信网络诈骗关联犯罪与集资诈骗的糅合勾连

电信网络诈骗与集资诈骗、合同诈骗糅合勾连，已经成为当前电信网络诈骗的一个重要形态，如利用 P2P 平台进行集资诈骗便是一种典型的电信网络诈骗套路。这类 P2P 平台往往并不具有合法资质，它们通过网络、电视、报刊等渠道向不特定人群进行大规模公开宣传，以承诺保本与高额的利息回报为卖点，向社会不同职业、年龄或地区的人们大肆宣传。许多人很难理性看待，容易被看似丰厚的回报所诱惑，继而向平台投入大额资金。特别是不少老年人由于缺乏足够的网络经验和投资常识，更容易被蒙蔽，甚至将自己的存款全数投入。组建此类平台的犯罪分子可以在短期内迅速募得大量资金，部分犯罪分子将诈骗所得资金继续投入其他产业或维持其他生产，也有部分犯罪分子为了躲避侦查和法律制裁而迅速携款潜逃。比如，P2P 平台"金钱猫"通过虚构二级债权、车贷、企业贷，获取了 14.26 亿元的非法集资。平台

组建者虚构以其为出借人的虚假车贷、企业贷借款合同，并将虚假的借款合同包装成标的后在"金钱猫"平台上发布，以高额回报为诱惑，向社会不特定人群募集资金。但实际上，除了兑付个别到期本金和利息外，余款均被犯罪分子本人占有使用。[1]

又如，最高人民检察院发布的打击治理电信网络诈骗及其关联犯罪典型案例——邱某儒等31人诈骗案，就属于典型的虚构艺术品交易平台以投资理财为名实施的网络诈骗。[2]在该案中，被告人通过组织人员、租赁办公场所、购买交易软件、租用服务器，搭建了虚构的以文化产品为交易对象的类期货交易平台，并且陆续发展了30余家会员单位。为实现共同骗取投资者财物的目的，会员单位在多个股票投资聊天群中选择投资者，将其拉入事先设定的聊天群。同时，安排人员假扮"老师"和跟随"老师"投资获利的"投资者"，发送虚假盈利截图，以话术烘托、虚构具有盈利能力等方式，骗取投资者信任，引诱投资者在平台上入金交易。交易过程中，被告人的公司和会员单位向投资者隐瞒"平台套用国际期货行情趋势图、并无实际交易"等事实，通过后台调整艺术品价格，制造平台交易平稳、未出现大跌的假象。投资者因此陷入错误认识，认为在该平台交易较为稳妥，且具有较大盈利可能性，故在平台上持续多笔交易，付出高额手续费。被告人通过上述手段骗取投资者共计4.19亿余元。

这些模式之所以能够形成，与新兴智能技术密切相关。在投资型网络诈骗中，交易平台以频繁交易方式骗取高额手续费的行为迷惑性强，犯罪分子往往以"空手套白狼""以小套大"等方式实施诈骗。不仅诈骗被害人需要新兴技术，犯罪团伙的形成乃至公司化、"合法化"都需要凭借新兴技术进行联络、沟通和组织。

---

[1] 湖北省武汉市中级人民法院（2020）鄂01刑初155号刑事判决书。

[2]《检察机关打击治理电信网络诈骗及其关联犯罪典型案例》，载https://www.spp.gov.cn/spp/xwfbh/wsfbt/202204/t20220421_554307.shtml#2，最后访问日期：2023年4月24日。

第四节　上游截断"两卡"供给、中游实时预警、下游冻结账户追款实证效能研究

一、对电信网络诈骗及其关联犯罪的全链条打击

电信网络诈骗犯罪已异化为与传统诈骗犯罪截然不同的犯罪，在互联网技术提供的种种便利下，电信网络诈骗所囊括的内涵不再是诈骗行为本身，更包括上游的买卖、泄露个人信息行为，提供通信线路行为，提供分析工具软件行为，制作木马程序行为，以及下游的洗钱行为等。一条完整的黑灰产业链已经形成，甚至不断进化，链条上的各个环节之间依靠利益相连接，但彼此又存在界限、相互独立，如果侦查机关只针对诈骗行为这一环节进行片面打击，其上游犯罪与下游犯罪仍能找到新的"合作伙伴"，生成全新的利益链条。如此一来，侦查机关永远无法将整条犯罪链连根拔起，治标不治本，更多的电信网络诈骗行为仍会隐藏在网线背后，不断滋长。因此，开展对电信网络诈骗及其关联犯罪的全链条打击是侦查机关治理电信诈骗的必由之路。只有通过上游截断"两卡"供给、中游实时预警、下游冻结账户追款，将电信网络诈骗的各个环节细分、解构，针对各环节中的关键要素逐个击破，从而阻断各环节的犯罪行为互为助力的可能性，铲除黑灰产链条滋生的根基，才能最大限度地遏制犯罪，同时实现司法资源利用最大化。

（一）上游截断"两卡"供给

当前，全国电信网络诈骗犯罪形势日益严峻复杂，大量"实名不实人"的电话卡、银行卡被非法开办，并在黑市买卖流通，这是此类犯罪持续高发的重要根源。犯罪分子通过购买、交换、窃取、收集、清洗公开网站信息等方式获取大量公民个人信息，从中选取诈骗对象，借用具有通话与移动互

联网流量功能的电话卡联系被害人，对其进行洗脑诈骗，而后通过银行卡接收被害人转账汇款。多数情况下，即使侦查人员定位到涉案的手机卡与银行卡，"实名不实人"的问题也会导致难以追踪实际使用人。也就是说，电话卡与银行卡是电信网络诈骗犯罪中信息流与资金流的决定性载体。只有截断"两卡"供给，才能从根本上斩断犯罪分子与被害人的联系，摧毁电信诈骗滋生的温床。

早在 2016 年 9 月，最高人民法院、最高人民检察院、公安部、工业和信息化部、中国人民银行、中国银行业监督管理委员会就联合发布了《关于防范和打击电信网络诈骗犯罪的通告》，明确向电信企业提出严格落实电话用户真实身份信息登记制度、清理一证多卡用户的要求，并且对同一用户在同一家基础电信企业或同一移动转售企业开办的电话卡数量、在同一商业银行开办的借记卡数量都做出限定。此时国家对于"两卡"的严格监管已初具雏形，此后各个部门又为联合打击电信网络诈骗犯罪出台多个司法解释，其中均对电话卡、银行卡的开办与使用做出要求，这均为后续对"两卡"的整治打下坚实的法律基础。为严厉打击整治开办贩卖"两卡"违法犯罪活动，从上游出发，坚决遏制电信网络诈骗案件高发多发态势，切实维护人民群众合法权益和社会治安稳定，自 2020 年 10 月 10 日起，我国在全国范围内开展了以打击、整治、治理、惩戒开办贩卖"两卡"违法犯罪团伙为主要内容的"断卡"行动。

"断卡"行动主要针对的是电话卡与银行卡。电话卡既包括三大运营商的电话卡，又包括虚拟运营商的电话卡、具有移动互联网流量功能的物联网卡。银行卡指个人银行卡、对公账户及结算卡，以及微信、支付宝等非银行支付机构账户。"断卡"行动旨在重点打击以下几类团伙与人员：利用管理漏洞为大批量开卡提供可乘之机的行业内鬼、长期诱骗或组织他人开卡的团伙与人员、从事问题卡回收或贩卖的团伙与人员、与东南亚等境外诈骗团伙相勾结的人员、为"两卡"邮寄到境外提供便利的物流公司人员。

为坚持依法打击治理，解决法律基础问题，2020 年 12 月，最高人民法院、最高人民检察院、公安部、工业和信息化部、中国人民银行联合发布了《关于依法严厉打击惩戒治理非法买卖电话卡银行卡违法犯罪活动的通告》。2021 年 6 月发布的《最高人民法院、最高人民检察院、公安部关于办理电信网络诈骗等刑事案件适用法律若干问题的意见（二）》，在 2016 年 12 月发布的《最高人民法院、最高人民检察院、公安部关于办理电信网络诈骗等刑事案件适用法律若干问题的意见》基础上更进一步，详细规定了涉"两卡"行为的法律定性及行为人可能涉嫌的罪名。除了行为人收购、出售、出租"两卡"可能涉嫌帮助信息网络犯罪活动罪外，行为人持有、办理"两卡"的关联行为还可能涉嫌妨害信用卡管理罪，伪造身份证件罪，使用虚假身份证件、盗用身份证件罪。2022 年 12 月正式施行的《反电信网络诈骗法》完善了电话卡、物联网卡、金融账户、互联网账号有关基础管理制度。《反电信网络诈骗法》强调落实电话卡实名制，限制办理电话卡的数量，对金融账户实名制提出更高要求，高风险电话卡、异常金融账户要二次实名；要求电信业务经营者加强治理改号电话、虚假主叫；完善物联网卡销售和再销售制度，限制物联网卡的可用功能、场景和设备。严密的法网为"断卡"行动的顺利开展，提供了有力的政策法律支持。

"实名不实人"是"两卡"治理过程中面临的重要问题，大量被非法转卖、隐蔽在监管范围之外的"黑卡"为诈骗分子实施犯罪行为提供可乘之机，也给各部门打击电信网络诈骗犯罪提出难题。为了落实实名制，全国各省均积极出台政策封堵漏洞。如浙江省出台《浙江省涉电信网络新型违法犯罪不良信用通信网用户和高风险号码管理意见》，明确对假冒他人身份或虚构代理关系开立银行账户或支付账户的单位或个人，非法出租、出售、购买电话卡的不良信用通信网用户给予惩戒，以此保证实名制要求真正落到实处。

"断卡"行动开始后，公安部指挥各地公安机关先后开展四轮集中收网行动，截至 2021 年 4 月，抓获犯罪嫌疑人 5900 余名，缴获涉案银行卡、手机卡共计 13.4 万余张，从源头打击了电信网络诈骗犯罪分子的嚣张气焰。[1]2021 年 5 月，在前期工作的基础上，工业和信息化部升级启动"断卡 2.0"行动，对全国物联网卡开展拉网式检查。截至 2022 年 8 月，累计处置涉诈高风险电话卡近亿张、清理关联互联网账号近 6000 万个，一大批高危号卡得到有效清理，多省新开卡涉案数大幅下降，电信网络诈骗犯罪的滋生蔓延从源头得到了遏制。

（二）中游实时预警

遭到电信诈骗时，被害人输入支付密码可能只需要几秒钟，但面临的却是巨额的损失和困难重重的追赃挽损之路。因此，与电信网络诈骗犯罪分子对抗，就是在与时间赛跑。对于电信网络诈骗，全国公安机关始终坚持"事后打击不如事前预防，快破案不如不发案，多追赃不如不受骗"的原则，密切关注犯罪手段的变化，升级优化反制策略。在中游环节主要通过实时预警的方式，使正处于圈套中的被害人认识到自己正遭遇骗局，并对其进行劝阻。

随着数据采集能力的提升和算法技术的日趋成熟，公安机关也开始利用大数据对电信网络诈骗关联犯罪进行预测和预警。和传统的民警下基层普法宣传、入户劝阻不同，大数据与人工智能的发展为反诈预警工作创造了新的可能，其实时监测和高效分析的能力大大提升了公安机关发现犯罪的精准度与发出预警的速度。2020 年，公安部推出全国统一的反诈预警劝阻电话96110。该反电诈专用号码依托反诈预警平台，利用大数据、人工智能自动分析发现潜在被害人，而后第一时间向被害人发送短信或拨打电话，起到对这类高危人群提示、劝阻的效果。2021 年 7 月，工业和信息化部反诈专班联合公安部推出 12381 涉诈预警劝阻短信系统。该系统可基于公安机关提供的涉案号码，利用大数据、人工智能等技术自动发现抓取潜在受害者，同时通过

---

[1] 《全国"断卡"行动开展第四轮集中收网 斩断三条全国性非法收贩电话卡银行卡犯罪链条》，载https://www.163.com/dy/article/G6K5T1ES0514CDBK.html，最后访问日期：2023年4月8日。

12381 短信端口第一时间向该群众发送预警短信，提醒用户可能面临的电信网络诈骗案件。该系统实现了对潜在受害者的实时预警，最大限度地走在了犯罪分子前面，实现了追踪犯罪分子和保护公众财产安全两手抓。截至 2022 年 8 月，12381 系统已累计发送预警短信和闪信近 4 亿条，预警劝阻有效率超过 60%。与此同时，针对老年人这一高危受骗群体，系统还开发了"老年人亲情号码预警"和"闪信霸屏功能"，使预警劝阻达到了前所未有的效果。此外，2021 年 3 月上线的国家反诈中心 APP 也具有实时预警功能，截至 2022 年 5 月，该 APP 向群众累计发出预警 2.3 亿次，接收群众举报线索 1460 余万条，在预防电信网络诈骗犯罪中发挥了重要作用。[①]

《反电信网络诈骗法》明确了网络服务提供者在电诈风险防控中的义务与法定责任，在与电信网络诈骗犯罪的博弈中，许多互联网企业也加大了反制技术的研发投入，主动协助、推动实时预警，更加有力地遏制、打击电信网络诈骗行为。以腾讯公司开发的"腾讯手机管家"APP 为例，为了走在诈骗分子前面，APP 开发了多种功能，确保能够实时化、常态化守护用户的钱袋子。在安全检测模块，用户能够手动对本地应用进行检测，对检测出的问题软件，手机管家会主动向用户展示该应用的风险等级、相关案例及防范建议，提示用户面临的潜在风险。用户还可以开启后台安全扫描，手机管家将对手机上安装的应用进行自动扫描检测，提供更为全面的保护。在骚扰拦截模块，用户可以开启来电识别和智能拦截功能，当有陌生号码拨入时，手机管家将对号码进行识别并判断，若属于高风险来电，将直接进行拦截；对于疑似诈骗来电，也将通过醒目的悬浮窗提示用户风险。此外，用户还能启用风险短信识别功能，对于用户收到的疑似诈骗短信，APP 将主动发送弹窗提醒，避免用户点击危险链接受到诈骗。此外，借助腾讯安全大数据实验室的反电诈能力，腾讯手机管家 APP 也在不断提升自己的风险预警能力，及时更

---

① 《"五大反诈利器"有效防范电信网络诈骗》，载 https://www.thepaper.cn/ newsDetail_forward_21223123，最后访问日期：2023 年 4 月 12 日。

新的样本库能够覆盖绝大多数恶意应用程序与号码短信，全力保障用户的财产安全。[①]

（三）下游冻结账户追款

上游截断"两卡"供给与中游实时预警并不能实现对公民最大限度的保护，在实务工作中，仍有许多公民掉入犯罪分子的圈套，将钱款转出。因此，要想守好群众的"钱袋子"，必须打好反电信网络诈骗全方位的攻防战。在下游环节，侦查机关的工作重点在于及时止付冻结，把已经汇款转账的被害人的损失降到最低。

2016 年，中国人民银行、工业和信息化部、公安部、国家工商行政管理总局发布《关于建立电信网络新型违法犯罪涉案账户紧急止付和快速冻结机制的通知》，要求各银行金融机构、支付机构通过接口与电信网络新型违法犯罪交易风险事件管理平台连接，实现对涉案账户的紧急止付、快速冻结等功能。根据公安部对电信网络诈骗案件止付、冻结的有关要求，银行应在接警后立即开展止付工作，止付成功后，公安机关应在 48 小时内补全手续进行冻结，被冻结的涉案账户在案件未结束侦查时要进行续冻。当前，全国各省市都在涉电诈账户的止付、冻结上做出了有效探索，并取得了丰硕成果。

据统计，在快速止付冻结机制的运作下，2021 年全年共紧急止付被害人被骗钱款 3291 亿元，约有 150 万名正在汇款的群众免于上当受骗；公安部、人民银行指导各银行金融机构，通过对涉电诈风险账户进行检测拦截，共拦截资金 148 亿元；通过冻结涉案资金，累计追缴群众被诈骗资金 120 亿元。[②]2022 年，各地公安机关更是不断优化止付机制，实现止付能力的全面

---

① 腾讯公司：《Android应用网络欺诈安全报告》，2023年，第31—33页。

② 《公安部：2021年共紧急止付群众被骗款3291亿元》，载https://news.cctv.com/2022/04/14/ARTIF1FZnunlotgyGSnBMmaA220414.shtml，最后访问日期：2023年4月12日。

升级。比如，深圳注重把握好案发后"黄金30分钟"，创设了一套标准化止付作业，将涉案资金流向绘制成标准化的"金流图"，推送给立案机关及时冻结，商业银行与第三方支付机构配合警方延伸止付、实时对接的精密止付网。深圳警方还利用互联网技术，开发了全国首个"紧急止付"APP，安装在民警的警务云终端，保证民警能实时开展止付工作，实现秒级止付。在这一机制的保护下，深圳市60分钟内紧急止付率从42%上升到100%，30分钟内紧急止付率从17%上升到96%，止付速度实现了质的飞跃。在2022年一次出警中，从接警到完成止付仅用时12分钟，帮助被害人挽回了283万元损失。[1] 又如，上海警方与银行、第三方支付机构合作，建立接报即止付机制，以期最大限度为群众止损挽损。截至2022年9月，上海通过资金拦截直接避损9亿余元，紧急止付6.5万余个涉诈账户，阻断可疑转账2万余笔，通过止付挽损直接挽回1.2亿余元，累计发还追缴所得的被骗资金5200万元。[2] 再如，通过紧急止付冻结，单山西省一省2022年前5个月实现紧急止付涉案资金132.7亿元。[3]

由此可见，上游截断"两卡"供给、中游实时预警、下游冻结账户追款的电信网络诈骗防控模式对遏制电信网络诈骗犯罪的发生、保护被害人合法财产起到了积极作用。但由于犯罪基数过于庞大，要实现有效治理仍任重道远。而且不可否认的是，这一系列行动仍然有诸多现实困境。

---

[1] 《紧急止付！深圳警方12分钟帮遭网骗市民挽回283万元》，载https://www.sohu.com/a/523715706_161795，最后访问日期：2023年4月12日。

[2] 《上海：打击破案、追赃挽损并重 守护群众钱袋子》，《人民公安报》2022年9月24日第4版。

[3] 《紧急止付涉案资金132.7亿元！山西打击治理电信网络诈骗犯罪工作取得显著成效》，载https://www.sohu.com/a/549862486_120161493，最后访问日期：2023年4月16日。

二、影响电信网络诈骗犯罪打击效能的现实阻碍

（一）电诈黑灰产链条过长，难以实现彻查

对于电信网络诈骗而言，信息流与资金流是其核心，也是侦查机关侦办案件时的重点方向，如"断卡"行动就是为了切断上游环节的信息供给与下游环节的赃款流转渠道。然而无论是针对信息流还是资金流展开侦查，侦查人员都要面对跨区域性强、犯罪链环环嵌套、人员组成复杂的诈骗团伙。

虽然侦查机关力求实现对电信网络诈骗犯罪的全链条打击，但现实情况是，同一电信网络诈骗案件中分散在各个环节的犯罪分子很难同时被抓获，在甲案中为被抓获的诈骗人员提供各类卡号的卡贩子，也许在乙案中才被抓获。在电信网络诈骗犯罪侦办的过程中，被害人的资金流水往往是公安机关侦破案件的切入点，这一侦查路径是回溯式的，也就是说通过多个被害人提供的线索，侦查机关沿着被害人亲历的场景展开调查，而被害人能够为侦查人员提供线索的，仅有通话、短信、转账汇款三个环节。侦查人员需要从这三个环节入手，才能深入电信网络诈骗的核心环节，将犯罪团伙一网打尽。按照传统的侦查路径，依照被害人提供的犯罪分子联系方式、收款卡号，可以在相应的电信公司、银行查询到犯罪分子的个人信息，顺藤摸瓜，将其抓捕归案，但"两卡"实名不实人的问题导致警方找到的用户并非犯罪分子本人。"两卡"经过层层倒卖，加上卡贩与实施诈骗的犯罪分子之间无必然联系，导致对黑灰产链条上、中、下游的各异地犯罪人难以进行同步追查。

"断卡"行动的持续推进很大程度上挤压了卡贩们的生存空间，恶意注册及养号黑灰产已经逐渐萎缩，但随之活跃的是"众包"模式。该模式隐藏在正常的网络用户的日常行为中，通过 APP、网站，以招聘兼职的方式引诱大量法律意识淡薄的网络用户加入，这些人在不知不觉中沦为了犯罪的工具。例如，犯罪分子发布"高额日结佣金租借个人账号、收款二维码"等信息，吸引网络用户以每天几十元的价格出租个人账号，甚至出现专门的租号平台

和上号软件，或雇用他人利用自己的个人信息进行账号解封、辅助实名认证，在此基础上获取多个实名网络账号供诈骗使用。[①]"两卡"犯罪的核心人员隐藏在境外，境内的倒卖、运输、招揽发包人员频繁更换，公安机关耗费大量人力物力抓获的可能仅是位于产业链边缘、与主要犯罪事实无关的帮助犯，很难实现对犯罪团伙的整体打击。

黑灰产链条过长带来的另一个侦查难题是，电信网络诈骗呈现出极强的跨区域性。当前的电诈案件所涉区域不仅跨市、跨省，大量的犯罪团伙为了躲避侦查，还将"大本营"迁移至境外，跨境已经成了电诈案件的常态。在一起跨境电信网络诈骗案件中，犯罪分子将窝点设在印度，公安机关根据线索辗转多地抓捕，在海南、四川、重庆、云南、山西、广东、福建共抓获44名犯罪嫌疑人，被害人则分布在黑龙江、浙江、广东、安徽等多个省份。[②]互联网技术的发展为电诈犯罪团伙的形成创造了有利条件。"两卡"的倒卖人员、运输人员，诈骗团伙的话务组、技术组、洗钱组等无须聚集在某一固定窝点，而是可以自由地分散在境内外，彼此之间通过线上沟通联络就能推动诈骗行为的实施；此外，诈骗犯罪的受害者也分布在全国各地。虽然最先立案的往往是被害人或"卡农"所在地的公安机关，但此类案件的犯罪行为发生地、犯罪结果发生地范围之广、数量之多，导致多地公安机关难以协调管辖权。《最高人民法院、最高人民检察院、公安部关于办理电信网络诈骗等刑事案件适用法律若干问题的意见（二）》明确指出，电信网络诈骗犯罪的"两卡"，非银行账户等的开立地、销售地等，用于犯罪活动的即时通讯信息的发送地、接受地、到达地等，用于犯罪活动的硬件设备的销售地、入网地、藏匿地等均属于电信网络诈骗犯罪地。

《最高人民法院、最高人民检察院、公安部关于办理电信网络诈骗等刑事

① 腾讯公司：《电信网络诈骗治理研究报告（2021年）》，2022年，第39页。
② 四川省成都市中级人民法院（2017）川01刑初254号刑事判决书。

案件适用法律若干问题的意见（二）》第 1 条规定，电信网络诈骗犯罪地，除《最高人民法院、最高人民检察院、公安部关于办理电信网络诈骗等刑事案件适用法律若干问题的意见》规定的犯罪行为发生地和结果发生地外，还包括：

（一）用于犯罪活动的手机卡、流量卡、物联网卡的开立地、销售地、转移地、藏匿地；

（二）用于犯罪活动的信用卡的开立地、销售地、转移地、藏匿地、使用地以及资金交易对手资金交付和汇出地；

（三）用于犯罪活动的银行账户、非银行支付账户的开立地、销售地、使用地以及资金交易对手资金交付和汇出地；

（四）用于犯罪活动的即时通讯信息、广告推广信息的发送地、接受地、到达地；

（五）用于犯罪活动的"猫池"（Modem Pool）、GOIP 设备、多卡宝等硬件设备的销售地、入网地、藏匿地；

（六）用于犯罪活动的互联网账号的销售地、登录地。

虽然这一规定顺应了当前电信网络诈骗犯罪链条长、跨区域性强的特点，有利于公安机关对此类犯罪及其关联犯罪"打早打小"，但随之而来的问题是，实践中的"长臂管辖"情况增加了。如何化解"打早打小"与"长臂管辖"之间的矛盾，是公安机关必然要面临的问题。[1]

（二）诈骗攻防对抗日益焦灼，犯罪分子花招频出

大数据与人工智能的发展为公安机关打击电信网络诈骗及其关联犯罪提供了机遇，许多互联网企业也在警企合作中进行了前沿性的技术研发，承担了网络服务提供者应承担的风险防控义务。但是互联网技术的发展也为犯罪

---

[1] 叶玉秋、桑涛、沈盼盼：《"断卡"行动案件若干问题研究》，《中国检察官》2021年第14期，第28页。

分子的技术升级创造了空间，在与公安机关的反电诈攻防战中，犯罪分子的反制裁技术不断更新迭代，在双方日趋白热化的对抗中，警方与互联网企业进行大数据预警防控的难度逐步提升。

从实时预警的角度看，犯罪分子试图通过多种手段阻断预警。侦查机关的预警防控系统在不断升级，电诈团伙在技术、话术、引流手段等方面也在迭代更新，这导致智能系统对电信诈骗的识别、鉴别、拦截难度不断上升。如果民众不依靠任何网络安全工具，仅仅依靠自己的社会经验、安全常识，很难准确鉴别自己是否遭遇了诈骗。从 2021 年整体的黑灰产攻防手法看，部分黑灰产已完成自有化生态环境建设，形成了外界难以感知也难以进入的闭环。[1] 群众面对电信网络诈骗风险时，公安机关直接打电话警告被害人是最直接高效的预警方式，对此犯罪分子会利用呼叫转移与公安机关进行对抗。据统计，2020 年 1 月至 2021 年 7 月，犯罪分子在对被害人实施诈骗的过程中，使用呼叫转移进行对抗的案件共计 620 件，极大增加了公安机关阻断犯罪的难度，给犯罪分子创造了可乘之机。[2] 李某堂、朱某志等人诈骗案中，一名犯罪分子供述，他们在作案过程中，会要求被害人将手机设置成呼叫转移，公安机关打来的预警电话将被转移到犯罪分子提供的号码上，被害人因此无法接到预警电话。[3] 实践中，犯罪分子还会以"办案安全""保密要求"为借口诱导被害人安装恶意程序，通过该程序自动设置呼叫转移，或远程控制被害人手机屏幕，在被害人无意识的情况下完成对其手机设置的更改。[4]

拦截预警短信也是当前犯罪分子常用的手段。与呼叫转移相似，犯罪分子会以各种理由要求被害人安装恶意程序，如声称自己是公安机关，需要被害人安装所谓"公安机关调查软件"的 APP。安装程序后，被害人的手机就

---

[1] 《2021年电信网络诈骗状况分析》，《中国防伪报道》2022年第1期，第68页。
[2] 腾讯公司：《电信网络诈骗治理研究报告（2021年）》，2022年，第27页。
[3] 四川省丹棱县人民法院（2020）川1424刑初55号刑事判决书。
[4] 腾讯公司：《电信网络诈骗治理研究报告（2021年）》，2022年，第28页。

会被植入木马病毒，此时被害人即使收到真正的公安机关发来的预警短信，手机也不会有任何响铃或提示；该程序还会拦截被害人收到的验证码等相关短信，并将短信转移至境外服务器，也就是说，不经过被害人，犯罪分子也能获取银行发送的短信验证码；一系列操作结束后，犯罪分子还能远程操纵被害人手机，删除相关短信，在被害人接听一通电话的时间内，犯罪分子就神不知鬼不觉地完成了对被害人银行账户的登录、密码修改与钱款交易。[1]

不难发现，预警与反预警的对抗一直是此消彼长的，公安机关探索出更有效的预警路径，犯罪分子就针对该路径进行反制，而这种反制诡计也将成为未来公安机关打击的方向。为了在诈骗过程中始终与被害人保持联络，犯罪分子常将对话场景放置在网络社交平台上，这就为警企合作做好预警、发挥网络服务提供者的技术专长提供了空间。目前，各个 APP 普遍开发了自己的交易风险监测系统，当系统识别到交易风险时，不仅会在对话框内主动弹出提示，还会有专属的 AI 机器人致电用户，发出风险警告。因此，在诈骗过程中，电诈分子越来越注重切断被害人与外界的联系，会以"账号存在风险"等理由，要求被害人退出社交平台登录，并安装使用诈骗团伙开发的 APP，甚至会要求被害人在转账结束后将手机调至飞行模式，将被害人完全置于自己的控制之下。未来，公安机关与网络服务提供者若想进一步提升实时预警的效能，必须想办法走在犯罪分子前面，与潜在被害人保持顺畅联络。

从互联网黑灰产发展的角度看，犯罪分子不断开发出风险更低、隐蔽性更强的黑灰产技术，以逃避公安机关打击。最典型的就是从 VOIP 向 GOIP 的进化。虽然 VOIP 技术能够实现"人卡分离"，在境外使用国内电话号码进行呼叫，但 VOIP 技术在公安机关的管控下，被查获的风险上升，加上被害人无法在通话结束后回拨联系犯罪分子，该技术就慢慢退出了电诈技术舞台。取而代之的是 GOIP 技术，该技术承袭了 VOIP 的长板，并进一步优化。它能够

---

[1] 腾讯公司：《电信网络诈骗治理研究报告（2021年）》，2022年，第30页。

将手机信号转化为网络信号，使得诈骗分子即使藏在境外也能远程控制境内的 SIM 卡和 GOIP 设备拨打电话、收发短信。此外，GOIP 设备能够实现全自动工作，无须人员值守，犯罪分子只要在境内找到放置设备的窝点，就能远程操控设备，进行诈骗犯罪。这导致侦查机关即使能够找到涉案的 GOIP 设备，也难以将远在海外的犯罪分子抓捕归案。

随着"断卡"行动的开展，越来越多的卡贩受到法律的制裁，但一些卡贩仍然凭借物联网卡与海外卡死灰复燃。物联网卡原本用于智能设备联网，但如今却被广泛运用于电信网络诈骗中，这与它本身的特性相关。其一，物联网卡与普通手机卡功能相当，用于发送短信、接收短信，帮助犯罪分子恶意注册账号；其二，不同于主体只能在一家移动运营商办理手机卡，且必须完成实名认证，个人在运营商办理的物联网卡可达 10—50 张，若以企业名义办理更是没有上限；其三，由于物联网卡极易大量申领，犯罪分子的违法成本极低；其四，以企业名义申请的物联网卡无须实现全部实名，只要保证有一张卡完成了实名认证即可，这就导致大量未实名认证的卡流入黑市，成为诈骗分子手中的工具。因此，在"断卡"行动的大环境下，物联网卡成为犯罪分子逃避制裁的重要手段。至于使用海外卡，则是因为电信运营商或许能够对境内号码进行强势监管，但对一些境外号码，却没有相同的监管权限，只能对其中部分号码实施拦截提醒。这些来自海外的手机黑卡支持 GSM 网络，在国内可以直接使用，无须实名认证，因此大量境外号码能够在国内自由流通，被用于电信网络诈骗犯罪。[①]

动态二维码也是犯罪分子为了逃避平台审核与警方监管常用的技术。二维码已经是日常生活中随处可见的元素，如微信支付二维码、乘车码、网络会议码、APP 下载码等。这些二维码代表的是特定的一组信息，扫描一个二维码，会稳定地跳转至同一个页面，显示同样的信息。动态二维码颠覆了传

---

① 喻海松：《网络犯罪黑灰产业链的样态与规制》，《国家检察官学院学报》2021年第1
　期，第45页。

统二维码的特征：用户扫描二维码首先会跳转至正常网页，但短短几秒钟后，页面会自动跳转至犯罪分子已经设定好的目标网页，如网络赌博、网络招嫖、刷单广告等。借助这一手段，犯罪分子可以在平台审核机制面前蒙混过关，隐藏在正常二维码背后的诈骗钓鱼网站也会给群众带来巨额损失。

值得注意的是，在技术对抗之外，一些被害人反诈意识过弱也是精准预警落空的原因之一，有的被害人在接收到预警提示后仍然对诈骗团伙抱有希望，直至诈骗团伙卷款逃匿、切断联络后才愿意接受自己被骗的现实。这也表明，警方与平台在不断优化提升反电诈技术的同时，也要注重反诈宣传教育，提高全民防范意识。

（三）涉案赃物流转复杂，追赃挽损难度大

其一，从现实情况来看，下游冻结账户追款的具体运作模式影响追款的时效性。一方面，公安机关与银行、电信部门的合作方式仅限于点对点的单线查询以及自身系统阈值警告的报案，比如，公安机关接到被害人报案，需要调查资金流水、消息记录时，相关机构能够与公安机关快速完成对接；又如，银行内部的反洗钱系统发现频繁转账账号可能涉嫌洗钱犯罪，主动上报公安机关。[①] 但是这种合作方式本质上仍是一种"回溯侦查"，难以突破侦查滞后性这一局限，与犯罪分子转款洗钱的速度相比效果并不理想。另一方面，犯罪分子往往持有全国不同地区开办的银行卡，依据现有的银行业管理规则，即使公安机关手握犯罪证据，也必须由开卡地银行实施账户冻结。这样的操作流程明显对异地办案的公安机关不友好，冻结账户时效性较差，不仅无法及时展开侦查获取案件的关键证据，还会导致犯罪分子先一步将赃款提现或转出。虽然有前置的紧急止付程序，但因涉及公安机关与银行，审批手续较为烦琐，在个别案件中还会出现被害人或公安机关要求银行做出止付，但银

---

① 毛彦民：《电信网络诈骗犯罪整体性侦查模式探析》，《江西警察学院学报》2021年第1期，第45页。

行因相关手续不齐全拒绝这一要求的情况。

其二，诈骗资金流转方式不断进化，可冻结资金有限。过去电信网络诈骗犯罪分子倾向于要求被害人通过银行卡对银行卡转账，但随着止付冻结制度的日趋完善，以及"断卡"行动的持续推进，犯罪分子开始寻觅新的转款洗钱渠道，躲避公安机关侦查。虚拟货币以其匿名性、全球性、去中心性以及无须金融机构参与即可完成交易的特征受到犯罪分子青睐，继"卡农""码农"之后，虚拟货币洗钱团伙逐渐专业化、规模化，"币农"团伙逐渐发展壮大。"币农"团伙先是不断招揽"人头"，利用"人头"提供的个人信息及银行账户收受、转移、提出赃款；而后将赃款购得的虚拟货币打散，流转成各个种类的虚拟货币，在不同钱包地址、不同交易所之间反复转移，最终层层汇总到犯罪团伙指定的钱包地址。利用虚拟货币进行赃款转移的行为已经引起国内司法机关的重视，2022年最高人民检察院发布的10件打击治理电信网络诈骗及其关联犯罪典型案例中，特别选取了用虚拟货币为境外电信网络诈骗团伙跨境转移资金一案，明确此类行为应当被认定为诈骗罪的共犯。[1]这进一步说明，溯源打击虚拟货币资金流将是未来反电诈的重点发展方向。

其三，账户资金混同，退赃还赃困难。侦破电诈案件的最终目的在于守护群众的财产安全，因此公安机关也希望尽可能帮助被害人追赃挽损。然而犯罪分子一旦诈骗得逞，便会以最快的速度将赃款通过"水房"洗白后在异地提现，或是将赃款迅速转入多张银行卡，并进行多层级转账，由分散在全国各地的同伙将赃款取出。取款人从中抽成后，余下的资金就是本次犯罪获利，供其余犯罪分子分成。经过多次分流，被害人的钱款去向就会彻底模糊，导致公安机关的追缴工作与还赃工作难以展开。即使公安机关冻结了涉案银

---

① 《检察机关打击治理电信网络诈骗及其关联犯罪典型案例》，载https://www.spp.gov.cn/xwfbh/wsfbt/202204/t20220421_554307.shtml#2，最后访问日期：2023年5月16日。

行卡，由于缺乏对卡内钱款性质、来源、权属等的证明，也无法证明该钱款为诈骗所得，冻结后钱款的处置就此陷入僵局，难以追缴或发还被害人。此外，由于电诈犯罪成本低、收益高，犯罪分子获得钱款后通常花钱如流水，很快就将赃款挥霍一空，即使被公安机关抓获，也没有退赃能力。司法实践中，公安机关很少深入调查犯罪嫌疑人名下的动产与不动产，更难以证明这些资产为赃款购买或与赃款的处置具有因果关系，检察机关、法院自然无法认定这些财产为违法所得，无法对这些资产进行追缴拍卖。① 在张某闵等 52 人电信网络诈骗案中，犯罪分子诈骗金额共计 2318.724 万元，然而在案件审理期间，全部犯罪分子家属代为退赔的金额仅有 38.4 万元。② 相对于涉案金额而言，这样的退赔微乎其微，被害人能够挽回的损失更是几近于无。

影响公安机关全链条打击电信网络诈骗及其关联犯罪的因素是多元复杂的，既涉及程序法，又与实体法相关，在预防、侦查、抓捕、追赃挽损的各个环节都存在影响打击效能的难题。因此，公安机关需要打通程序法与实体法的理论障碍，用学理反哺实践，与学界、网络服务提供者共同探寻反电信网络诈骗的治理之道。

---

① 成都市锦江区人民检察院课题组：《电信网络诈骗犯罪的治理困境及体系化应对——基于C市J区检察办案实践分析》，《湖北警官学院学报》2023年第1期，第9页。

② 北京市第二中级人民法院（2017）京02刑初55号刑事判决书。

第三章

刑事实体：电信网络诈骗关联犯罪法律适用疑难问题的解决路径探索研究

第一节　电信网络诈骗黑灰产链条下主观明知推定行为类型与边界研究

互联网时代，高度依赖直接人工的传统犯罪不断异化，借助网络技术存活的新型犯罪已经形成产业链，一个链条上可以隐匿多种不同的犯罪，相互配合，相互供给。以电信网络诈骗黑灰产链条为例，上游的料商、卡商、号商、链接商负责提供技术支持与作案工具，中游负责编写剧本广泛撒网实施诈骗，下游负责转结资金。犯罪嫌疑人之间分工明确，借助虚拟的网络空间，"零意思联络"就能自发地组成一个诈骗团伙。上游和下游的帮助行为呈现出"不是核心行为，胜似核心行为"的效果，规制帮助行为成为打击网络犯罪的关键所在。而在打击网络帮助行为的过程中，明确帮助者对行为人所实施的行为是否明知，是区分罪与非罪、此罪与彼罪的重要标准。本节以"面—点—面"为视角展开研究，先将镜头拉远至整个网络犯罪领域，总结现有推定模式之得失，再推近聚焦于电信网络诈骗黑灰产链条，探索可倒推主观故意的行为类型，而后再着眼宏观，考量主观故意推定与客观证据归罪的本质区分。

一、网络犯罪领域明知推定的刑事理论与司法实践发展路径及现有推定模式类型化研究

我国在应对网络共同犯罪的司法和立法实践中，逐步形成了以共犯责任为基础，以正犯责任为补充，同时强化平台责任的刑事责任体系。针对这三种刑事责任体系，形成了三种主观"明知"的推定模式。

一是通过司法解释赋予片面共犯生存空间。2005 年《最高人民法院、最高人民检察院关于办理赌博刑事案件具体应用法律若干问题的解释》最先承认了赌博罪的片面共犯，其第 4 条规定："明知他人实施赌博犯罪活动，而为其提供资金、计算机网络、通讯、费用结算等直接帮助的，以赌博罪的共犯论处。"2010 年《最高人民法院、最高人民检察院、公安部关于办理网络赌博犯罪案件适用法律若干问题的意见》和《最高人民法院、最高人民检察院关于办理利用互联网、移动通讯终端、声讯台制作、复制、出版、贩卖、传播淫秽电子信息刑事案件具体应用法律若干问题的解释（二）》，进一步扩大了网络犯罪中片面共犯的范围，并列举具体的客观行为，以客观行为倒推行为人主观是否"明知"。

《最高人民法院、最高人民检察院、公安部关于办理网络赌博犯罪案件适用法律若干问题的意见》第 2 条规定，明知是赌博网站，而为其提供下列服务或者帮助的，属于开设赌场罪的共同犯罪，依照刑法第三百零三条第二款的规定处罚：

（一）为赌博网站提供互联网接入、服务器托管、网络存储空间、通讯传输通道、投放广告、发展会员、软件开发、技术支持等服务，收取服务费数

额在 2 万元以上的；

（二）为赌博网站提供资金支付结算服务，收取服务费数额在 1 万元以上或者帮助收取赌资 20 万元以上的；

（三）为 10 个以上赌博网站投放与网址、赔率等信息有关的广告或者为赌博网站投放广告累计 100 条以上的。

实施前款规定的行为，数量或者数额达到前款规定标准 5 倍以上的，应当认定为刑法第三百零三条第二款规定的"情节严重"。

实施本条第一款规定的行为，具有下列情形之一的，应当认定行为人"明知"，但是有证据证明确实不知道的除外：

（一）收到行政主管机关书面等方式的告知后，仍然实施上述行为的；

（二）为赌博网站提供互联网接入、服务器托管、网络存储空间、通讯传输通道、投放广告、软件开发、技术支持、资金支付结算等服务，收取服务费明显异常的；

（三）在执法人员调查时，通过销毁、修改数据、账本等方式故意规避调查或者向犯罪嫌疑人通风报信的；

（四）其他有证据证明行为人明知的。

如果有开设赌场的犯罪嫌疑人尚未到案，但是不影响对已到案共同犯罪嫌疑人、被告人的犯罪事实认定的，可以依法对已到案者定罪处罚。

《最高人民法院、最高人民检察院关于办理利用互联网、移动通讯终端、声讯台制作、复制、出版、贩卖、传播淫秽电子信息刑事案件具体应用法律若干问题的解释（二）》第 7 条第 1 款规定，明知是淫秽网站，以牟利为目的，通过投放广告等方式向其直接或者间接提供资金，或者提供费用结算服务，具有下列情形之一的，对直接负责的主管人员和其他直接责任人员，依照刑法第三百六十三条第一款的规定，以制作、复制、出版、贩卖、传播淫秽物品牟利罪的共同犯罪处罚：

（一）向十个以上淫秽网站投放广告或者以其他方式提供资金的；

（二）向淫秽网站投放广告二十条以上的；

（三）向十个以上淫秽网站提供费用结算服务的；

（四）以投放广告或者其他方式向淫秽网站提供资金数额在五万元以上的；

（五）为淫秽网站提供费用结算服务，收取服务费数额在二万元以上的；

（六）造成严重后果的。

第 8 条规定，实施第四条至第七条规定的行为，具有下列情形之一的，应当认定行为人"明知"，但是有证据证明确实不知道的除外：

（一）行政主管机关书面告知后仍然实施上述行为的；

（二）接到举报后不履行法定管理职责的；

（三）为淫秽网站提供互联网接入、服务器托管、网络存储空间、通讯传输通道、代收费、费用结算等服务，收取服务费明显高于市场价格的；

（四）向淫秽网站投放广告，广告点击率明显异常的；

（五）其他能够认定行为人明知的情形。

其中，片面共犯虽然多表现为片面的帮助犯，司法解释条文规定的行为也多表现为帮助行为，但仍然存在片面的共同正犯的成立空间。例如，在牛某利、牛某怡开设赌场案中，法院指出：关于牛某利、牛某怡是否为开设赌场共同犯罪，经查，牛某怡在开设赌场犯罪中，牛某利利用其家庭房屋作为赌博场所，帮助棋牌室招揽赌博人员，有时也在棋牌室为参赌人员提供结算和发卡（筹码）服务，并为赌博提供帮助，应当以开设赌场罪论处。牛某利、牛某怡在共同犯罪中所起的作用和地位相当，均为主犯，依法应按照其所参与的全部犯罪处罚，且牛某利系国家工作人员，依法从重处罚。故牛某怡、牛某利及其辩护人提出牛某利行为不构成开设赌场罪的上诉理由和辩护意见本院不予采纳。①

---

① 河南省焦作市中级人民法院（2021）豫08刑终103号刑事裁定书。

这一阶段司法解释规定的"明知"的推定模式可大致概括为：对网络违法犯罪提供技术服务等帮助，具有受到权威告知而仍然实施、受到社会监督而不作为、服务费明显异常、投放的广告点击量明显异常、规避调查或者帮助相关网络违法犯罪行为人规避调查等情形之一的，应当推定为"明知"；但有证据证明确属不知的除外。

二是司法解释与立法相协调，为帮助行为正犯化中"明知"的认定找到推定路径。确定帮助信息网络犯罪活动罪中"明知"的内涵与外延是这一问题的中心，帮助信息网络犯罪活动罪的"明知"不同于片面共犯的"明知"，其在对象范围、独立性与程度性上都有着特殊性。

就"明知"的对象范围而言，明知他人实施"犯罪"的含义既非符合犯罪构成要件意义上的犯罪，亦非宽泛的违法犯罪行为，而应当将其理解为犯罪行为意义上的犯罪。《最高人民法院、最高人民检察院关于办理非法利用信息网络、帮助信息网络犯罪活动等刑事案件适用法律若干问题的解释》（以下简称《解释》）第7条规定："刑法第二百八十七条之一规定的'违法犯罪'，包括犯罪行为和属于刑法分则规定的行为类型但尚未构成犯罪的违法行为。"该解释对本罪的理解具有参考作用，如此既能实现司法机关不需要查清下游所有犯罪就能对法益侵害程度巨大的帮助行为进行处罚的目的，又能防止本罪沦为口袋罪。例如，在李某某、李某甲等帮助信息网络犯罪活动案中，法院查明：2020年9月份左右，李某某通过苏某某（另案处理）介绍，在网上加入"纸飞机群聊"，该群聊软件主要是给赌博网站提供银行账户进行转账使用，苏某某表示转账1万元可给李某某抽取25元的好处费。后李某某伙同其弟李某甲先后使用自己的银行卡及其二人女友陈某某、钟某某提供的银行卡进行资金接收和转账，后又通过有偿购买的方式使用张某甲、张某乙、张某某、许某某、陈某某、魏某某、牟某某（未到案）、钟某甲（已判决）、陈某甲（另案处理）、王某某（另案处理）等人的银行卡进行资金接收和转账，并雇用丁某某帮助操作转账。[1]该案中，被告人李某某系为赌博网站提供银行账户，该赌博网站的组织管理人员未必已构成开设赌场罪或赌博罪（或者尚未查明），被告人也未必明确认识到被帮助者的行为已构成犯罪，但由于运营赌博网站这一行为本身属于赌博类犯罪的构成要件，被告人对于被帮助者的行为性质已具备主观明知，因此法院明确引用《解释》第7条，认定被告人满足帮助信息网络犯罪活动罪主观明知的对象范围要求。

就"明知"的独立性而言，帮助信息网络犯罪活动罪的行为人不需要同实行犯的行为人建立意思联络，也不要求认识内容包含具体罪名。例如，在张某强帮助信息网络犯罪活动案中，法院查明：2022年3月至5月，被告人张某强在明知"大宝""刚子"（身份均未核实）为网络违法犯罪行为提供支付结算等帮助的情况下，分别在鞍山市铁西区永乐公园附近工商银行、铁西区大商附近中国银行等银行补卡后，将其名下5张银行卡提供给二人使用，5张银行卡均交易异常，支付结算金额共计1046256.12元，涉及诈骗刑事案件10起，被害人转入被骗资金共计181688元。[2]至于"大宝""刚子"所实施的具体犯罪行为，法院并未查明，可以认定被告人对此并不明知。即便如此，由于帮助信息网络犯罪活动罪并不从属于正犯行为，其明知具有独立性，被告人无须认识到被帮助者实施的具体犯罪行为，因此不影响该案中被告人帮助信息网络犯罪活动罪主观明知的认定。

就"明知"的程度而言，帮助信息网络犯罪活动罪的"明知"必须达到明知某一帮助对象可能在从事具体犯罪活动的程度。在这种程度的解释下，帮助信息网络犯罪活动罪的"明知"仍是一个主要依靠主观证据证明的要素，若犯罪嫌疑人坚称自己并不知情，司法机关就无法轻易认定明知要素，进而需要搜集大量间接证据以证明帮助信息网络犯罪活动罪的成立。例如，在赵某琴、张某传等帮助信息网络犯罪活动案中，法院认为：帮助信息网络犯罪

---

[1] 陕西省白河县人民法院（2021）陕0929刑初61号刑事判决书。

[2] 辽宁省鞍山市铁西区人民法院（2023）辽0303刑初66号刑事判决书。

活动罪的"明知"既包括行为人主观上确切知道他人系利用信息网络实施犯罪，又包括主观上知道他人可能利用信息网络实施犯罪，对于后者而言，行为人主观上知道他人可能会利用信息网络实施犯罪，还提供各种各样的帮助，在意志因素上是持一种放任的心态；二者在主观上都要求行为人知道，只是知道他人是否会利用信息网络实施犯罪以及具体实施什么犯罪的认识程度不同，前者明知的对象和内容具有确定性，而后者明知的对象和内容具有不确定性，不管是知道他人会利用信息网络实施犯罪，还是知道他人可能会利用信息网络实施犯罪，只要提供了各种各样的帮助，就符合故意犯罪的概念，也符合责任主义原理。本案中，赵某琴及相关同案人均证实，赵某琴为谋取个人利益，积极联络张某传收购银行卡。赵某琴作为一个成年人，应当完全能察觉到这些物品有可能为违法犯罪所用，符合《解释》第 11 条第 3 项 "交易价格或者方式明显异常的"以及第 7 项 "其他足以认定行为人明知的情形"规定的情形。因此，完全可以推断出赵某琴主观上的"明知"。①

《解释》第 11 条规定："为他人实施犯罪提供技术支持或者帮助，具有下列情形之一的，可以认定行为人明知他人利用信息网络实施犯罪，但是有相反证据的除外：（一）经监管部门告知后仍然实施有关行为的；（二）接到举报后不履行法定管理职责的；（三）交易价格或者方式明显异常的；（四）提供专门用于违法犯罪的程序、工具或者其他技术支持、帮助的；（五）频繁采用隐蔽上网、加密通信、销毁数据等措施或者使用虚假身份，逃避监管或者规避调查的；（六）为他人逃避监管或者规避调查提供技术支持、帮助的；（七）其他足以认定行为人明知的情形。"2021 年颁布的《最高人民法院、最高人民检察院、公安部关于办理电信网络诈骗等刑事案件适用法律若干问题的意见（二）》第 8 条第 2 款在此基础上进一步规定："收购、出售、出租单位银行结算账户、非银行支付机构单位支付账户，或者电信、银行、网络支付等行业

---

① 广西壮族自治区百色市中级人民法院（2021）桂10刑终330号刑事裁定书。

从业人员利用履行职责或提供服务便利，非法开办并出售、出租他人手机卡、信用卡、银行账户、非银行支付账户等的，可以认定为《最高人民法院、最高人民检察院关于办理非法利用信息网络、帮助信息网络犯罪活动等刑事案件适用法律若干问题的解释》第十一条第（七）项规定的'其他足以认定行为人明知的情形'。但有相反证据的除外。"总体而言，司法解释增加了可用于推定帮助信息网络犯罪活动罪中"明知"要素的客观行为，其证明难度较片面共犯而言更低。

三是划定推定的界限，平台承担责任无须以"明知"他人利用信息网络实施犯罪为前提。对平台适用拒不履行信息网络安全管理义务罪是由于平台对法定义务的违反，而非对他人犯罪行为的知情。

《最高人民法院、最高人民检察院关于办理非法利用信息网络、帮助信息网络犯罪活动等刑事案件适用法律若干问题的解释》第2条规定：

刑法第二百八十六条之一第一款规定的"监管部门责令采取改正措施"，是指网信、电信、公安等依照法律、行政法规的规定承担信息网络安全监管职责的部门，以责令整改通知书或者其他文书形式，责令网络服务提供者采取改正措施。认定"经监管部门责令采取改正措施而拒不改正"，应当综合考虑监管部门责令改正是否具有法律、行政法规依据，改正措施及期限要求是否明确、合理，网络服务提供者是否具有按照要求采取改正措施的能力等因素进行判断。

虽然拒不履行信息网络安全管理义务罪是故意犯罪，但行为人应当认识的内容仅为拒不履行法定的信息网络安全管理义务这一不作为行为，及其可能造成的四种情形或结果。这种明知可以直接通过构成要件行为表现出来，因为网络服务提供者在经过监管部门责令采取改正措施后，当然已知晓其应当履行的法定义务，结合网络服务提供者的身份对应的从业者认知水平，行为人亦明知不履行信息网络安全管理义务可能会造成各种严重后果。

例如，在李某全拒不履行信息网络安全管理义务案中，被告人李某全是远特（北京）通信技术有限公司的高级运营总监，2018年9月，山东亚飞达信息科技股份有限公司董事长任某（另案处理）为盗取回收卡上绑定的用户个人微信账号，要求远特（北京）通信技术有限公司董事长王某（另案处理）将用户停机3个月后被回收的卡进行重新制作，然后发送给亚飞达信息科技股份有限公司，王某对此予以同意，并安排李某全负责与亚飞达信息科技股份有限公司对接相关具体事项。2018年9月，李某全将三四万张行业卡交给亚飞达信息科技股份有限公司，亚飞达信息科技股份有限公司从中挑出4000张带有公民个人微信账号的卡并要求远特（北京）通信技术有限公司进行制卡。于是，李某全便根据任某挑选的回收卡安排人员进行制卡和发卡工作。亚飞达信息科技股份有限公司在拿到该批回收卡后，将该批回收卡违规认证在济南甲午新能源科技有限公司、济南仕通信息科技有限公司名下，并将回收卡卖给昆明黑兔子工作室的林某彬（另案处理）用于盗取回收卡上绑定的用户微信账号，导致回收卡上绑定的微信账号被大量盗取。而在此前的2016年12月21日，远特（北京）通信技术有限公司因违反《电话用户真实身份信息登记规定》第6条被辽宁省通信管理局处以3万元罚款，并责令立即改正；2017年1月10日，工业和信息化部网络安全管理局对远特（北京）通信技术有限公司部分网点违反实名制问题进行了通报，提出立即进行整改并严格落实电话用户登记工作的有关规定；2017年2月21日，工业和信息化部办公厅对远特（北京）通信技术有限公司检查存在的"电话实名工作落实情况"问题进行了通报，并要求进行整改。以上相关部门的处罚及责令改正情况均与违反实名制规定有关。[①]

该案中，法院认为：被告人李某全负有查验、评估、审核行业卡使用情

①　云南省昆明市盘龙区人民法院（2020）云0103刑初1206号刑事判决书。

况的职责，在明知违反实名制管理规定的情况下，仍然将大量带有公民个人信息的回收卡交给亚飞达信息科技股份有限公司，违反用户实名制进行挑卡，造成严重后果，且在两年内经监管部门多次责令改正而拒不改正。2020年7月14日，经工业和信息化部网络安全管理局出具《关于涉及远特（北京）通信技术有限公司相关咨询的复函》证实，远特（北京）通信技术有限公司将绑定个人微信账号的移动电话卡回收制作成行业卡销售给其他公司，未落实行业卡短信功能限制要求，未认真履行行业用户安全评估责任，违反电话用户实名制、行业卡安全管理等相关规定。其中，法院对于被告人主观明知的内容评价，仅限于"明知违反实名制管理规定"，并未评价其对被另案处理的他人犯罪具体情况的认识，这也印证了拒不履行信息网络安全管理义务罪中的主观明知要素无须通过构成要件之外的客观行为加以推定，因此司法解释对此无须加以规定。

二、基于大数据的电信网络诈骗典型行为与主观目的对应模型构建及其制度化方案研究

行为人主观上有意是构成刑法分则罪名的主要因素之一。在电信网络诈骗黑灰产链条中，对诈骗行为的主观方面讨论较少，原因在于诈骗行为人虚构事实隐瞒真相的行为本身与合法行为就存在明显差别，司法实践中证明其犯罪故意和非法占有目的的难度不大。因此，构建电信网络诈骗典型行为与主观目的的对应模型，在核心意义上正是对电信网络诈骗帮助行为中的明知推定规则的完善。

（一）帮助信息网络犯罪活动罪主观明知规则解构

根据《刑法》第287条之二的规定，帮助信息网络犯罪活动罪要求"明知他人利用信息网络实施犯罪"。对于此处"明知"的内涵，刑法学界及司法

实践有多种观点，有的仅理解为"知道"①，有的理解为"知道或应当知道"②，有的理解为"知道或或许知道"③，有的理解为"知道或有理由知道"④，等等。但是，在《最高人民法院、最高人民检察院关于办理非法利用信息网络、帮助信息网络犯罪活动等刑事案件适用法律若干问题的解释》第 11 条以及《最高人民法院、最高人民检察院、公安部关于办理电信网络诈骗等刑事案件适用法律若干问题的意见（二）》第 8 条已经明确了帮助信息网络犯罪活动罪的主观明知推定规则（"可以认定行为人明知"）的前提下，"明知"在"知道"以外，无论认为是"应当知道"还是"有理由知道"抑或其他类型，在司法适用上都只能在"推定知道"的意义上解释，即根据相关司法解释，帮助信息网络犯罪活动罪中的明知应当包括有直接证据加以证明的知道和以间接证据加以推定的知道。这样，关于明知类型的争论便丧失了实践意义，争议相应地集中于明知的程度与明知的对象上。

关于明知的程度，首先应当避免混淆"可能知道／可能明知"与"明知可能"这两个概念。常有学者将"可能知道"与"确定知道"相比较，并置于明知的程度分级这一范畴加以讨论。⑤ 但从文义解释的角度看，"可能知道"意味着可能不知道，其属于事实问题，描述的是刑事诉讼中行为人主观明知要素的查证情况。只有当其可能性达到刑事诉讼证明标准时，才能真正认定

---

① 花岳亮：《帮助信息网络犯罪活动罪中"明知"的理解适用》，《预防青少年犯罪研究》2016年第2期，第33页。

② 梁敏捷、陈常：《网络诈骗犯罪中"明知"的认定》，《人民检察》2018年第9期，第38页；李永超、王丽：《帮助信息网络犯罪活动罪主观明知与情节严重的认定》，《人民司法·案例》2021年第35期，第24页。

③ 郝川、冯刚：《帮助信息网络犯罪活动罪的"明知"应包含"或许知道"》，《检察日报》2020年9月23日第3版。

④ 李亚琦：《审慎认定帮助信息网络犯罪活动罪中的"明知"》，《人民检察》2019年第3期，第78页。

⑤ 周光权：《明知与刑事推定》，《现代法学》2009年第2期，第115页。

为帮助信息网络犯罪活动罪中的"明知"这一构成要件要素。而"明知可能"则是以前述达到证明标准的"明知"为事实前提，描述的是行为人对明知的对象的认识程度，与"明知必然"相对。所以，如果使用"可能知道"的概念讨论明知的程度，则实际上混淆了明知的证明问题与明知的内涵，从而可能错误地将未达到刑事诉讼证明标准的"事实"纳入刑事实体法的考察范围。因此，明知的程度仅应包括"明知必然"与"明知可能"，这对应着犯罪故意中认识因素的类型。

对于刑法总则故意犯罪中的明知与刑法分则各罪中明知的关系，无论采取统一说还是区分说，在故意犯罪的框架下，都应当认为刑法分则规定的明知包含于刑法总则的明知之中。[1]换言之，在帮助信息网络犯罪活动罪中，"明知他人利用信息网络实施犯罪"仅仅是本罪主观故意心态的注意规定，其与本罪犯罪故意中认识因素的要求是重叠的。"明知他人利用信息网络实施犯罪"是"明知自己的行为会发生危害社会的结果"在帮助信息网络犯罪活动罪主观故意中的具体体现之一。相应地，明知的程度当然包括"明知必然"与"明知可能"。换个角度理解，本罪的行为人完全可以在相关电信网络诈骗行为实施之前提供帮助，此时其明知的对象指向未来不确定发生的事实，因此行为人具有可能性认识。所以，即使行为人确实仅仅"怀疑"他人可能利用信息网络实施犯罪而提供帮助，也属于明知的范畴，同样满足帮助信息网络犯罪活动罪的主观要件。例如，在郭某伟帮助信息网络犯罪活动案中，被告人郭某伟为牟取1000元利益，将自己办理的银行卡出售给陌生人小涛。郭某伟本人供述称，当时就猜测小涛他们可能利用银行卡来做违法的事情，于是回老家后还去银行查询注销。[2]该案即属于"明知可能"的情形，同时由于存在被告人供述这一直接证据，法院可以直接认定行为人具备主观明知要素，

---

[1] 邹兵建：《"明知"未必是"故犯"——论刑法"明知"的罪过形式》，《中外法学》2015年第5期，第1350—1358页。

[2] 河南省郑州高新技术产业开发区人民法院（2020）豫0191刑初1489号刑事判决书。

无须借助推定规则加以认定。

对此，有学者认为，如果将"正常的主观推断或情境设想的心态"也纳入明知可能的程度范围，则"既可能恣意扩大了帮助信息网络犯罪活动罪的认定范围，也不具有相应的期待可能性"[①]。这种观点独立化了明知的地位，没有将其置于犯罪故意的体系中认定。首先，即使将所谓"正常的主观推断或情境设想的心态"纳入明知的范围，也不至于扩大帮助信息网络犯罪活动罪的认定范围，因为即使满足了认识因素，若行为人对危害结果持反对态度，也不能认定为犯罪故意。其次，将主观推断与设想排除在明知之外并不现实，因为现实中无法准确区分行为人基于某些事实材料产生的认识是属于"知道"还是"推断"，甚至实践中大部分"心照不宣"的帮助信息网络犯罪行为都是行为人基于推断而产生的认识。所以，应当重视明知在犯罪故意中的体系地位，限制明知的认识程度并无必要且缺乏可操作性。

在此基础上，当明确"明知可能"也属于明知时，帮助信息网络犯罪活动罪中明知的对象——"他人利用信息网络实施犯罪"便不再需要无限扩张以实现合理打击信息网络犯罪的目标。当前，刑法学界对帮助信息网络犯罪活动罪主观明知要件的对象的解释基本有四种观点，分别为"狭义犯罪说""犯罪行为说""违法犯罪说""折中说"。"狭义犯罪说"主张站在帮助犯的角度，将此处明知的对象"限定为符合我国刑法相应规定犯罪构成的、应当被认定为相应罪名的犯罪行为"[②]；"犯罪行为说"则站在帮助行为正犯化的立场，主张此处的犯罪应当理解为"具备刑法分则客观方面性质特征，具有社会危害性的行为"[③]；"违法犯罪说"更进一步，它从最广义的角度理解本罪

---

① 刘宪权、王哲：《帮助信息网络犯罪活动罪的司法适用》，《人民检察》2022年第10期，第17页。

② 刘宪权：《论信息网络技术滥用行为的刑事责任——〈刑法修正案（九）〉相关条款的理解与适用》，《政法论坛》2015年第6期，第101页。

③ 于志刚：《网络空间中犯罪帮助行为的制裁体系与完善思路》，《中国法学》2016年第2期，第80页。

中明知的对象，主张在犯罪行为之外还应包括违法行为[①]；"折中说"则是在"犯罪行为说"和"违法犯罪说"之间折中，只在满足特定条件的情形下将"犯罪"扩张解释为包括违法行为[②]。

目前，关于帮助信息网络犯罪活动罪的性质，"帮助行为正犯化"已逐渐成为通说，且《最高人民法院、最高人民检察院关于办理非法利用信息网络、帮助信息网络犯罪活动等刑事案件适用法律若干问题的解释》第13条也明确规定，"被帮助对象实施的犯罪行为可以确认，但尚未到案、尚未依法裁判或者因未达到刑事责任年龄等原因依法未予追究刑事责任的，不影响帮助信息网络犯罪活动罪的认定"。因此，"狭义犯罪说"在司法实践中并无立足之地。至于"违法犯罪说"与"折中说"，则可能违背了罪刑法定原则。帮助信息网络犯罪活动罪规定于《刑法》第287条之二，而《刑法》第287条之一规定的非法利用信息网络罪已明确使用"违法犯罪"这一概念。从体系解释的角度出发，相邻两个条文分别使用"违法犯罪"与"犯罪"两个不同的概念，应当作出不同的解释；《最高人民法院、最高人民检察院关于办理非法利用信息网络、帮助信息网络犯罪活动等刑事案件适用法律若干问题的解释》第7条亦明确区分了犯罪行为与违法行为。诚然，为了贯彻严厉打击电信网络犯罪的刑事政策，此种解释可以帮助有效打击目标，但由于有类推解释之嫌，所以不具有正当性。

实际上，对"犯罪"的解释之所以成为争议，是因为此前刑法学界和司法实践对明知的程度问题有所误解。在明确区分"明知可能"与"可能明知"的前提下，冒着违反罪刑法定原则的风险扩张解释本罪中的"犯罪"概念已无必要性。当行为人明知被帮助的人利用信息网络实施未必构成犯罪的违法行为（如刷单炒信、网络赌博等）时，相关违法行为本身已具有构成犯

[①] 黄京平：《新型网络犯罪认定中的规则判断》，《中国刑事法杂志》2017年第6期，第3—13页。

[②] 喻海松：《网络犯罪的立法扩张与司法适用》，《法律适用》2016年第9期，第10页。

罪的可能性，而此处违法行为是否可能构成犯罪属于规范判断的内容，并不是行为人犯罪故意所必须认识的内容，此时完全可能满足帮助信息网络犯罪活动罪的主观明知要件。比如，在李某帮助信息网络犯罪活动案中，被告人辩称其"只是听上游谭某点说银行卡是用于网络赌博，并不是实际知道或者应当知道"[①]。但是从规范判断的视角出发，网络赌博行为虽然可能仅仅是行政违法行为，但也可能构成赌博罪。所以，即使被告人仅明知他人利用信息网络实施赌博行为，也足以认定为被告人明知他人可能利用信息网络实施犯罪行为，满足帮助信息网络犯罪活动罪的主观明知要件。即使实际查明被帮助的人实施的是其他犯罪（如开设赌场罪，掩饰、隐瞒犯罪所得罪等），至多也属于构成要件内的事实认识错误，不影响帮助信息网络犯罪活动罪故意的认定。又如，在范某、张某等帮助信息网络犯罪活动案中，被告人张某当庭辩称借银行卡给范某时，范某说是用于网络刷单，并不明知范某利用其银行卡实施网络信息犯罪，其不构成犯罪。对此，法院认为：即使范某向张某、程某陈述卡将用于网店刷单，但网店刷单本身违反《反不正当竞争法》的规定，是扰乱市场经济秩序的违法行为，并有可能产生网店刷单诈骗，事实上本案有的被害人就是网店刷单诈骗的受害者。[②] 与赌博行为类似，刷单炒信行为同样可能涉嫌犯罪，如虚假广告罪、非法利用信息网络罪、非法经营罪、破坏生产经营罪等。[③] 而被帮助的刷单行为是否可能构成犯罪、成立何种罪名均非明知的对象，只有站在事前客观的角度，规范判断，才能认定行为人是否明知他人可能利用信息网络实施犯罪行为。

至此，即使对"犯罪"采取严格解释，也不至于难以认定帮助信息网络犯罪活动罪的主观明知要件，因为违法行为依然有较大可能构成犯罪。加之

① 湖南省株洲市中级人民法院（2022）湘02刑终303号刑事裁定书。

② 江西省南昌市经济技术开发区人民法院（2021）赣0192刑初160号刑事判决书。

③ 马永强：《正向刷单炒信行为的刑法定性与行刑衔接》，《法律适用》2020年第24期，第63—64页。

通说认为帮助信息网络犯罪活动罪属于帮助犯的正犯化，即使未查明正犯实施情况，也可以认定成立本罪。如果事后查明被帮助的行为确实没有达到犯罪的程度，则可以通过情节严重这一要素加以出罪。当然，行为人仍需明知他人可能利用信息网络实施犯罪，否则亦不满足本罪的明知要件。

（二）帮助信息网络犯罪活动罪主观明知推定行为模型建构

通过北大法宝数据库的法宝联想功能检索发现，明确援引《最高人民法院、最高人民检察院关于办理非法利用信息网络、帮助信息网络犯罪活动等刑事案件适用法律若干问题的解释》第 11 条第 7 项或《最高人民法院、最高人民检察院、公安部关于办理电信网络诈骗等刑事案件适用法律若干问题的意见（二）》第 8 条第 1 款的判例，一共仅有 50 份。综观这 50 份裁判文书，司法实践并未在司法解释明确列举的推定明知行为类型外创造出全新的种类，但是对现行推定明知的法定类型进行了内涵上的拓展。综合相关司法解释和判例，可以归纳出以下四类推定明知的行为模型。

1. 明知故犯型

第一类是"明知故犯型"，即行为人被以任意方式明确提醒其帮助行为可能涉嫌违法犯罪或被帮助对象可能涉嫌违法犯罪，而仍然执意提供帮助行为的情形。这一类型首先包括《最高人民法院、最高人民检察院关于办理非法利用信息网络、帮助信息网络犯罪活动等刑事案件适用法律若干问题的解释》第 11 条第 1 项和第 2 项规定的"经监管部门告知后仍然实施有关行为"和"接到举报后不履行法定管理职责"两类行为。其中，司法解释对于监管部门的告知行为并无形式上的限制，可以是书面形式抑或口头形式，甚至包括电话、短信等电子形式。[①] 由此可见，告知的内容并不依赖于监管部门以法定形式作出行政行为（如加盖公章的专门文书），告知的具体内容实际上也并不因

---

① 周加海、喻海松：《〈关于办理非法利用信息网络、帮助信息网络犯罪活动等刑事案件适用法律若干问题的解释〉的理解与适用》，《人民司法·应用》2019年第31期，第28页。

告知者是否具有行政主体身份而发生实质性变化。因此，只要告知的内容充分提醒行为人其帮助行为或帮助对象可能涉嫌违法犯罪，即符合该条推定明知的法理基础。换言之，把此处告知行为的主体限定为监管部门并无必要。

对此，司法实践也逐渐认可非监管部门的告知行为具有推定行为人主观明知的效力。例如，在朱某新、叶某等帮助信息网络犯罪活动案中，法院认为：被告人朱某新推广的客户多次收到涉及诈骗的投诉，搜狗公司也对朱某新等人开户的非企客户业务进行过警告……被告人朱某新鼓励、放任对涉诈骗类非企业客户业务进行推广，且在接到诈骗投诉、警告后仍未停止，应推定被告人朱某新对所推广的非企客户实施犯罪活动主观上具有明知，且客观上为他人实施网络犯罪活动提供了帮助。[1]

随着"断卡"行动的不断推进，各地银行网点、电信企业逐步要求用户在办理新银行卡、电话卡时，签署关于禁止出租、出售、出借银行卡/电话卡的法律责任告知书，相关告知书也于2021年开始越来越频繁地作为证明行为人主观明知的证据出现在裁判文书中。例如，在田某帮助信息网络犯罪活动案中，法院即以被告人"2020年11月9日，在建设银行解放路支行办理银行卡时，签署了关于买卖、转借银行卡等违法犯罪的告知书"作为证明其主观明知的证据之一。[2]虽然告知书的出具主体并非公安机关等监管部门，但其是银行、电信、互联网企业响应国家、政府的要求，代为履行监管职责而作出的准行政行为。其内容对于涉"两卡"的帮助信息网络犯罪活动罪具有相当的针对性，应当认为该告知书与监管部门的告知在确保当事人认识到相关行为风险及其法律责任方面并无本质区别。当办"两卡"用户签字确认收悉相关告知内容后，该告知书可以作为证据证明用户已经认识到出租、出借、出售银行卡、电话卡有可能会被他人用于信息网络犯罪活动，进而可以推定行为人具备了主观明知要件。

---

[1] 山东省菏泽市中级人民法院（2018）鲁17刑终293号刑事裁定书。

[2] 陕西省西安市新城区人民法院（2021）陕0102刑初161号刑事判决书。

类似地，非监管部门的告知行为亦不限于传统的告知形式，还包括冻结"两卡"、查封账号、限制交易等形式（一般都会附带原因说明）。若行为人仍然有帮助解封解冻、注销后重新办理、继续协助使用等行为，则表明行为人已知自己提供的"两卡"或其他账户涉嫌违法犯罪但仍继续实施帮助行为，可以推定其具有主观明知。例如，在谷某林帮助信息网络犯罪活动案中，被告人谷某林在明知其银行卡因多次转入违法资金被限制交易的情况下，仍在申某的指示下，携带自己的银行卡、身份证等在黑龙江省林甸县—建设银行柜台将其银行卡内剩余的 15000 元转账至申某指定的银行账户内。[1] 对此，即使认为此前行为人主观上并不明知他人利用信息网络实施犯罪，但行为人在已知晓其银行卡因多次转入违法资金被限制交易时，必然至少明知他人可能在利用其银行卡实施网络犯罪行为，因此可以推定其具备主观明知要素。

此外，如果行为人曾经因帮助信息网络犯罪活动而受到行政或刑事处罚，则其对于后续实施相同或相似的帮助行为也应具有清楚的认识，此时可以直接适用"经监管部门告知后仍然实施有关行为"推定为明知。对此，《最高人民法院刑事审判第三庭、最高人民检察院第四检察厅、公安部刑事侦查局关于"断卡"行动中有关法律适用问题的会议纪要》第 1 条第 2 款第 2 项、第 3 项、第 4 项、第 7 项也予以认可。

《最高人民法院刑事审判第三庭、最高人民检察院第四检察厅、公安部刑事侦查局关于"断卡"行动中有关法律适用问题的会议纪要》第 1 条第 2 款规定，在办案过程中，可着重审查行为人是否具有以下特征及表现，综合全案证据，对其构成"明知"与否作出判断：

（1）跨省或多人结伙批量办理、收购、贩卖"两卡"的；

（2）出租、出售"两卡"后，收到公安机关、银行业金融机构、非银行

---

[1] 湖南省沅江市人民法院（2023）湘0981刑初81号刑事判决书。

支付机构、电信服务提供者等相关单位部门的口头或书面通知，告知其所出租、出售的"两卡"涉嫌诈骗、洗钱等违法犯罪，行为人未采取补救措施，反而继续出租、出售的；

（3）出租、出售的"两卡"因涉嫌诈骗、洗钱等违法犯罪被冻结，又帮助解冻，或者注销旧卡、办理新卡，继续出租、出售的；

（4）出租、出售的具有支付结算功能的网络账号因涉嫌诈骗、洗钱等违法犯罪被查封，又帮助解封，继续提供给他人使用的；

（5）频繁使用隐蔽上网、加密通信、销毁数据等措施或者使用虚假身份，逃避监管或者规避调查的；

（6）事先串通设计应对调查的话术口径的；

（7）曾因非法交易"两卡"受过处罚或者信用惩戒、训诫谈话，又收购、出售、出租"两卡"的等。

但需要注意的是，告知或举报等行为应当具体指向行为人和行为人实施的行为，如果将针对不特定人的宣传解释为告知，则无限放大了告知的外延，有类推解释之嫌。例如，在易某龙、郑某弘等帮助信息网络犯罪活动案中，法院认为：近几年国家对非法提供银行卡、电话卡等为犯罪分子实施网络诈骗犯罪活动提供帮助的犯罪活动，无论是宣传力度还是打击力度都是空前的，对此，郑某弘作为在校大学生，当然是知晓的。[1] 虽然在该案中，法院还结合了其他事实因素推定明知，结论并不致错误，但将针对不特定人的广泛宣传这一点作为推定行为人明知的事实因素之一，忽略了行为人收悉相关内容的证明，变相规避了该部分举证责任，缺乏一定合理性。

2. 交易异常型

第二类是"交易异常型"，包括交易的价格、方式、对象、计酬方法的明

---

① 湖北省广水市人民法院（2021）鄂1381刑初218号刑事判决书。

显异常。首先，交易的价格或方式明显异常已经在《最高人民法院、最高人民检察院关于办理非法利用信息网络、帮助信息网络犯罪活动等刑事案件适用法律若干问题的解释》第 11 条第 3 项中作了明文规定，其中交易的价格明显异常原本是用来约束第三方支付平台的，但随着"断卡"行动的推进，司法实践逐渐将本条推广适用于"两卡"案件中。因为用户通过正常渠道办理银行卡和电话卡均无须支付任何费用，此时若收卡人以较高的价格租赁或购买"两卡"，则属于交易价格明显异常，行为人应当认识到收卡人可能会利用收购的"两卡"实施违法犯罪行为。

对于异常的交易方式，司法实践已总结出"押人交付""摆现交付"等比较典型的行为模式。前者表现为按对方要求入住指定的旅馆，再将银行卡交给他人使用，待银行卡使用完毕后，收回银行卡并注销；后者表现为卡商卖卡时，将银行卡和一部分现金一起交给上游犯罪团伙。这两类交易方式都明显异于正常生活中的交易行为，实践表明其亦与利用"两卡"实施违法犯罪行为具有经验上的高度相关性，司法实践中依此推定行为人具有主观明知已较为常见。例如，在任某某帮助信息网络犯罪活动案中，任某某加入了一个找工作的社交群组，群里有人发通知：去外地干活，7 天到 10 天，工资每天 200 元。随后，任某某加了发通知的人的社交账号了解具体内容：先去几家指定的银行办理银行卡，带着合格的银行卡前往指定地点，车费、餐费、住宿费可以报销。入住指定宾馆，在手机上成功登录银行 APP 后，将手机交给对方使用，其间，只需要协助刷脸即可获得劳务报酬。任某某接受该"工作"后，在接下来的 7 天时间内，每天早上都会有一名男子将任某某带到不同的出租屋内，到达出租屋后把手机交给他人转账，每天都会操作到很晚。任某某到案后辩称，其只是前往外地打工挣钱，虽然提供了银行卡但是没有参与转账，钱款来源、转账原因均不知情。但由于此种交易模式明显与正常人的社会生活认知不符，行为人至少会意识到对方可能在实施网络违法犯罪行为，司法机关依此推定行为人具有主观明知。

其次，交易对象的明显异常包括交易对象的种类异常、数量异常，或种类与数量综合后异常。交易对象的种类异常主要表现为《最高人民法院、最高人民检察院、公安部关于办理电信网络诈骗等刑事案件适用法律若干问题的意见（二）》第8条第2款规定的"收购、出售、出租单位银行结算账户、非银行支付机构单位支付账户"。由于单位账户开设门槛比个人账户高，且随着"断卡"行动的推进，金融监管部门进一步加强了对申办单位账户的监管和警示，加之司法实践表明单位账户的交易多被用于电信网络诈骗等违法犯罪行为，单位账户便被司法解释明示为种类异常的交易对象。[①] 例如，在纪某帮助信息网络犯罪活动案中，纪某将其名下的对公账户提供给他人使用，法院指出：纪某在无经营公司能力和意愿的情况下，虚假注册成立青岛帝惠商贸有限公司并开设尾号为8034的对公账户。办理该对公账户时，其签署了《开设单位银行结算账户涉电信网络及其他违法犯罪法律责任告知书》，表明已明确阅读告知内容，对提供给他人使用系帮助他人进行网络犯罪的性质主观明知。[②] 该案交易的异常之处不仅体现为单位账户这一对象本身，还包括行为人在不具有经营公司意愿的情况下为了谋取利益而特意开办单位账户的行为方式，这相较于单一类型的交易异常更加足以推定主观明知。对此，法院在裁判理由中亦专门指出："在严厉打击电信诈骗犯罪铺天盖地的宣传下，纪某的行为有别于利用已有公司提供对公账户的情形，其为帮助犯罪人员支付结算违法所得，虚假成立公司，积极创造条件予以帮助，主观恶性相对更大。"

在此基础上，交易对象种类异常的表现无须限于单位账户，还可以包括其他行为人为了出售、出租而通过提供虚假信息或材料等方式专门开设的其他账户。因为行为人通过此类非正常甚至违法的方式开设账户并交易的行为，

---

① 刘太宗、赵玮、刘涛：《"两高一部"〈关于办理电信网络诈骗等刑事案件适用法律若干问题的意见（二）〉解读》，《人民检察》2021年第13期，第31—32页。
② 新疆维吾尔自治区克拉玛依市中级人民法院（2023）新02刑终6号刑事裁定书。

具有与其他交易异常型行为相同的盲目逐利性，表明了其对交易相对方可能从事网络犯罪行为的放任态度。例如，在康某甲、康某乙帮助信息网络犯罪活动案中，康某甲到案后对所犯罪行供认不讳，而康某乙对是否"明知他人利用信息网络实施犯罪"前后供述不一致。其一开始承认因为急需用钱，明知可能是违法行为，为了获取非法利益，心存侥幸；后称未获取任何报酬，因从未到过北京，只是想免费来北京玩；后又称，只是想帮表兄康某甲的忙，其他事情一概不知。对此，检察院查明，康某乙在银行开卡时，按照康某甲的指示，使用伪造虚假用工单位及在京居住地址以开设支付额度较大的银行卡，且在银行提示其银行卡不能出租、出借的情况下，仍然将银行卡交给他人使用。需要注意的是，此种情形虽类似于下文所述的违法帮助型，但由于在开设银行账户过程中提供虚假信息或材料本身并不违法，所以不能依此直接推定行为人具有帮助信息网络犯罪活动罪的主观明知，还需要结合之后的出售、出租行为，使得专门开设的银行账户成为交易对象，进而才能作为帮助信息网络犯罪活动罪的主观明知推定行为类型。

交易对象的数量异常和种类与数量综合异常，即《最高人民法院、最高人民检察院、公安部关于办理电信网络诈骗等刑事案件适用法律若干问题的意见（二）》第8条第1款规定的"根据行为人收购、出售、出租前述第七条规定的信用卡、银行账户、非银行支付账户、具有支付结算功能的互联网账号密码、网络支付接口、网上银行数字证书，或者他人手机卡、流量卡、物联网卡等的次数、张数、个数……综合认定"。此外，《最高人民法院刑事审判第三庭、最高人民检察院第四检察厅、公安部刑事侦查局关于"断卡"行动中有关法律适用问题的会议纪要》第1条第2款第1项明确将"跨省或多人结伙批量"视为推定明知的特征之一，本质上也属于交易数量与交易方式的异常。

交易对象的数量异常无须也不宜固定量化，因为主观明知的推定本身需要综合认定，行为人主观认知能力的高低会影响"明显异常"在个案中的认定，对此需要借助社会生活经验加以判断。例如，在肖某林帮助信息网络犯罪活动案中，法院结合行为人的经商经历对应的认知水平来推定主观明知：对被告人肖某林及其辩护人提出的不知情的辩解和辩护意见，经查，出租、出售银行卡为法所不许，金融机构在公民申办银行卡时会明确告知办卡人员银行卡不得出借、出租、出售。被告人肖某林按 200 元／天的价格陆续有偿出借 5 张银行卡以及与银行卡绑定的电话卡、相关银行 U 盾供他人使用，并曾陪同收卡人一起用银行卡提取现金后收取费用，结合被告人肖某林从事商业经营活动应具备的认知能力，被告人肖某林将上述网上转账工具有偿出借给他人的交易价格和方式均明显异常，可认定其在主观上认识到他人在利用信息网络实施犯罪，但仍为他人提供银行卡用于资金转移支付，其行为符合帮助信息网络犯罪活动罪的构成要件。[①]

实践中，交易对象数量异常和数量与种类综合异常基本表现为：打包出售自己的银行卡、电话卡、支付宝账户、微信账户等多种典型对象中的大部分或全部；[②] 短期内在不同银行、运营商处办理大量银行卡、电话卡并出售；[③] 将自己的卡出售后，还继续向身边人收购，进而转卖，赚取差价。[④] 这些交易对象的数量、种类明显异常，表明行为人盲目追求收益，与一般人的交易理性相悖，罔顾他人可能利用其出售或出租的"两卡"实施违法犯罪行为，对可能产生的危害后果持放任态度，因此足以推定其主观上具有明知。其中，以打包出售和短期内办卡并交易为典型，例如，在郭某帮助信息网络犯罪活动案中，65 岁的郭某因名下银行卡接收电信诈骗资金被公安机关调查。郭某自称当日遇到了几年前一起打牌的朋友刘某，刘某的真实姓名、住址，均不清楚。刘某问郭某有没有银行卡，想借用郭某的银行卡转账，当时郭某钱包

---

① 湖南省长沙市雨花区人民法院（2022）湘0111刑初505号刑事判决书。

② 湖北省嘉鱼县人民法院（2021）鄂1221刑初297号刑事判决书。

③ 江西省上饶市广信区人民法院（2021）赣1104刑初388号刑事判决书、福建省将乐县人民法院（2021）闽0428刑初134号刑事判决书。

④ 湖南省桃源县人民法院（2021）湘0725刑初244号刑事判决书。

里正好有 5 张银行卡。郭某回忆，曾因输牌向刘某借款 500 元，一直未还，为了还刘某人情，便与刘某一起去了郊区的出租屋，将 5 张银行卡以及手机借给刘某使用。到案后，对刘某为何借卡、转的是什么钱等问题，郭某以身体不好、年纪大记不清、碍于面子不好意思转账等理由，否认自己的行为构成犯罪，要求公安机关尽快将其释放。对此，公安机关经侦查发现，一方面，郭某的手机聊天记录显示，2021 年 12 月 4 日，郭某与好友刘某凤联系，线上协商卖卡的价格和提成比例，约定交卡的时间；同时提取到 12 月 8 日郭某转发给刘某凤的网商银行截图，其中附言："每笔限额 100 万，每日限额 100 万，每月限额 500 万。"另一方面，郭某银行卡开设的时间是 2021 年 12 月 11 日，电信诈骗转款的时间为 2021 年 12 月 12 日，仅一天之隔，即在"遇到刘某"的前一天，郭某"恰好"办理了 5 张银行卡并随身携带；郭某还在 2021 年 12 月 11 日开通了网商银行，该账户也被用于转移电信网络诈骗赃款。对于为何突然办理银行卡及网商银行，郭某不能给出合理解释。最终，司法机关推定郭某满足帮助信息网络犯罪活动罪的主观明知要件。

再次，交易价格计酬方法的明显异常，通常表现为收卡人以银行卡内资金流的特定比例计算买卡人的报酬。例如，在赵某帮助信息网络犯罪活动案中，被告人赵某联系到上游收卡人，提供其社交账号、银行卡帮助刷流水，交易价格计算方式为"每转账资金 1 万元获得 60 元佣金"。[①] 这种报酬计算方式意味着行为人在出售银行卡时已清楚地认识到银行卡内会出现大额资金流动，但不顾资金来源，放任其背后可能存在的网络犯罪行为。这种交易价格计酬方法本质上也属于广义的交易方式明显异常，可以推定行为人明知他人可能利用信息网络实施犯罪。

3. 违法帮助型

第三类是"违法帮助型"，即行为人的帮助行为本身已直接违反法律规

[①] 吉林省长春市中级人民法院（2021）吉01刑终549号刑事裁定书。

定。此种情形下，行为人极有可能清楚被帮助行为的法律性质，甚至具有共犯的意思联络，否则不会铤而走险地提供违法帮助。一般情况下，违法的帮助行为对被帮助行为的作用更大，因此更具有认定行为人存在主观明知的现实需要。具体来讲，此类行为包括《最高人民法院、最高人民检察院关于办理非法利用信息网络、帮助信息网络犯罪活动等刑事案件适用法律若干问题的解释》第 11 条第 4 项规定的"提供专门用于违法犯罪的程序、工具或者其他技术支持、帮助"和《最高人民法院、最高人民检察院、公安部关于办理电信网络诈骗等刑事案件适用法律若干问题的意见（二）》第 8 条第 2 款规定的"电信、银行、网络支付等行业从业人员利用履行职责或提供服务便利，非法开办并出售、出租他人手机卡、信用卡、银行账户、非银行支付账户等"两类。虽然目前司法实践尚未在这两类行为外归纳出新的违法帮助类型，但只要属于非正常社会生活所需的违法帮助行为，其专门服务于违法犯罪活动就具有经验上的高概率，因此可以推定相关人员对其帮助对象可能涉嫌犯罪具有明知。

需要注意的是，实践中存在部分错误理解"专门用于违法犯罪"的情况，过于扩大了违法帮助行为的边界。例如，在王某衡、仲某丰帮助信息网络犯罪活动案中，法院查明：2021 年 4 月至 6 月期间，被告人王某衡通过网络购买络漫宝通信设备，并向他人收购手机卡数十张，经与被告人仲某丰商议后，由仲某丰驾驶黑色奥迪车，王某衡在车上操作络漫宝通信设备，在任丘等地沿不固定路线活动作案，帮助他人实施电信网络犯罪活动，导致被害人黄某、郭某 1 被诈骗 183274.09 元。[①] 法院依此认定被告人"为犯罪者提供专门用于违法犯罪的通讯传输工具和技术支持"。实际上，诸如 GOIP、VOIP 设备等具有隐匿功能的工具，虽然客观上已成为电信网络诈骗的常用犯罪设备，但使用相关设备本身并不违法，从文义解释的角度无法将其归为"专门用于违法

---

① 河北省任丘市人民法院（2021）冀0982刑初654号刑事判决书。

犯罪的工具"，而且目前并没有明文规定禁止生产、销售、使用 GOIP、VOIP 设备等类似工具。所以，对于违法帮助型推定明知，应当明确帮助行为本身违法的法律依据，否则有类推解释之嫌。

同时，违法帮助行为应当与帮助后实施其他违法行为相区别。对于帮助行为之外、之后的行为涉嫌违法犯罪的，该行为与帮助行为和被帮助行为已失去事实上的关联性，不存在推定行为人明知的法理基础。司法实践中存在仅凭事后盗窃就推定明知的情况，例如，在黄某盗窃、帮助信息网络犯罪活动案中，被告人黄某于 2019 年 7 月出售自己办理的一张农业银行卡，此后分别于 2019 年 9 月和 2019 年 12 月出售自己办理的华夏银行卡、民生银行卡。对于后出售的两张银行卡，被告人黄某发现卡上有资金流转后，将银行卡挂失补办并将卡内的钱取出。对此，法院认为：从被告人黄某在本案中参与的盗窃犯罪可以看出，黄某知道其售卖给他人的银行卡有大量资金流转情况，此外，本案的在案证据及被告人黄某的供述，可以证实被告人黄某售卖给他人的农业银行卡涉及多起网络犯罪案件，并被公安机关查询、冻结……足以认定被告人黄某明知他人利用信息网络实施犯罪。[①] 该案中，行为人涉嫌帮助信息网络犯罪活动罪的出售银行卡行为发生在前，盗窃行为发生在后，且两个行为针对的对象是不同的银行卡，行为人完全可能只是事后知情，不具有帮助信息网络犯罪活动的故意。即使行为人在盗窃后仍然卖卡且继续实施盗窃行为，也难以认定其明知出售的银行卡被用于网络犯罪，因为盗窃行为的故意在认识层面只要求行为人认识到盗窃对象为他人财物，行为人完全可能认为卡中流转资金为他人合法财产而实施盗窃。对此，不应先有罪推定地将案件性质定性为"黑吃黑"，而后依此推定行为人具有帮助信息网络犯罪活动的明知，否则便是循环论证。

---

① 云南省富民县人民法院（2021）云0124刑初83号刑事判决书。

4.逃避监管型

第四类是"逃避监管型"，即行为人频繁通过各种方式逃避监管或规避调查的行为。对此，《最高人民法院、最高人民检察院关于办理非法利用信息网络、帮助信息网络犯罪活动等刑事案件适用法律若干问题的解释》第11条第5项、第6项规定了"频繁采用隐蔽上网、加密通信、销毁数据等措施或者使用虚假身份，逃避监管或者规避调查"和"为他人逃避监管或者规避调查提供技术支持、帮助"两类行为。

对于第一类行为，从文义解释的角度看，隐蔽上网、加密通信、销毁数据等措施需要达到"频繁"的程度才能推定明知，而虚假身份则只存在使用与否的区别。因此，对于实践中多发的诸如事后删除聊天记录、丢掉手机等规避调查的行为，虽然能够解释为"删除数据"，但由于无法达到频率要求，不宜直接推定明知，只能视为刑事侦查方面的难题。对此，即使行为人未能说明合理理由，也不能直接断定明知，因为推定明知已经是证明过程的简化，过分的简化则属于变相转移举证责任，体现的是有罪推定倾向，违反刑事诉讼证明规则。当然，若可以查明行为人存在频繁换手机、多次删除聊天记录等行为，则当然属于频繁删除数据，可以推定明知。此外，本书认为，即使有些逃避监管行为并未满足频率要求，但如果销毁数据载体的数量较多，也应视为多次销毁数据，因为此种情形与多次针对一个数据载体作删除处理并无实质差异。例如，在沈某博、胡某金等帮助信息网络犯罪活动案中，被告人胡某金被抓前将 GOIP 设备上的手机号码卡全部拔下扔向楼下，之后民警在楼下起获手机号码卡 12 张。[①] 该行为显然属于销毁数据，虽然频率只有一次，但由于一次性销毁的数据载体数量较多，与多次分别丢弃数据载体并无本质区别，同样可以认定为逃避监管型明知。

此外，若行为人直接使用具有加密通信、销毁数据等逃避监管功能的特

---

① 广东省汕头市龙湖区人民法院（2021）粤0507刑初527号刑事判决书。

殊工具，则无须另行统计加密、销毁的次数也能得出达到频率要求的结论。例如，在林某鹏帮助信息网络犯罪活动案中，被告人直接使用国外具有加密、销毁数据等功能的聊天软件开展短信通道业务以逃避监管。[①] 由于该软件可以适时自动销毁数据，无须行为人单独施加指令，根据社会生活经验可以直接推论出满足频率要求。

对于第二类行为，司法解释并未对频率作出限制，原因在于当行为人帮助他人逃避监管且对逃避监管的行为性质具有认识时，与使用虚假身份来逃避监管类似，其当然知道被帮助人是由于涉嫌违法犯罪才逃避监管，这一行为表明其积极帮助被帮助对象逃避法律追究，也表明其对被帮助对象可能产生的危害后果的放任态度，所以可以推定行为人具有明知。例如，在高某、陈某等帮助信息网络犯罪活动案中，法院认为：上诉人高某为了谋取不法利益接受委托，在同一时间段持多达 20 张身份证原件帮助他人注册公司、代办营业执照和开设对公账户，在银行工作人员明确告知其开设十几个对公账户，财会人员不能用其一个人的身份信息登记时，其又持委托人提供的十几张身份证帮忙办理对公账户。高某在帮助身份不明人员办理营业执照过程中不但未尽审慎注意义务，而且冒充虚假公司财务人员签字，帮助办理对公账户，致使其办理的对公账户被用于实施电信网络诈骗犯罪活动。[②] 该案中，行为人虽然可能对于被帮助者具体利用相关对公账户实施何种行为并无清楚认识，但其通过填写虚假的注册地址、冒充部分公司财务人员签字等方式注册相关对公账户的行为，结合其专门从事承接各类营业执照代办业务的行业认知能力，行为人显然清楚如此注册的对公账户将导致被帮助者对于相关对公账户的使用脱离银行系统的监管，可以推断出其对由此可能发生的网络犯罪行为持放任态度，因此可以推定其具备帮助信息网络犯罪活动罪的明知要素。

至于司法解释为了与法条行文保持一致，将帮助行为落脚于"技术支持和

---

① 福建省将乐县人民法院（2021）闽0428刑初94号刑事判决书。

② 甘肃省庆阳市中级人民法院（2022）甘10刑终72号刑事裁定书。

帮助"，本书认为，帮助行为与技术关联与否并无本质区别，不妨碍主观明知的推定。以删除数据为例，为他人制作可以批量删除数据的脚本文件与直接帮助他人销毁数据载体这两种行为，在帮助行为人对被帮助对象在规避调查这一事实的认识上并无区别，既然前者可以推定明知，那么后者同样可以。同理，此处的支持和帮助行为可以包括技术方面和非技术方面，也可以包括物理上的帮助和精神上的帮助（包括教唆）。司法实践中经常发现，行为人卖卡前，收卡人会告知卖卡人如果被查获如何辩解以消除卖卡人的顾虑，以至于形成了一套常见的话术。如果办案机关可以查明相关话术确实为串通所得，则这种事先互相串通应对调查话术的行为实际上也属于帮助他人逃避监管，可以推定行为人对他人可能利用信息网络实施犯罪具有明知。对此，《最高人民法院刑事审判第三庭、最高人民检察院第四检察厅、公安部刑事侦查局关于"断卡"行动中有关法律适用问题的会议纪要》第1条第2款第6项也作了明确提示。

此外，"为他人"提供不限于为被帮助对象提供，也可以为与其平行的或下游的其他帮助者提供。当行为人为其他帮助者的逃避监管行为提供技术或非技术帮助时，其同样清楚其他帮助者涉嫌违法犯罪行为，因此可以推定其具有帮助信息网络犯罪活动的明知。

主观明知推定行为模型的建构，并不意味着明知推定的行为类型不能继续发展。既然司法解释已明确规定了明知推定的兜底条款，且如前所述，主观明知最终仍需综合全案证据加以认定，所以其仍然有随着司法实践进一步更新的可能。此外，明知推定兜底条款中的"其他"未必需受同质解释原理的限制，因为明知的推定属于证据审查的范畴，并不涉及行为性质的判断，也就不会冲击罪刑法定原则下国民对自己行为的预测可能性。[①] 相反，主观明知推定规则的建立基于经验法则、生活逻辑，因此是符合民众的认识的。

虽然模型的建构初衷在于方便司法实践基于单一行为事实直接推定行为

---

① 孙秀丽、金华捷：《超出"明知"推定司法解释明示条款的分析与认定》，《中国检察官》2020年第8期，第29—31页。

人具有主观明知要件，但根据刑事诉讼的证明理论和司法解释的规定，主观明知的认定最终仍需立足于全案证据，进行综合认定。由于各类行为模型不仅有"是非型"，还有"程度型"，所以不可能在终极意义上实现仅凭单一事实推定明知的设想。例如，被监管部门告知的情形属于"是非型"，要么存在，要么不存在，此时可以直接依据监管部门的告知行为推定行为人明知；但是，交易价格明显异常或交易对象数量明显异常的情形则属于"程度型"，行为的符合性判断必须结合行为人的认知能力、与被帮助对象的社会关系等主客观因素综合判断。换言之，行为人个案中的特别因素会影响"明显异常"与否的判断，例如，银行或电信行业从业人员、经常从事黑灰产业的人员与一般民众相比，交易的异常性认定门槛便会显著降低。只有鼓励司法实践在实际应用中以行为模型为主，辅之以多项基础事实，才能保障认定的法律事实最大限度地接近客观真实。

实际上，司法实践多数案件中存在多项可以推定主观明知的事实因素，可能同时符合多种行为模型，此时推定明知的结论将更加趋近于客观事实。例如，在刘某帮助信息网络犯罪活动案中，行为人存在多项据以推定明知的事实，法院指出：关于被告人刘某提出其对于出借的银行卡被胡姓男子用于犯罪并不知情的辩解。经查，相关证人均证实，在办理相关银行卡时，银行工作人员已告知银行卡不得出借，刘某却仍应胡某的要求违规提供，同时提供电话卡、U盾、银行密码等，以供转账。根据被告人刘某的供述，其对于胡某的真实姓名等个人信息均不知晓，在此情况下，仍帮助办理、收集多张银行卡，并向胡某提供，此后又将胡某的微信和手机信息等删除，其上述行为明显有违常理。虽然被告人刘某对于被帮助者胡某从事的具体犯罪行为缺乏清晰的认识，但对于上游犯罪的发生结果持放任的态度，结合其个人认知能力，应推定其主观明知所提供的银行卡可能被用于实施网络犯罪。[①] 同时，

[①] 湖南省沅陵县人民法院（2022）湘1222刑初316号刑事判决书。

由于司法解释明确了主观明知推定的可反驳性，办案机关必须重视犯罪嫌疑人、被告人的合理辩解，此时更应当综合多项事实以确保推定结论的正确性。

（三）电信网络诈骗帮助行为与主观目的对应模型的制度化方案

总结过往立法经验和司法实践，采取"概括认定＋列举＋排除条款"的模式能够最大限度地保证推定规则实用性与生命力的两全。一个较为理想的对于电信网络诈骗黑灰产链条中"明知"的推定模式，如下所述。

首先，在立法解释中对"明知"进行规定。刑法分则中的"明知"指的是成立某罪时所需的一种特殊主观要件，即对某事实、某行为、某人从事某行为有明确或高度可能性的认识。可结合犯罪嫌疑人的认知能力、本人及其同案犯的供述和辩解，证人证言及从业经历、行为方式等主客观因素综合推定犯罪嫌疑人的明知，但有相反证据的除外。

要考虑主客观统一的合理性在于客观行为仅能推导出认识因素，而意志因素需要综合多种主客观证据并结合具体情境才能判断，这一点在电信网络诈骗相关司法解释中均有所强调。立法机关应积极考虑证明明知的证据的可能性、现实性，否则行为的入罪将存在诸多障碍，难以回应依法严惩电信网络诈骗的现实需要。

其次，在司法解释中列举具体的推定行为模式。虽然现行司法解释已经付诸实践，但司法机关仍应秉持开放的眼光，不能认为司法解释已经实现了行为模式的周延归纳。即使司法解释并未规定某一推定模式，但只要在具体个案中的证据能够明显推知帮助行为人确实明知，仍然可以对其以相应的犯罪定罪处罚。

再次，在对明知的推定中，由于对何为"明知"、何为"推定"均存在争议，在规范层面作出的抽象规定不可避免地会导致适用时产生歧义。因此有必要针对电信网络诈骗犯罪发布一组指导案例或典型案例，在具体的案件中对明知的推定规则进行详细阐述，为司法机关提供指引。

三、网络背景下基于主观推定归罪证明标准与客观归罪边界相互关联的尝试性探索研究

一般认为，推定是指根据 A 事实（前提事实）推认 B 事实（推定事实）存在的过程。在 B 事实证明困难的场合，通过证明作为 B 事实前提的、更容易证明的 A 事实以推认 B 事实的存在，两个事实之间存在"证明的中断"。无论是在刑法学界还是司法实践中，刑事推定与间接证明的关系都很暧昧，有的学者在狭义理解推定概念的基础上，明确区分推定与间接证明；[①] 有的学者在广义理解推定概念的基础上，将间接证据作为刑事推定的前提，实际上是将刑事推定包含于间接证明之中。[②] 本书认为，在电信网络诈骗帮助行为领域的主观明知推定规则意义上使用的推定概念，实际上就是对主观明知要件间接证明规则的归纳，二者没有本质区别，都具有适用上的非强制性，符合基于社会生活经验的逻辑判断。主观推定归罪是解决主观证明难题行之有效的规则与方法，它的设立使得办案机关更加关注客观证据，降低了对犯罪嫌疑人、被告人口供的依赖，减少刑讯逼供的同时减轻了控方的证明负担，能够有效地打击犯罪，保护国民的法感情。

所谓客观归罪，则是将行为的外在表现及结果事实作为认定犯罪和适用刑罚的唯一标准，至于行为人做出行为时及造成结果时的心理状态则不予过问。主观推定归罪与客观归罪的界限似乎很暧昧，二者都是由一个得以证明的客观事实认定行为人构成犯罪。因此，在一些分则具体罪名中，如何确定法定要素的体系性地位存在学说上的争论，如信用卡诈骗罪中的"经发卡银行催收仍不归还"应当被认定为处罚条件还是"非法占有目的"的证明要素之争。必须承认，客观归罪具有重视危险性的判断、强调规范论的评价、提

---

① 郭晶：《刑事推定的构造与"应当知道"的认定——以推定之逻辑构造为基础》，《中国刑事法杂志》2012年第8期，第70—77页。

② 杜邈：《刑事推定规则的特征、类型与司法适用》，《法律适用》2022年第2期，第58页。

供类型化的基准以及建立体系化的框架等优势；但是不可否认，它明显违反了责任主义原则，其适用结果有严重扩大处罚范围的倾向，已经为现代刑事立法所摒弃。

诚然，当前司法解释中部分主观明知推定规则突破了前提事实与推定事实之间的经验性、逻辑性关联，如奸淫不满 12 周岁的幼女中明知的推定，掩饰、隐瞒犯罪所得、犯罪所得收益罪定罪中特定情形明知的推定。

《最高人民法院、最高人民检察院、公安部、司法部关于依法惩治性侵害未成年人犯罪的意见》第 19 条规定：

知道或者应当知道对方是不满十四周岁的幼女，而实施奸淫等性侵害行为的，应当认定行为人"明知"对方是幼女。

对于不满十二周岁的被害人实施奸淫等性侵害行为的，应当认定行为人"明知"对方是幼女。

对于已满十二周岁不满十四周岁的被害人，从其身体发育状况、言谈举止、衣着特征、生活作息规律等观察可能是幼女，而实施奸淫等性侵害行为的，应当认定行为人"明知"对方是幼女。

《最高人民法院、最高人民检察院关于办理与盗窃、抢劫、诈骗、抢夺机动车相关刑事案件具体应用法律若干问题的解释》第 6 条规定，行为人实施本解释第一条、第三条第三款规定的行为，涉及的机动车有下列情形之一的，应当认定行为人主观上属于上述条款所称"明知"：

（一）没有合法有效的来历凭证；

（二）发动机号、车辆识别代号有明显更改痕迹，没有合法证明的。

这些主观明知推定规则具有适用上的强制性，且前提客观事实与推定主观事实之间存在非常态联系的广泛空间，此时认定相关罪名可能会有客观归罪之嫌。但是具体到电信网络诈骗帮助行为领域的主观明知推定规则，其均属于可反驳的允许性推定，如前述分析，基础事实与推定事实之间具有经验上的高度关联性，结合司法解释"综合认定"的要求，需要办案机关综合全案主客观证据达到排除合理怀疑的标准才能认定犯罪的成立，本质上亦符合间接证明的法理，如此便排除了客观归罪的可能性。

因此，必须明确主观推定归罪和客观归罪的内核区分。其一，主观推定归罪是在主客观统一的规则下运转的，是在刑事诉讼领域借由可证明的客观行为（非犯罪构成要件行为）推导出行为人的主观认识要素，综合主客观证据推导出意志要素后才完成对关键待证事实的证明；客观归罪则是在刑事实体法上就忽略主观要素，仅凭借客观的危害行为就直接得出行为人有罪的结论。可以说，主观推定归罪本身就是对客观归罪的否定，二者具有天然的互斥性，因为主观明知推定规则的客体就是作为犯罪主观构成要件要素的"明知"，这在客观归罪中并无立足之地。虽然二者形式上都追求通过"客观"事实认定犯罪，但前者是以客观证据证明主观构成要件，后者是直接否定主观构成要件的存在。中国的刑事立法已经在实体层面排除了客观归罪，刑法理论上无论是四要件犯罪构成理论还是三阶层犯罪论，都包含故意、过失等主观要件。虽然司法实践在一些个案中可能出现客观归罪倾向，但这终究属于对刑法的错误适用，是可以避免的。其二，在主观推定归罪模式下，推定事实能够被推翻，此时发生主观证明责任的转移，由被告方举出优势证据提出相反主观事实成立的合理怀疑。同时，由于被告人的证明责任仅限于"提出证据"，说服责任实际上仍由控方承担，因此这种推定并不违反无罪推定原则。[①] 而客观归罪所依据的事实是已经证实的、证据确实充分的事实，这一过程由公诉方全程承担证明责任，被告人没有举出相反证据推翻该事实的空间。

综上所述，虽然电信网络诈骗帮助行为领域的主观明知推定规则在刑事诉讼证明论上表现出客观化的倾向，但只要在主客观相统一的原则下正确适

---

① 张云鹏：《刑事推定与无罪推定之契合》，《法学》2013年第1期，第99—106页。

用主观明知推定规则，同时坚守刑事诉讼中排除合理怀疑的证明标准，就不至于落入客观归罪的窠臼。

第二节　电信网络诈骗黑灰产链条下犯罪客观行为定性分歧与厘定研究

一、帮助信息网络犯罪活动行为碎片化、切割化的刑法认定困难与回应

电信网络诈骗在日益细化的分工下呈现出全新的犯罪样态，被精细化地切分为犯罪前工具准备、搭建网络平台、应用软件开发、对被害人实施诈骗、资金变现转移等若干环节，完整的犯罪被拆分切割，犯罪预备、着手实行、清理痕迹等环节被数个零碎的小环节填满，由不同主体实施，行为人既可能同处一个犯罪集团，也可能在网线的不同端口，作为技术、犯罪工具的提供者和使用者各自作业、各取所需、各自获利，形成电信网络诈骗黑灰产链条。

在这样的新样态下，帮助信息网络犯罪活动行为在整个黑灰产链条中的重要性日益凸显。盗取贩卖公民个人信息、开办（贩卖）银行卡、利用伪基站发送信息、提供通信线路、开发网络改号和分析工具软件、制作木马程序等行为决定了诈骗能否开展、犯罪所得能否顺利处置。在帮助行为高度碎片化、切割化的背景下，帮助信息网络犯罪活动行为在整个电诈链条中有着相当大的独立性，各个环节的行为人只需参与其中一小部分，因此案件侦查难以做到对整个黑灰产链条上的各个环节全部查明，司法实务中面对的也多是碎片化的犯罪事实，故对其行为性质难以全面认定。

（一）帮助信息网络犯罪活动行为的性质争议及其厘清

对帮助信息网络犯罪活动行为定罪量刑与否及其量刑轻重，取决于其在电信网络诈骗关联犯罪中的性质。就如何从理论上解释帮助信息网络犯罪活动行为的性质，不同学者基于不同视角作出回应。多数学者仍然站在对传统理论进行修正的共犯立场，也有学者认识到帮助信息网络犯罪活动行为的碎片化和独立性与传统共犯论存在冲突，进而引入正犯视角，但正犯视角也有忽略其参与性的一面。故有必要对这些观点争议的优缺点进行辨析，并归纳出同时适用于帮助信息网络犯罪活动行为独立性、参与性二重维度的观念交点，为该罪提供定罪量刑的法理依据。

1. 以共犯为视角的观点

多数观点认为，应当在不改变共同犯罪理论结构的基础上对帮助信息网络犯罪活动行为的独立性进行调适，例如，有学者认为对于网络帮助类行为，应当在维持意思联络的前提下对其进行较为缓和的理解，坚持共犯路径为主的观念。[①] 共犯论主要有以下三种具有代表性的讨论观点。

第一，量刑规则说。量刑规则说基于对传统共犯结构的固守，提出帮助信息网络犯罪活动行为仍属于帮助犯，只是刑法分则为其量身定制了独立的法定刑，从而排除了刑法总则从犯的罚则适用。[②] 支持该学说的学者认为，帮助信息网络犯罪活动行为人的违法性依旧来自其所帮助实施网络犯罪活动的正犯，本身并不具有独立的违法性，要遵从共犯从属性原理。[③] 也就是说，单独为帮助信息网络犯罪活动行为设置法定刑并不意味着帮助行为正犯化，仅

---

① 吕翰岳：《互联网共同犯罪中的意思联络》，《法学评论》2017年第2期，第154页；杨彩霞：《多元化网络共犯行为的刑法规制路径体系之重构》，《法学家》2019年第2期，第38页。

② 张明楷：《论帮助信息网络犯罪活动罪》，《政治与法律》2016年第2期，第5页。

③ 黎宏：《论"帮助信息网络犯罪活动罪"的性质及其适用》，《法律适用》2017年第21期，第35页。

是该行为在共犯从属地位上的量刑规则。

反对该说的论据主要有二：一是明知他人可能要实施诈骗等犯罪而提供技术帮助，即使行为人后来没有实施犯罪，也无法排除构成帮助信息网络犯罪活动行为的可能性，其犯罪既遂形态不依赖他人的犯罪形态；[①] 二是独立法定刑的设立以独立成罪为前提，并非对刑法总则共犯罚则的补充，否则会使分则架空总则一般原理，违反体系解释基本原理。[②]

第二，中立帮助行为说。中立帮助行为，在电信网络诈骗犯罪领域可被理解为日常电信网络业务行为，它是指在行为外观上不具备刑事违法性，但客观上对犯罪行为具有促进作用的行为。该行为是否可罚，取决于提供支持帮助者的认识和意愿，并非一概排除于可罚范围之外。[③] 主张中立帮助行为说的学者认为，除专门为电信网络诈骗犯罪活动提供帮助外，通常针对所有用户提供一般性有偿服务的，属于典型不可罚的电信网络服务行为样态。[④] 也就是说，由于帮助对象的广泛性和业务的中立性，该行为本身没有明确的犯罪指向。

支持该说的论据主要有三：一是电信业务经营者、网络服务提供者属于一般性经营活动主体，基于风险利益衡量比较，需要限制其刑事责任的不当扩张；[⑤] 二是刑法责难的重点应聚焦于行为人在获知电信网络诈骗犯罪情形

---

① 于志刚：《共犯行为正犯化的立法探索与理论梳理——以"帮助信息网络犯罪活动罪"立法定位为角度的分析》，《法律科学（西北政法大学学报）》2017年第3期，第89页。

② 刘艳红：《网络犯罪帮助行为正犯化之批判》，《法商研究》2016年第3期，第22页。

③ 此为德、日学者对中立帮助行为的通说观点。参见[日]高桥则夫：《刑法总论》第2版，成文堂2013年版，第471—473页。

④ 刘宪权：《论信息网络技术滥用行为的刑事责任——〈刑法修正案（九）〉相关条款的理解与适用》，《政法论坛》2015年第6期，第100页；陈洪兵：《帮助信息网络犯罪活动罪的限缩解释适用》，《辽宁大学学报（哲学社会科学版）》2018年第1期，第114页。

⑤ 王华伟：《网络服务提供者刑事责任的认定路径——兼评快播案的相关争议》，《国家检察官学院学报》2017年第5期，第14页。

后仍未停止网络技术支持的行为，而非中立业务行为本身；[①] 三是借鉴日本 Winny 案，对中立帮助行为可罚性进行限缩的态度有利于维护公民安定感和日常交易稳定性，不至于阻碍新兴网络技术发展。[②]

反对该说的论据主要有二：一是在《刑法》将拒不履行信息网络安全管理义务行为犯罪化的情况下，网络帮助行为的中立性存疑；[③] 二是日本 Winny 案被认定为向不特定多数主体提供帮助的判例，并未肯定该行为的中立性。[④]

第三，帮助行为正犯化说。帮助行为正犯化说是目前的主流通说，基于传统共犯理论（限制从属说）难以有效阐释帮助信息网络犯罪活动行为而提出，强调帮助行为独立于正犯行为。多数学者认为，《刑法》第287条之二直接将提供网络技术支持帮助的行为规定为正犯行为，统一罪名并且设置独立的法定刑，属于立法论上共犯行为正犯化的典型代表。[⑤] 该观点在承认共犯关系存在的前提下，同时认可帮助信息网络犯罪活动行为的正犯独立性。如前文所述，帮助信息网络犯罪活动行为在电信网络诈骗关联犯罪链条中的地位举足轻重，甚至直接决定了电信网络诈骗是否能够成功实施，其法益侵害程

---

① 阎二鹏：《帮助信息网络犯罪活动罪：不作为视角下的教义学证成》，《社会科学战线》2018年第6期，第209—210页。

② 日本Winny案中，行为人金子勇开发、改良了一款文件共享软件Winny，并依次放到互联网上公开，向不特定多数人提供下载。法院一审判决金子勇帮助犯成立，二审否认其犯罪意图，认定不构成帮助犯。参见刘艳红：《网络中立帮助行为可罚性的流变及批判——以德日的理论和实务为比较基准》，《法学评论》2016年第5期，第49页。

③ 谢望原：《论拒不履行信息网络安全管理义务罪》，《中国法学》2017年第2期，第254页。

④ 储陈城：《限制网络平台帮助行为处罚的理论解构——以日本Winny案为视角的分析》，《中国刑事法杂志》2017年第6期，第58—59页。

⑤ 张明楷：《论帮助信息网络犯罪活动罪》，《政治与法律》2016年第2期，第13页；刘艳红：《网络犯罪帮助行为正犯化之批判》，《法商研究》2016年第3期，第22页；车浩：《刑事立法的法教义学反思——基于〈刑法修正案（九）〉的分析》，《法学》2015年第10期，第13页；于志刚：《共犯行为正犯化的立法探索与理论梳理——以"帮助信息网络犯罪活动罪"立法定位为角度的分析》，《法律科学（西北政法大学学报）》2017年第3期，第88—89页。

度更为严重，故而应当予以正犯化。

反对该说的论据主要集中在对帮助行为正犯化路径跳脱共犯理论的批判，并试图通过修正共同犯罪框架重新阐释，从而将其纳入共犯之中。如有学者提出从限制从属说转向最小从属说，减少共犯对正犯构成的依存条件，以消除帮助信息网络犯罪活动行为对刑法教义学的冲击；[①] 也有学者提出回归双层区分制，对帮助信息网络犯罪活动行为的真实地位进行主犯或从犯的评价，以实现刑罚个别化。[②]

2. 以正犯为视角的观点

在以共犯为视角的观点之外，亦有学者提出纯粹正犯立场的观点以回应帮助信息网络犯罪活动行为的正犯性，该观点以累积构罪说为首要。

累积构罪说基于累积犯的构造加以阐释，认为大量低危害的新型网络帮助犯罪，本身无法构成其他罪名的帮助犯，只有经过定量累加，其所造成的危害结果或危险才能达到应处刑罚的严重程度。帮助信息网络犯罪活动罪就是其中的典型，该罪情节严重，包含对三人以上对象提供帮助等定量标准，帮助同一对象多次不能独立引起下游犯罪危害后果。[③] 也就是说，当单个危害行为能被评价为情节严重时，则构成帮助犯和本罪的竞合；反之，积微成著，则有可能单独构成本罪，形成低量损害与海量结合而成的"积量构罪"构造。[④]

---

① 王霖：《网络犯罪参与行为刑事责任模式的教义学塑造——共犯归责模式的回归》，《政治与法律》2016年第9期，第38页。

② 刘仁文、杨学文：《帮助行为正犯化的网络语境——兼及对犯罪参与理论的省思》，《法律科学（西北政法大学学报）》2017年第3期，第128—129页。

③ 《最高人民法院刑事审判第三庭、最高人民检察院第四检察厅、公安部刑事侦查局关于"断卡"行动中有关法律适用问题的会议纪要》第2条指出，"为三个以上对象提供帮助"，应理解为分别为三个以上行为人或团伙组织提供帮助，且被帮助的行为人或团伙组织实施的行为均达到犯罪程度。为同一对象提供三个以上帮助的，不宜理解为"为三个以上对象提供帮助"。

④ 王华伟：《网络语境中的共同犯罪与罪量要素》，《中国刑事法杂志》2019年第2期，第83页。

反对该说的理由主要集中在对行为叠加与正犯性之间关联薄弱的批判，如有学者认为，共犯行为单数多次事实行为的不法程度也可以实现叠加，并非正犯行为的"专利"。[①]

3. 观点拨正

该项主要有以下三种讨论观点。

第一，共犯视角的批判反思。本书认为，无论从传统还是修正的共犯立场解读帮助信息网络犯罪活动行为，都是有待商榷的。

首先，量刑规则说的问题在于刑法分则对总则的不当修正。如果认可帮助信息网络犯罪活动行为作为帮助犯，排除适用总则中从犯处罚的相关规定，就必须厘清刑法分则为其量身定制法定刑的独立意义。信息网络犯罪琐碎庞杂，轻则管制、拘役，重则无期徒刑、死刑，其帮助犯从宽量刑也随正犯在此区间浮动。反观《刑法》第287条之二单独为帮助信息网络犯罪活动行为设置"三年以下有期徒刑"，与帮助犯量刑区间大相径庭。可见，量刑规则说大大突破了共同犯罪相勾连下的处罚规则，违背教义学体系解释的机理。

其次，中立帮助行为说的问题在于帮助信息网络犯罪活动行为本身缺乏中立性。中立帮助行为的前提是该行为本属正常经营业务行为，与他人犯罪不具关联性。反观《刑法》第287条之二，为他人提供技术支持或帮助的行为范围涵摄信息网络犯罪，且属于积极的作为，可知帮助信息网络犯罪活动行为不存在所谓的正当业务性免责，而应给予否定性评价。

再次，帮助行为正犯化说的问题在于对帮助信息网络犯罪活动行为关系的错误归类。传统意义上的共犯行为正犯化，意味着在保持共犯关系不改变的前提下为共犯行为单独设立罪名和法定刑，这一点在协助组织卖淫罪和组织卖淫罪的共犯关系上得以体现。然而，网络犯罪产业链的参与行为并非简单的共犯关系，还包括上下游之间纵向或同一阶段横向的协作关系。另一协

---

① 皮勇：《论新型网络犯罪立法及其适用》，《中国社会科学》2018年第10期，第138页。

作关系的典型就是《刑法》第 125 条规定的非法制造、买卖、运输、邮寄、储存枪支、弹药、爆炸物罪，各行为类型之间存在链条上的帮助或关联，却未被视作共同犯罪，而是以独立的正犯视角有选择地等同视之。就帮助信息网络犯罪活动行为而言，其与他人利用信息网络实施犯罪的关系实际上属于同一犯罪产业链上的"协同合作、互利共赢"，该协作关系不要求主观上的密切联络，也不要求客观上的行为对应，更不要求对危害结果共同归责，并不像共犯关系那样"一荣俱荣、一损俱损"。帮助信息网络犯罪活动行为的单独立法也正是在此基础上夯实了协作关系的理论范畴，在前后相继的纵向关联模式和相同阶段的横向支撑模式下，对具有法益侵害性且可类型化的帮助行为，通过独立的罪名和法定刑予以规制。

除上述问题之外，量刑规则说、中立帮助行为说、帮助行为正犯化说这三大共犯论学说，都难以契合网络犯罪语境下帮助信息网络犯罪活动行为独立性与参与性的二重特性，其根本原因在于：对帮助信息网络犯罪活动行为的违法性判断需要依托其与正犯的共同关系，仍受共犯从属性学说的桎梏。诚然，受德、日刑事立法和刑法理论影响，以限制从属说为主流的共犯从属性原则一直被中国法学者奉若上宾，它要求正犯行为具有构成要件该当性及违法性，此时帮助行为才得以成立，认为不可能存在"无正犯的共犯"。然而，从理论和实在法规定上看，帮助信息网络犯罪活动行为难以符合维系共犯关系的要求。

其一，法益侵害的不适配。共犯从属说认为，帮助行为的法益侵害性依附于正犯实行行为，且程度更轻，也就是说，认定帮助信息网络犯罪活动行为的法益侵害性应比照实行行为进行。但是，因电信互联网领域链条化、产业化、碎片化的特征，受技术帮助或支持的信息网络犯罪行为触及面宽泛且不特定，从极其轻微到极其严重都可能存在，其法益侵害性无法定型化，这使得帮助信息网络犯罪活动行为的法益侵害性难以依附。因此，对帮助信息网络犯罪活动行为的法益侵害性往往无法借助信息网络犯罪行为进行判断，只能回归该行为本身，并对其进行独立的司法判断。

其二，行为指向的不对应。根据共犯从属性原理，帮助行为的全部内容均（至少）从属于正犯实行行为的构成要件该当性，其行为的本质在于为有明确指向的实行行为提供犯罪便利。然而，本罪帮助信息网络犯罪活动行为与他人行为往往不存在一一对应的指向关系，而是呈现"一对多"的辐射效应。他人放弃犯罪与否，或他人犯罪能否成立，均不影响本罪帮助信息网络犯罪活动行为的成立。因此，依托他人行为进行共犯评价明显有误，帮助信息网络犯罪活动行为的入罪判断势必要调整回自身轨道，从正犯视角肯定该行为的独立性。

其三，刑罚处罚的不对等。根据刑法总则共同犯罪的处罚原则，凡从属于正犯行为的从犯，其刑罚处罚较正犯从宽。但是，由于受技术支持或帮助的信息网络犯罪已日益膨胀为犯罪集群，在一对多实施技术支持或帮助的场景下，同一帮助行为的量刑比照区间可以从拘役到死刑不等，也就是说，如果强调帮助信息网络犯罪活动行为的共犯性，显然违背罪责刑相一致原则。

据此，共犯论视角的观点难以阐释帮助信息网络犯罪活动行为的性质地位，应抛弃维持共犯关系的固有理论，转向独立的正犯论。

第二，正犯视角的思索重构。累积构罪说在方法论上借由行为的大数量而非单个行为的危害程度对帮助信息网络犯罪活动行为做了简要划分，由此确立帮助信息网络犯罪活动行为独特的违法性依据，用以区别本罪与他罪帮助犯，该思路是值得借鉴的。但仍不可避免地会遭到这样的质疑：帮助信息网络犯罪活动行为只有"积量构罪"这一种构造吗？帮助信息网络犯罪活动行为可以完全切断与他人行为之间的联系而独立存在吗？本书认为，答案均是否定的。

一方面，帮助信息网络犯罪未必表现为累积形式，可能仅表现为一个行为。累积犯理论强调每个单独行为的累积，其自身的危险性较低，难以造成法益侵害，但大量实施会导致法益侵害，因此需要刑法规制。[1]2019 年《最

---

[1] 张志钢：《论累积犯的法理——以污染环境罪为中心》，《环球法律评论》2017年第2期，第162页。

高人民法院、最高人民检察院关于办理非法利用信息网络、帮助信息网络犯罪活动等刑事案件适用法律若干问题的解释》第 12 条规定,《刑法》第 287 条之二的"情节严重"包含支付结算金额 20 万元以上、以投放广告等方式提供资金 5 万元以上等多种情节类型,上述情节均可在单个行为之内成立;而累积犯理论是对多个同类行为进行累积构罪的评价,以此确定某行为入罪的必要性和法益侵害性,与帮助信息网络犯罪活动行为的情节类型并不相符。

另一方面,累积犯理论无法解释帮助信息网络犯罪活动行为在网络犯罪黑灰产链条中的参与者地位。帮助信息网络犯罪活动行为之所以有独立规制的必要,与其在网络犯罪黑灰产链条之中的协作参与地位紧密关联,如果脱离参与关系而单独讨论该行为的可罚性,全面性、客观性均难以得到保障。例如,在前述第 12 条中,"情节严重"还包含"被帮助对象实施的犯罪造成严重后果"的类型,也就是说,构成本罪还需证明帮助信息网络犯罪活动行为与被帮助对象所犯之罪的关联关系,以及严重后果的可归因性。因此,考察帮助信息网络犯罪活动行为的参与者地位及其参与程度是有必要的。

总之,累积构罪说不能很好地调适帮助信息网络犯罪活动行为独立性与参与性的二重维度。基于上述分析,有必要重构一种思路:既不延续传统共犯理论思维维持薄弱的共犯关系,又不完全抛弃帮助信息网络犯罪活动行为在网络犯罪链条中的参与者视角。在此基础上,本书认为独立的参与行为说是值得推崇的。

第三,折中立场之提倡。帮助信息网络犯罪活动行为在电信网络诈骗黑灰产业链中所呈现的独立性与参与性是不可或缺的两大特征,具有对立统一的二重性,没有绝对的独立,也没有全盘的参与,二者始终在此消彼长中浮动。因此,对帮助信息网络犯罪活动行为性质的认定,采纳兼备独立性、参与性二重维度的折中立场,即独立的参与行为说,更有利于碎片化、切割化的帮助信息网络犯罪活动行为的整体规范适用。

简言之,独立的参与行为说认为,帮助信息网络犯罪活动行为的类型需要进行独立评价，无法依托信息网络犯罪活动行为进行共犯评价，但又需明确其犯罪参与性。[①] 支持该说的论据主要有二：其一，信息网络犯罪以罪群形式逐渐膨胀，不再以个罪或类罪形式存在，帮助信息网络犯罪活动行为难以依托其进行定型评价，而需从中抽离出来，进行独立行为类型判断；其二，帮助信息网络犯罪活动行为参与其他信息网络犯罪，二者之间为同一犯罪产业链中的协作犯罪关系，而非传统共同犯罪关系，具有去中心化的结构。[②]

折中说依据帮助信息网络犯罪活动行为在犯罪链条的整体性地位进行综合考察，在独立性与参与性两大支点中划定阈值、选取平衡点（见图3-1）。在该观点下，帮助信息网络犯罪活动行为不以共犯关系的成立为前提，与诈骗意思的共同性不再必要，而是在相对独立的协作关系中予以讨论。

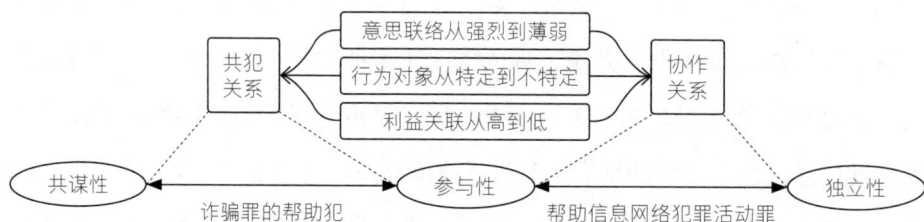

图3-1 电信网络诈骗黑灰产业链中帮助行为的性质与法律适用

共犯关系与协作关系在意思联络、行为对象、利益关联上都有所区别。

首先，共犯关系强调意思联络的一致性，即使对主观认识采取缓和的解释，也应当符合事前共谋的相对同步；而协作关系不要求意思联络高度趋同，只需达到为某种网络犯罪提供支持进行意思交流的程度，足以认定帮助信息网络犯罪活动罪成立的主观基础。

其次，在共犯关系中，帮助行为人服务的对象是特定的实行犯，即使在人数众多的犯罪团伙中，帮助对象也有明确的边界；而在协作关系中，帮助

---

① 此处的（狭义）参与性不可理解为共犯性或共谋性，不包括共谋为特定对象提供帮助的情形，仅指在电信网络诈骗产业链中与他人犯罪协作较为密切的属性。

② 王肃之：《网络犯罪原理》，人民法院出版社2019年版，第398—400页。

行为的对象是不稳定的、随意的、不特定的，只要有证据表明行为人客观上为他人犯罪起到了技术、服务上的促进作用，帮助信息网络犯罪活动行为就可以成立。这一点在《最高人民法院、最高人民检察院关于办理非法利用信息网络、帮助信息网络犯罪活动等刑事案件适用法律若干问题的解释》第12条中可以得到佐证，其中规定，为三个以上对象提供帮助的属于情节严重。此后，《最高人民法院刑事审判第三庭、最高人民检察院第四检察厅、公安部刑事侦查局关于"断卡"行动中有关法律适用问题的会议纪要》也解释说明了这一点，认为其是指分别为三个以上行为人或团伙组织提供帮助，若是为同一对象提供三次以上帮助的，不宜认定为本项。

再次，诈骗共犯关系人休戚与共，诈骗结果的既遂与否，直接影响各共犯的责任分配；而在协作关系的视角下，诈骗罪行为人是否成功骗取财物，不影响帮助信息网络犯罪活动行为人单独受益、自我答责。

换言之，选择在协作关系中探讨帮助信息网络犯罪活动行为，是帮助信息网络犯罪活动罪兜底性的体现，也是碎片化、切割化实行行为类型的现实要求。该说将无法被解释进诈骗罪帮助犯的帮助行为统一归入帮助信息网络犯罪活动罪的范畴，既不囿于固化局限的传统共犯关系，又能够很好地适应当下对网络帮助行为去中心化而予以严惩的客观需求，遵循电信网络诈骗犯罪产业链各个主体之间的参与性、独立性，具有良好的实证规范意义。

（二）帮助信息网络犯罪活动行为的类型归纳

从电信网络诈骗犯罪黑灰产业链条协作关系的总体视角予以把握，具体剖析《刑法》第287条之二帮助信息网络犯罪活动行为的类型，并比照《反电信网络诈骗法》第14条、第25条的规定，可将帮助信息网络犯罪活动行为大致分成"提供信息技术支持"和"提供其他信息服务帮助"两大类。

1. 提供信息技术支持

信息技术支持包含互联网接入、服务器托管、网络存储、通讯传输和线路出租、域名解析，以及提供设备软件的制作、维护等，前者属于网络资源服务，后者属于网络产品服务。

（1）提供网络资源服务。网络资源服务主要包含以下几类（见表3-1）[①]：

表3-1 网络资源服务类型

类型	含义
互联网接入服务	指利用接入服务器和相应的软硬件资源建立业务节点，并利用公用通信基础设施将业务节点与互联网骨干网相连接，为各类用户提供接入互联网的服务。用户可以利用公用通信网或其他接入手段连接到其业务节点，并通过该节点接入互联网
服务器托管	指利用相应的机房设施，以外包出租的方式为用户的服务器等互联网或其他网络相关设备提供放置、代理维护、系统配置及管理服务
网络存储	指提供数据库系统或服务器等设备的出租及其存储空间的出租服务
通讯传输和线路出租	指提供公共网络基础设施、公共数据传送和基本话音通信服务的业务
域名解析	指在互联网上通过架设域名解析服务器和相应软件，实现互联网域名和IP地址的对应关系转换的服务

表3-1中业务本身属于合法服务，在进行涉诈黑灰产认定时，关键在于对其目的和用途的区分，即业务是否提供给他人用于实施电信网络诈骗活动。若在为他人实施犯罪提供支持的协作关系论域下观之，则符合帮助信息网络犯罪活动罪的行为构成。

（2）提供网络设备、软件、技术、产品的制作、维护服务。由于电信网络诈骗目标范围广泛，且诈骗过程为非接触式的，因此，诈骗团伙往往需要借助各种网络设备和软件来实施诈骗活动。在该需求的催生下，帮助信息网络犯罪活动行为人制造、买卖、提供的网络黑灰产工具层出不穷，并随着信息技术的进步不断升级更新，成为电信网络诈骗犯罪的技术支撑。黑灰产工

[①] 工业和信息化部：《电信业务分类目录（2015年版）》。

具主要分为硬件设备和互联网软件，具体包含以下几类（见表3-2）：

表3-2 网络黑灰产工具类型

类型	含义
电话卡批量插入设备	指可以同时管理大量电话卡的工具，支持远程控制、卡机分离等，通过配套的软件可以实现同时接收、发送短信，拨打电话的功能，较为典型的如GOIP、"猫池"等设备。诈骗分子可利用此类设备，群呼诈骗电话、群发诈骗短信、批量注册实施诈骗的互联网账号
具有改变主叫号码、虚拟拨号、互联网电话违规接入公用电信网络等功能的设备、软件	指能够随意更改电话号码、虚拟出不存在的电话号码、违规通过互联网电话拨打传统电话的工具。诈骗分子利用改号设备、软件能够伪装成任何号码，而虚拟拨号及互联网电话违规接入公用电信网络可以极大降低诈骗电话的成本，且无法查找主叫的真实号码
批量账号、网络地址自动切换系统	典型的工具如"秒拨IP"等。此类软件可为诈骗分子提供大量的互联网账号、IP地址资源，在实施诈骗活动中，可不断变换账号或IP地址
批量接收提供短信验证、语音验证的平台	即接码平台，诈骗分子利用此类平台能够轻易且大批量地注册各类互联网账号，供诈骗活动使用

这里需要特别说明，提供黑灰产工具型的帮助信息网络犯罪活动行为与《刑法》第285条第3款规定的提供侵入、非法控制计算机信息系统程序、工具罪在犯罪形态和结构上虽有类似之处，但针对的行为类型存在明显差别。前者帮助的行为为十分宽泛的"信息网络犯罪"，是为应对犯罪的全面网络化应运而生的罪名，而后者属于针对《刑法》第285条前两款计算机信息系统实施的类型化犯罪行为，具有特定犯罪构成，可视为典型的帮助行为正犯化。

2. 提供其他信息服务帮助

提供其他信息服务帮助主要包含网络推广、支付结算、转让"两卡"等行为方式。

（1）提供网络推广服务。网络推广主要包含信息发布、信息搜索、广告

推广和引流推广等（见表3-3）：[1]

表3-3 网络推广服务类型

类型	含义
信息发布	指建立信息平台，为其他单位或个人用户发布文本、图片、音视频、应用软件等信息提供平台
信息搜索	指通过公用通信网或互联网，采取信息收集与检索、数据组织与存储、分类索引、整理排序等方式，为用户提供网页信息、文本、图片、音视频等信息检索查询服务
广告推广、引流推广	指根据单位或个人用户需要，向用户指定的终端、电子邮箱等递送、分发文本、图片、音视频、应用软件等信息，实现推广信息的递送

　　与网络资源服务类似，网络推广服务本身属于正常经营业务，且推广行为本身具有对象上的不特定性、辐射范围的广泛性，需要审核推广内容的违法性才足以判定行为是否符合犯罪构成。如果该推广行为系为他人实施网络犯罪提供对外传播的协助，则符合帮助信息网络犯罪活动罪的行为构成。《最高人民法院、最高人民检察院关于办理非法利用信息网络、帮助信息网络犯罪活动等刑事案件适用法律若干问题的解释》第12条就明确规定，以投放广告等方式提供资金5万元以上的，应当认定为"情节严重"。

　　（2）提供支付结算服务。所谓"支付结算"，在《刑法》第191条洗钱罪、第225条非法经营罪及本罪中都有提及，同时与掩饰、隐瞒犯罪所得、犯罪所得收益罪的行为类型相重合，下文将对支付结算型帮助信息网络犯罪活动行为进行详细解释。

　　（3）收购、出售、出租他人号卡资源。在"断卡"行动中，除阻断具有支付结算功能的金融载体（银行卡等）外，另一大重要任务就是全面清理号卡资源，在通信领域主要针对"小两卡"，即电话卡、物联网卡。

---

① 工业和信息化部：《电信业务分类目录（2015年版）》。

电话卡作为电信业务经营者认证用户身份和电信用户实现通信业务的硬件载体，不仅可以满足人们打电话、发短信等正常通信需求，还具有多种应用场景：一是可以用来注册各类网络账号、社交工具账号等，二是可以用来注册支付账号、绑定银行卡等。因部分电话用户法律意识淡薄、追求短期非法利益，将自己名下的电话卡买卖、出租、出借给他人，卡商将这些电话卡资源拿到黑市上贩卖，价格在350—500元不等，这些卡被他人用于实施电信网络诈骗及其他相关违法犯罪活动。

物联网卡则被用于物联网设备中，是一种基于移动通信网络实现人、机、物连接的电话卡。随着5G网络大规模商用部署和移动互联网的蓬勃发展，物联网业务呈爆发式增长，远超移动电话用户的增速。相较于传统移动电话卡，物联网卡具有单次售卡量大、销售链条长、多数难以对应到实际使用人、使用场景功能容易改变等特点，在电话卡实名管控严格的情况下，可以成为开通语音专线实施诈骗的替代品。且我国针对物联网卡的管控尚处于起步阶段，源头不能得到很好的治理，致使大量物联网卡被卡商想方设法地买入，流于黑市供大面积拨号使用。

针对上述"小两卡"，《最高人民法院、最高人民检察院、公安部关于办理电信网络诈骗等刑事案件适用法律若干问题的意见（二）》第9条第2项规定，收购、出售、出租他人手机卡、流量卡、物联网卡20张以上的，可以认定为帮助信息网络犯罪活动罪"情节严重"。此处所谓20张以上，应当分别计算。以手机卡为例，根据2016年最高人民法院、最高人民检察院、公安部、工业和信息化部等六部委联合发布的《关于防范和打击电信网络诈骗犯罪的通告》，电信企业对同一用户在同一家基础电信企业[①]或同一移动转售企业[②]办理有效

---

① 基础电信企业，在我国通常指中国移动集团、中国联通集团、中国电信集团等。

② 移动转售企业，即移动通信转售企业，指从拥有移动网络的基础电信业务经营者处购买移动通信服务，重新包装成自有品牌并销售给最终用户的移动通信服务的企业，全国共39家。

使用的电话卡达到 5 张的，该企业不得为其开办新的电话卡。也就是说，"一证五卡"成为用户在每家电信企业办理新电话卡时的数量上限。如果采取累计计算的模式，那么一个普通用户按照通信行业管理规定在 3 家基础电信企业及 39 家移动转售企业办理号卡，就极有可能触犯本罪，不符合法秩序统一性原理，有悖于维护通信行业健康发展。

（三）小结

帮助信息网络犯罪活动行为的碎片化不会必然导致治理行为的碎片化。放归整个电信网络诈骗黑灰产链条中做整体性考量，因帮助信息网络犯罪活动行为与诈骗意思的共同性不再必要，采取非共犯的独立参与性说更符合实际，可在难以解释为诈骗罪帮助犯的范围之内，细分出提供不特定信息技术支持、服务帮助等多种行为类型，符合去中心化而予以严惩的特征。当前，电诈手段不断更新迭代，所涉及的技术手段的更新是重要推动力，司法人员的目光要在不断更新的技术与既成的法规之间不断流转，对法规作出合乎技术特征的理解，通过立法与司法的转型升级，以整体化的视角克服帮助行为碎片化的难题。

二、支付结算型帮助信息网络犯罪活动罪与掩饰、隐瞒犯罪所得、犯罪所得收益罪的适用界分依据

自 2019 年《最高人民法院、最高人民检察院关于办理非法利用信息网络、帮助信息网络犯罪活动等刑事案件适用法律若干问题的解释》正式颁布后，帮助信息网络犯罪活动罪上升为适用量排名前三的罪名。随着该罪名的大量适用，司法实务中有必要找准界分帮助信息网络犯罪活动罪中的"支付结算"行为与掩饰、隐瞒犯罪所得、犯罪所得收益罪的"转移"行为的依据，为这两个罪名在电信网络诈骗若干关联犯罪中找准坐标。

2022 年《最高人民法院刑事审判第三庭、最高人民检察院第四检察厅、

公安部刑事侦查局关于"断卡"行动中有关法律适用问题的会议纪要》对两罪的区分作出指导，明确以信用卡为例：（1）明知他人实施电信网络诈骗犯罪，参加诈骗团伙或者与诈骗团伙之间形成较为稳定的配合关系，长期为他人提供信用卡或者转账取现的，可以诈骗罪论处。（2）行为人向他人出租、出售信用卡后，在明知是犯罪所得及其收益的情况下，又代为转账、套现、取现等，或者为配合他人转账、套现、取现而提供刷脸等验证服务的，可以掩饰、隐瞒犯罪所得、犯罪所得收益罪论处。（3）明知他人利用信息网络实施犯罪，仅向他人出租、出售信用卡，未实施其他行为，达到情节严重标准的，可以帮助信息网络犯罪活动罪论处。从该解释来看，帮助信息网络犯罪活动罪与掩饰、隐瞒犯罪所得、犯罪所得收益罪之间实施的具体犯罪行为和主观明知内容均有所不同，应比较分析其行为性质。

（一）支付结算型帮助行为的样态分析

从行为人借助的媒介来看，既有通过出租、出借、出售银行卡帮助支付结算的情形，又有出租第三方支付平台账户的情形，还有虽然与资金流不发生直接接触但为其提供技术支持的情形等。

从行为人涉入支付结算帮助的程度来看，可分为三类：第一类，"卡农"，指仅出租、出售、出借本人及亲友名下银行卡、支付码、资金账户的行为人；第二类，"卡头"或"卡商"，指以出租、出售、出借银行卡"四件套"（持卡人个人银行卡、对应绑定的个人实名手机卡、个人身份证和银行 U 盾）等全套支付结算账户为业的人；第三类，以自己名义注册空壳公司，并在银行办理对公账户，推出接码平台、"跑分平台"[①]等非法黑灰软件，甚至以虚构交易的

---

① "跑分平台"是由经营者研发、运行、维护的APP或网站，该类平台吸引"跑分者"注册入驻，收集"跑分者"的二维码。平台运营者一方面对接资金接收、流转的需求方，另一方面组织"跑分者"根据需求进行收付款。"跑分平台"以收取"跑分会员"一定数量的保证金来确保平台顺利运行。

方式收取上下游钱款牟利，为电信网络诈骗犯罪提供支付结算帮助的行为人。

从行为的突出类型来看，除了传统的帮助取款行为外，还衍生出许多类型：跑分，指"跑分者"利用自己的第三方收付款二维码，替他人代收款，并结算佣金；虚假交易，指行为人以正规平台、合法企业外壳为包装，通过制造虚假订单来为非法电信网络诈骗活动提供支付结算服务；压卡，指行为人跨省市办理多张银行卡并出售给上家，由上家在操作转移资金期间对行为人进行包食宿的看管，结束后，行为人可从中获取提成。[①]

上述行为样态在实践中均有可能产生交叉融合，并非只有单一的支付结算模式，需要对其行为之间是否存在竞合、牵连关系进行判断。例如，有的"跑分"行为人既出售自己及亲友名下的银行卡，又收集他人银行卡进行二次贩卖，其行为同时触犯多种罪名，包括掩饰、隐瞒犯罪所得、犯罪所得收益罪，妨害信用卡管理罪，帮助信息网络犯罪活动罪。因此，有必要厘清支付结算在刑法整体罪名框架的体系性定位。

（二）支付结算型帮助行为的刑法教义学含义

"支付结算"本属于银行及金融机构的正常经营业务，中国人民银行《支付结算办法》第3条规定，支付结算是指单位、个人在社会经济活动中使用票据、信用卡和汇兑、托收承付、委托收款等结算方式进行货币给付及资金清算的行为。传统金融行业的资金支付结算范畴极为庞大，但在涉及《刑法》第191条洗钱罪，第225条非法经营罪，第287条帮助信息网络犯罪活动罪，第312条掩饰、隐瞒犯罪所得、犯罪所得收益罪等各罪名时，因其立法背景、规范对象的区别，侧重各有不同。

1. 非法经营罪中的支付结算

在非法经营罪中，对非法从事资金支付结算业务扰乱市场秩序的行为予

[①] 上海市第一中级人民法院课题组：《网络支付结算型帮助行为的刑法规制——兼论帮助信息网络犯罪活动罪的理解与适用》，《中国应用法学》2022年第1期，第96页。

以刑事处罚，规范对象主要是地下钱庄和无证发卡机构。2019年《最高人民法院、最高人民检察院关于办理非法从事资金支付结算业务、非法买卖外汇刑事案件适用法律若干问题的解释》规定，所谓"非法从事资金支付结算业务"包括以下几类：（1）使用受理终端或者网络支付接口等方法，以虚构交易、虚开价格、交易退款等非法方式向指定付款方支付货币资金的；（2）非法为他人提供单位银行结算账户套现或者单位银行结算账户转个人账户服务的；（3）非法为他人提供支票套现服务的；（4）其他非法从事资金支付结算业务的情形。最高人民检察院发布的《关于办理涉互联网金融犯罪案件有关问题座谈会纪要》也明确表示，支付结算业务是指商业银行或者支付机构在收付款人之间提供的货币资金转移服务，非银行机构从事支付结算业务，应当经中国人民银行批准取得《支付业务许可证》，成为支付机构，否则不得从事该业务。未取得支付业务许可经营基于客户支付账户的网络支付业务，以及未取得支付业务许可经营多用途预付卡业务，均为违法行为。支付结算型非法经营行为的打击重点在于无合法资质从事金融业务，非法经营数额在500万元以上的或违法所得数额在10万元以上的，构成非法经营罪；此外，非法经营罪在基本犯之上还存在"情节特别严重"的加重量刑幅度，划线于非法经营数额在2500万元以上的或违法所得数额在50万元以上，这更说明了本罪侧重于打击无金融资质却大量处理资金，扰乱市场秩序的支付结算行为。例如，"跑分平台"经营者、虚假商家一般与上游犯罪分子联系紧密，通过高频率、重伪装的方式转移大额资产，共同犯罪意图较为明显，可能构成共犯，且其本身的行为也符合支付结算型非法经营罪的犯罪构成。

2. 帮助信息网络犯罪活动罪中的支付结算

支付结算型帮助信息网络犯罪活动主要指非法转让具有支付结算功能的载体（如银行卡、资金账户）的行为，这也是"断卡"行动的主要打击目标。2021年《最高人民法院、最高人民检察院、公安部关于办理电信网络诈骗等刑事案件适用法律若干问题的意见（二）》详细列出了所谓支付结算型帮助信息网络犯罪活动行为的类型，即收购、出售、出租信用卡、银行账户、非银行支付账户、具有支付结算功能的互联网账号密码、网络支付接口、网上银行数字证书。该司法解释主要针对目前电信网络诈骗中极为猖獗的非法转让"两卡"现象，通过限定张数、金额的方式，将该类收购、出租（出借）、出售具有支付结算功能载体的行为纳入帮助信息网络犯罪活动罪的规制范围。这一司法解释规定主要基于以下两方面的考量。

一方面，立法者只为帮助信息网络犯罪活动罪设定了一个量刑幅度，最高法定刑为三年有期徒刑，属于刑法中的轻罪。为了实现精准打击，避免罚不当其罪，必须科学划定本罪与他罪的界限，防止将其他犯罪降格作为帮助信息网络犯罪活动罪予以处理，进而导致对电信网络诈骗中帮助行为打击力度的减弱。

另一方面，罪刑法定原则是刑法的生命，其植根于民主主义与尊重和保障人权原则，即使刑法不禁止扩大解释，解释的结果也必然要符合罪刑法定原则。作为刑法中的重罪，掩饰、隐瞒犯罪所得、犯罪所得收益罪非法定情况不可扩张适用范围，抑制不必要的重刑主义倾向也是刑法谦抑性的要求。认为帮助信息网络犯罪活动罪的法定刑较轻，是立法者基于帮助行为辅助性、开放性的特点以及对网络空间技术自由的权衡做出的退让，抑或是认为立法者未全面认识网络帮助行为的危害性，主张增加本罪的量刑幅度的观点，实际上忽视了《刑法》第287条之二第3款"有前两款行为，同时构成其他犯罪的，依照处罚较重的规定定罪处罚"的规定。

3. 掩饰、隐瞒犯罪所得、犯罪所得收益罪中的支付结算

掩饰、隐瞒犯罪所得、犯罪所得收益罪与帮助信息网络犯罪活动罪中的支付结算存在交叉部分，但并非完全竞合。应当首先认清的是，通过判断行为对象以及查证上游犯罪是否属实，可先行确定是否属于支付结算型掩饰、隐瞒犯罪所得、犯罪所得收益罪。

掩饰、隐瞒犯罪所得、犯罪所得收益罪所涉及的支付结算方式主要包括利用本票、支票、汇票等金融票据或者采取汇兑、委托收款等，这些支付结算方式使上游犯罪所得及其产生的收益形式上成为合法收入，从而掩饰、隐瞒上游犯罪所得的不法性质。因此，掩饰、隐瞒犯罪所得、犯罪所得收益罪主要针对的是明知是黑钱仍提供转账、取现、套现，或配合他人提供验证服务的行为。

《最高人民法院、最高人民检察院、公安部关于办理电信网络诈骗等刑事案件适用法律若干问题的意见（二）》第 11 条规定："明知是电信网络诈骗犯罪所得及其产生的收益，以下列方式之一予以转账、套现、取现，符合刑法第三百一十二条第一款规定的，以掩饰、隐瞒犯罪所得、犯罪所得收益罪追究刑事责任。但有证据证明确实不知道的除外。（一）多次使用或者使用多个非本人身份证明开设的收款码、网络支付接口等，帮助他人转账、套现、取现的；（二）以明显异于市场的价格，通过电商平台预付卡、虚拟货币、手机充值卡、游戏点卡、游戏装备等转换财物、套现的；（三）协助转换或者转移财物，收取明显高于市场的'手续费'的。"就规范侧重来看，支付结算型掩饰、隐瞒犯罪所得、犯罪所得收益行为主要规制的重点是明知资金性质违法而予以转移处置的行为。也就是说，行为人对他人具备资金性质的有价之物采取转账、套现、取现或协助处置的措施，且明知标的物属于上游电信网络诈骗犯罪的犯罪所得或其收益。

掩饰、隐瞒犯罪所得、犯罪所得收益罪的行为对象是"犯罪所得或其收益"，即通过他人犯罪直接或间接得到的赃款、赃物。从犯罪所得或其收益的来源区分，可分为取得利益型犯罪和经营利益型犯罪。[1] 在取得利益型犯罪中，典型如诈骗犯罪，行为人以非法占有为目的，此时其诈骗所得资金全部属于犯罪所得；在经营利益型犯罪中，典型如非法经营罪、开设赌场罪，犯罪人收取的手续费、佣金等属于犯罪所得。司法机关在判断行为对象的来源

---

[1] 莫洪宪、黄鹏：《涉众型经济犯罪违法所得处理问题研究》，《人民检察》2016年第16期，第10—13页。

时，需要判断资金是否属于他人犯罪所得或其收益，证明标准较高。反观帮助信息网络犯罪活动罪，其帮助的行为对象是信息网络犯罪的实行犯，该罪对信息网络犯罪相关人支付结算的钱款是否属于违法所得并没有明确要求，只要该笔款项或资金账户存在于电信网络诈骗犯罪链条之中，行为人对其流转起到一定促进作用，就符合帮助信息网络犯罪活动罪的客观构成。

掩饰、隐瞒犯罪所得、犯罪所得收益罪的支付结算型帮助行为具有环节上的事后性，只有在他人电信网络诈骗犯罪既遂（或结束）之后，通过窝藏、转移等方法掩饰、隐瞒犯罪所得的，才符合本罪的客观行为构成。反之，若行为人是在他人实施诈骗的事前或事中提供支付结算的帮助，则不构成掩饰、隐瞒犯罪所得、犯罪所得收益罪。学界一般认为帮助行为发生的时点是区分掩饰、隐瞒犯罪所得、犯罪所得收益罪与帮助信息网络犯罪活动罪的关键，因此一个重要前提就是要明确电信网络诈骗犯罪既遂的认定标准。

1996 年《最高人民法院关于审理诈骗案件具体应用法律的若干问题的解释》规定："已经着手实行诈骗行为，只是由于行为人意志以外的原因而未获取财物的，是诈骗未遂。"后该司法解释于 2013 年废止。从该旧司法解释观之，区分诈骗罪是否成立既遂的标准采取了"占有说"，即认为诈骗罪既遂应以公私财物实际被行为人非法占有为标准。然而，随着"控制说""失控说""失控 + 控制说"等学说支持呼声渐高，有必要重新审视诈骗罪既遂的认定标准。"控制说"认为，行为人切实获得了公私财物的支配权或者控制权是诈骗罪基本犯的既遂形态；"失控说"认为，诈骗罪成立既遂的标准是财物所有人失去了财物的控制权或支配权；"失控 + 控制说"认为，公私财物已脱离被害人控制且实际处于行为人控制范围之内，是诈骗罪既遂的认定标准。[①]

本书认为，在处理网络犯罪案件时，相关人控制被害人钱款构成既遂；如果有证据证明，行为人在相关人控制被害人钱款后，为之提供支付结算帮

[①] 杜文俊、陈超：《网络诈骗犯罪中帮助取款行为的司法认定——以336份司法裁判文书为例证》，《河南警察学院学报》2021年第3期，第75—82页。

助的，应构成掩饰、隐瞒犯罪所得罪，即支持"控制说"。一方面，电信网络诈骗属于涉众型犯罪，追索确定被害人是处理该类案件的最大难点之一，如果采取"失控说"或"失控＋控制说"的衡量标准，就不可避免地需要考量被害人财产的整体损失情况，反而阻碍电信网络诈骗犯罪案件的审查处理；另一方面，"控制说"范围广于"占有说"而窄于"失控说"，它能将帮助套现、取现、转账行为人的银行卡、账户纳入规制范围，同时又能排除电信网络诈骗犯罪的相关人因客观原因未收到诈骗款或有价物而成立既遂的情形，只要电信网络诈骗行为人控制了某项财物，就意味着被害人的财产法益已受到实际侵害，此时就可以认定钱款为犯罪所得，进而将后续提供支付结算协助的行为认定为掩饰、隐瞒犯罪所得、犯罪所得收益罪。

　　掩饰、隐瞒犯罪所得、犯罪所得收益罪对主观"明知"的认定标准要求高，其相较于刑法总则故意明知的一般内容，具有特殊含义。[①] 从司法解释与实践的一贯态度来看，掩饰、隐瞒犯罪所得、犯罪所得收益罪的"明知"包括"知道或应当知道"，主要在赃物类立法解释、司法解释中有所体现：比如，1992 年《最高人民法院、最高人民检察院关于办理盗窃案件具体应用法律的若干问题的解释》第 8 条规定"认定窝赃、销赃罪的'明知'，不能仅凭被告人的口供，应当根据案件的客观事实予以分析。只要证明被告人知道或者应当知道是犯罪所得的赃物而予以窝藏或者代为销售的，就可以认定"；又如，2014 年《全国人民代表大会常务委员会关于〈中华人民共和国刑法〉第三百四十一条、第三百一十二条的解释》规定"知道或者应当知道是刑法第三百四十一条第二款规定的非法狩猎的野生动物而购买的，属于刑法第三百一十二条第一款规定的明知是犯罪所得而收购的行为"；再如，2020 年《最高人民法院、最高人民检察院、公安部关于办理涉窨井盖相关刑事案件的指导意见》第 7 条规定"知道或者应当知道是盗窃所得的窨井盖及其产生的

---

① 陆建红：《刑法分则"明知"构成要件适用研究——以掩饰、隐瞒犯罪所得、犯罪所得收益罪为视角》，《法律适用》2016 年第 2 期，第 77—83 页。

收益而予以窝藏、转移、收购、代为销售或者以其他方法掩饰、隐瞒的，依照刑法第三百一十二条和《最高人民法院关于审理掩饰、隐瞒犯罪所得、犯罪所得收益刑事案件适用法律若干问题的解释》的规定，以掩饰、隐瞒犯罪所得、犯罪所得收益罪定罪处罚"。"明知"所指向的对象是犯罪所得或犯罪所得收益，即行为人知道或应当知道该笔资金（或资金账户）系由上游犯罪行为完成后直接所得的赃款赃物，这样才能认定掩饰、隐瞒犯罪所得、犯罪所得收益的主观构成要件。若现有证据无法证明行为人对上游犯罪实施结束的停止状态是知道或应当知道的，或无法说清行为人对该笔款项来源的违法性存在明知，那么"明知是犯罪所得及其收益"就无法达成。退一步讲，则有构成更宽泛、证明难度更小的帮助信息网络犯罪活动罪主观要件"明知他人利用信息网络实施犯罪"的可能。

下面介绍一则真实案例。2022 年，21 岁的大四学生齐某某结识了在夜总会工作的销售经理张某某，后两人确立恋爱关系。2022 年 6 月，经张某某的同事郝某某介绍，齐某某认识了外国留学生丹尼尔。一开始，丹尼尔称因为自己国外的银行卡在中国不能使用，希望借用张某某的卡接收一部分生活费，并愿意支付 1% 的手续费。由于张某某有债务纠纷，卡被冻结，提出使用齐某某的银行卡转账。经查，2022 年 7 月，不到 20 天的时间内，转入齐某某卡内的金额约 60 万元，明显与留学生日常消费情况不符。其间，银行工作人员提示齐某某银行卡异常并告知该卡已被冻结，在此情况下，齐某某更换名下另外一张银行卡继续接收款项。账户到账后，齐某某通常根据丹尼尔提供的二维码及银行账户，将钱转出，在当日银行卡转出限额不够时，由张某某开车带齐某某前往银行柜台提现后，将钱交给丹尼尔。后齐某某与张某某因掩饰、隐瞒犯罪所得被判处有期徒刑。

该案涉及帮助信息网络犯罪活动罪与掩饰、隐瞒犯罪所得罪的区别，本书认为应当考虑以下几点。第一，银行账户实际由谁控制。一般情况下，帮助信息网络犯罪活动罪是将银行账户提供给他人使用。首先，不论实体卡在谁手中，是否能实际控制账户是关键；其次，随着银行转账方式的升级，如果刷脸只是代替输入密码作为银行转账的一种方式，不能仅以参与刷脸就认定为掩饰、隐瞒犯罪所得。第二，嫌疑人主观认知情况。如果嫌疑人只是出售银行卡而获取相应的报酬，应当认定为帮助信息网络犯罪活动罪；如果嫌疑人不是出售银行卡，而是实际参与转账，根据转账的数额获取相应的提成，则宜认定为掩饰、隐瞒犯罪所得罪。该案中，齐某某和张某某在近 20 天的时间内，为了获取非法利益，使用自己的银行卡接收电信诈骗款项，后根据他人的指示，或转账或提现，构成掩饰、隐瞒犯罪所得罪。

（三）小结

总的来说，帮助信息网络犯罪活动罪与掩饰、隐瞒犯罪所得、犯罪所得收益罪存在交叉。虽然同为提供支付结算业务，但规范行为有很大差别，更加直白地来说：非法经营罪规制的是未经批准许可从事金融业务的非法机构，处罚重点在于无金融资质；帮助信息网络犯罪活动罪规制的是非法转让具有支付结算功能的银行卡或类卡物的卡商，处罚重点在于卡的黑市交易；洗钱罪或掩饰、隐瞒犯罪所得、犯罪所得收益罪规制的是将黑钱洗成白钱的组织或个人，处罚重点在于资金性质违法。后两罪区分的本质是上游违法犯罪所得的属性认定，若帮助信息网络犯罪活动行为人的转账资金并非犯罪所得，或并不处于上游犯罪既遂之后，则可先行排除掩饰、隐瞒犯罪所得、犯罪所得收益罪的适用。

三、犯罪数额认定困境下新型网络犯罪入罪标准的引入类型与正当化依据研究

随着 Web 3.0 时代的到来，财产犯罪已然不再纯粹以传统的损失数额、违法所得数额为唯一入罪依据。特别是自 2011 年《刑法修正案（八）》突破

性地增设次数、场所、状态等罪体作为多样化行为类型后，司法解释也陆续开始引入数量、人次、人数等情节作为全新的定量标准，以应对虚拟网络空间财产犯罪数额难以认定的困局。[1]该趋势在电信网络诈骗的刑事规制中体现得尤为明显。因电信网络诈骗本身具有非接触性、时空跨越性、广域涉众性等特点，一旦赃款转移便再难查明犯罪分子的具体诈骗数额。[2]据此，《最高人民法院、最高人民检察院关于办理诈骗刑事案件具体应用法律若干问题的解释》《最高人民法院、最高人民检察院、公安部关于办理电信网络诈骗等刑事案件适用法律若干问题的意见》将发送诈骗信息的数量、拨打诈骗电话的人次等情节作为数额难以查证的补充，设置在"其他严重情节"这一法定刑升格标准中，按照诈骗罪（未遂）定罪量刑。

《最高人民法院、最高人民检察院关于办理诈骗刑事案件具体应用法律若干问题的解释》第5条第2款规定，利用发送短信、拨打电话、互联网等电信技术手段对不特定多数人实施诈骗，诈骗数额难以查证，但具有下列情形之一的，应当认定为刑法第二百六十六条规定的"其他严重情节"，以诈骗罪（未遂）定罪处罚：

（一）发送诈骗信息五千条以上的；

（二）拨打诈骗电话五百人次以上的；

（三）诈骗手段恶劣、危害严重的。

《最高人民法院、最高人民检察院、公安部关于办理电信网络诈骗等刑事案件适用法律若干问题的意见》第2条第4项规定，实施电信网络诈骗犯罪，犯罪嫌疑人、被告人实际骗得财物的，以诈骗罪（既遂）定罪处罚。诈骗数额难以查证，但具有下列情形之一的，应当认定为刑法第二百六十六条规定

---

[1] 于志刚、郭旨龙：《信息时代犯罪定量标准的体系化构建》，中国法制出版社2013年版，第45—47页。

[2] 喻海松：《网络犯罪二十讲》，法律出版社2018年版，第265—267页。

的"其他严重情节"，以诈骗罪（未遂）定罪处罚：

1. 发送诈骗信息五千条以上的，或者拨打诈骗电话五百人次以上的；

2. 在互联网上发布诈骗信息，页面浏览量累计五千次以上的。

具有上述情形，数量达到相应标准十倍以上的，应当认定为刑法第二百六十六条规定的"其他特别严重情节"，以诈骗罪（未遂）定罪处罚。

然而，信息网络技术的日益发展进一步打破时空界限，诈骗窝点加速向境外转移，形成跨地区、跨国、跨境的有组织犯罪。[①] 电信网络诈骗由原先的单一结构性、长期地域性向多点跳跃性、短期流动性转变，呈现出境内预谋勾结、境外组织管理的"脱地区化"流窜作案式运作模式[②]，更加大了打击处理过程中调查取证、定罪量刑的难度。为此，《最高人民法院、最高人民检察院、公安部关于办理电信网络诈骗等刑事案件适用法律若干问题的意见（二）》第3条专门针对犯罪分子赴境外对境内居民实施电信网络诈骗的多发样态，采用刑事推定的方式，构建以境外诈骗窝点为查处核心、以行为人动势为审查依据的时空规制模式，从而扭转数额难以量化证明的被动处境，落实国家"打早打小"、源头治理的主控格局。

《最高人民法院、最高人民检察院、公安部关于办理电信网络诈骗等刑事案件适用法律若干问题的意见（二）》第3条规定：

有证据证实行为人参加境外诈骗犯罪集团或犯罪团伙，在境外针对境内居民实施电信网络诈骗犯罪行为，诈骗数额难以查证，但一年内出境赴境外诈骗犯罪窝点累计时间30日以上或多次出境赴境外诈骗犯罪窝点的，应当认

---

① 赵秉志主编：《〈中华人民共和国刑法修正案（九）〉理解与适用》，中国法制出版社2016年版，第163页。

② 陆剑君：《中国内地及跨境有组织犯罪现状、原因与打击对策》，载何秉松主编：《全球化时代有组织犯罪与对策》，中国民主法制出版社2010年版，第581—586页。

定为刑法第二百六十六条规定的"其他严重情节"，以诈骗罪依法追究刑事责任。有证据证明其出境从事正当活动的除外。

可以说，该条文意味着我国正式将基于行为人视角的时空标准纳入财产犯罪加重情节的评价体系。其旨在有效解决跨境电信网络诈骗犯罪中侦查取证的实际困难，以达到刑法的一般预防目的，是我国司法机关在《联合国打击跨国有组织犯罪公约》框架下的一次有益尝试。

但是，在新型电信网络诈骗犯罪的证据难以达到线下财产犯罪证据证明标准的情况下，司法解释反而降低入罪维度、减轻侦查负累、简化证明难度，不仅在实体法上极易造成罪刑失衡，冲击疑罪从无的法治理念[①]，而且在程序法上间接鼓励侦查怠惰，弱化公诉机关举证责任，将犯罪嫌疑人、被告人推入更加被动的境地。此外，还可能造成对被告人量刑的不公正。在现行法律及司法解释的体系下，行为人有两种选择：其一，如实供述自己诈骗数额较大，若犯罪数额可以查清，则按照《刑法》第266条诈骗罪的基本犯，适用三年以下有期徒刑的量刑档次；其二，若查不清犯罪数额，但是该电信网络诈骗活动在境外，则直接绕开第一个量刑档次，按照所谓的其他严重情节（多次出境、一年内在境外诈骗窝点30日以上），适用三年以上有期徒刑的加重量刑档次。两相比较，《最高人民法院、最高人民检察院、公安部关于办理电信网络诈骗等刑事案件适用法律若干问题的意见（二）》第3条以时空因素作为刑事推定的纽带，在基础证明材料缺失的情况下人为升高不法程度的评价，大大冲击了传统财产犯罪将数额罪量要素作为基本犯成立条件的底层逻辑，若不加以重新审视，可能招致财产犯罪定罪量刑的体系性崩溃，同时为司法机关消极查办案件埋下祸根。据此，本书试从三方面对该问题展开探讨：第一，数额认定困境下时空加重情节引入是否具备现实必要性；第二，该时

[①] 刘艳红：《网络犯罪的法教义学研究》，中国人民大学出版社2021年版，第154—155页。

空规制模式对传统刑事法基本原理的影响；第三，此种时空情节要素在财产犯罪框架下的适用条件及其限缩。

（一）数额认定困境下财产犯罪对时空标准的现实需求

1.异化背景：传统侵财犯罪入罪标准模式的时代变迁

如前所述，财产犯的构成普遍经历了由入罪单一化向类型多样化的转变，在此过程中，以"数额"为中心的犯罪定量传统评价体系开始向以网络空间各种"情节"为支点的新型定量标准体系倾斜[①]。尤其是继数量、次数、人数等可观测的量之后，司法解释又加入场所、时长等行为人时空关系要素作为新类型的情节标准。该异化依托于当前的信息时代变革，即网络犯罪对象不断扩大、网络犯罪工具及平台不断升级、网络区际联通不断紧密、整个网络空间成为犯罪空间，故而对新型定量标准提出更多需求。

（1）传统数额标准的认定阻碍与地位削弱。我国刑法中，多数侵犯财产的犯罪以"数额较大"为基本构成要件，同时在加重犯中采取数额与情节择一的"混合模式"[②]。此种立法构造之所以以"数额"为中心，无非是站在保护私人财产不受侵犯的权利本位立场，不管采取何种财产法益论，落脚点还是在处罚犯罪末端即经济损失，而"数额"是衡量财产损失大小最直接的量度。因此，从罪量要素在刑事立法的分布来看，犯罪数额（或违法所得数额）无疑是经济型、财产型、贪利型犯罪中衡量行为社会危害程度的最重要指标。即使是在有关情节犯的司法解释中，数额仍然是首要考虑的情节事实，以此作为判定此类犯罪罪与非罪的主要依据。[③]例如，在抢夺罪中，司法解释将犯

[①] 郭旨龙：《信息时代犯罪定量评价的体系化转变》，《东方法学》2015年第6期，第114页。

[②] 该模式为"数额（特别）巨大"这一量刑规则与"其他严重情节"这一加重构成要件的择一，前者不存在未遂犯，而后者存在未遂犯。参见张明楷：《刑法学》第6版，法律出版社2021年版，第154—155页。

[③] 王彦强：《犯罪成立罪量因素研究》，中国法制出版社2018年版，第156页。

罪数额仅达到"数额巨大"标准的50%,但在1年内抢夺3次以上、在医院抢夺病人或者其亲友财物等情形认定为"其他严重情节"。

信息化虚拟场域催生犯罪对象(财产)表现出数字化、使用权化的新特征,致使数额计算的司法实践受到重重阻碍。其一是损失量化的难还原性。例如,在鉴定盗刷游戏金币的损失数额时,销赃获利金额作为违法所得可能远远大于游戏公司经济损失的物品实际价值,并非采用现实世界的数额就能解决网络虚拟空间的定量评价问题。[1] 其二是认定方法的模糊性。例如,在盗窃虚拟财产的数额认定中,即使依据《最高人民法院、最高人民检察院关于办理盗窃刑事案件适用法律若干问题的解释》第4条的规定,竭力探求其有效价格证明(包括购销价格、托管费用、维护费用等)或委托价格鉴定,针对性地运用一定技术手段[2],认定资料也相对主观化,极易随个人喜好波动虚高或虚低,且囿于行业内的无序,缺乏具备一定公信力的市场衡量标准。其三是被害对象的非接触性。例如,在电信网络诈骗中,犯罪人利用网络的隐蔽性、迷惑性,"一对多"远距离欺诈并转移财产,不仅被害人涉众极广且多数事后难以联系,而且资金一旦流入境外黑灰地带就更难追讨。在境外电信网络诈骗犯罪的语境下,境外诈骗团伙与地方赌场、银行、党派等社会组织相互勾结,后者为前者撑起洗钱、资助、武装等一系列合法化的诈骗"保护伞",前者为后者提供巨额分红、抽成,自上而下地形成固若金汤的黑灰产业链;更有甚者,已经成为某些小国的主要经济资本来源,犯罪数额无从查起,警方更是无力插手。因此,固守传统滞后的数额标准已经难以

---

[1] 于志刚:《传统犯罪的网络异化研究》,中国检察出版社2010年版,第29—30页。

[2] 这种技术的运用都具有相对性,仅能作为一种参考性资料,想要为层出不穷的虚拟财产单独确立数额计算标准是不现实的。参见刘品新、张艺贞:《虚拟财产的价值证明:从传统机制到电子数据鉴定机制》,《国家检察官学院学报》2017年第5期,第79页。

适应网络财产犯罪治理的需求规律，有必要在追求数额认定的"精细化"①之外，另寻其他更具科学合理性的评价路径，即转向对其他定量标准——"情节"的扩容。

（2）传统情节样态的膨胀易变与关联薄弱。从刑事立法的目的要求观之，情节严重作为罪量评价的前提性事实，实为一种体现行为法益侵害程度的因素。②在行为违法性尚未达到科处刑罚的标准时，作为"整体的评价要素"附加于构成要件体系之上。③大多数财产犯罪普遍在法定升格刑中设置"其他严重情节"，目的在于兜底性、开放性地补足违法性程度的缺失④，尤其是在数额难以查清时，作为一项法益侵害的表征显示不法类型的轮廓。例如，在敲诈勒索罪中，司法解释将犯罪数额仅达到"数额巨大"标准的80%，但以黑恶势力为名义敲诈勒索的情形认定为"其他严重情节"，正符合这种违法性程度的累加原理。

总体而言，面临不同的适用场景，传统定量标准的表现形态如物数、人（户）数、次数、时数、人（户、场、起）次也在信息时代的大背景下日益膨胀。比如，针对不特定多数网络用户以裸照相威胁展开小额敲诈的，即使不存在小额敲诈难以查证的问题，也可能因为行为人未提出明确数额而难以适

① 尽管学者努力探索各类数额认定的方法，如概括认定法、两步式底线证明法、综合认定法等，但尚无定论，也未被现行司法解释所青睐。参见张平寿：《刑事司法中的犯罪数额概括化认定研究》，《政治与法律》2018年第9期，第51—52页；刘品新：《网络犯罪证明简化论》，《中国刑事法杂志》2017年第6期，第24—27页；高艳东：《网络犯罪定量证明标准的优化路径：从印证论到综合认定》，《中国刑事法杂志》2019年第1期，第127—128页。

② 陈兴良：《作为犯罪构成要件的罪量要素——立足于中国刑法的探讨》，《环球法律评论》2003年第3期，第278页。

③ 张明楷：《犯罪构成体系与构成要件要素》，北京大学出版社2010年版，第238—239页。

④ 需要注意的是，开放的构成要件需要与实质解释论相联系。参见陈兴良：《走向学派之争的刑法学》，《法学研究》2010年第1期，第145页。

用数额进行定量，此时大可以计算裸照这类电子文件的数量，因为其件数一般与敲诈人数、次数成正比。但从另一角度观之，其弊端也极为明显，正是由于电子文件、流量数据（如浏览量、点击量）等电子数据类证据材料的可复制性与易改动性，存在同类重复、传输丢失、篡改清除等干扰，如在涉案电脑中植入蠕虫病毒等破坏性恶意软件，在被感染的计算机上制造文件冲突等。又如，在跨境电信网络诈骗犯罪中，犯罪分子拨打境外电话，或使用虚假主叫，或隐去境外标识，或远程信号转换，其拨打电话的次数、设备均难以全数统计。尤其是涉案数量极大时，是否能够客观反映法益受侵害的程度是存疑的。也就是说，即使可以查清定量，试图解决犯罪后果与犯罪行为的一一对应问题也只是徒增司法成本，且伴随着被技术手段裹挟的风险，其在证据的关联性、真实性上会有所缺憾。由此，司法解释不断寻找一种新的定量标准，既具有与法益侵害最相关联的现实可证明性，又能够相对节省证明案件事实的司法成本，这最终体现为《最高人民法院、最高人民检察院、公安部关于办理电信网络诈骗等刑事案件适用法律若干问题的意见（二）》引入的新型加重情节标准——行为人时空关系。

2. 核心价值：引入时空标准应对调查难与证明难

在《最高人民法院、最高人民检察院、公安部关于办理电信网络诈骗等刑事案件适用法律若干问题的意见（二）》出台之前，刑事立法或司法解释并非没有使用过时数或场所作为综合考量的情节要素，如"入户""二年内三次以上""造成公司、企业等单位停业、停产6个月以上"等。但是，这种时间、空间因素不能单独使用，必须依附于危害行为、结果等客观构成要件要素之上，为其定量分析提供尺度。换言之，设置这类情节的基本逻辑仍是为了评估被害人财产受侵害所累加的违法性程度，时间或空间因素仅仅被当作违法性判断的素材，并不以行为人时空关系本身为考察对象，因此不能称之为纯粹的"时空标准"。

再观《最高人民法院、最高人民检察院、公安部关于办理电信网络诈骗等刑事案件适用法律若干问题的意见（二）》第3条，它针对行为人一定时期内赴境外窝点，意图实施一项或多项跨境电信网络诈骗，"以直接或间接获得金钱或其他物质利益而一致行动的有组织结构犯罪集团"[1]，是回应我国严厉打击目前日渐猖獗的跨境电信网络诈骗刑事政策的体现。

（1）时空标准的引入背景。据报道，随着我国打击治理工作力度的加大，电信网络诈骗活动逐渐在国内无处藏身，开始向境外转移，境外作案占比达80%以上。[2]跨境式诈骗集团的头目和骨干往往躲在境外，打着高薪招聘的幌子，诱骗涉世未深的年轻人赴境外诈骗窝点从事诈骗活动，目前在柬埔寨、菲律宾、阿联酋、土耳其、缅北等国家和地区，仍有大量犯罪团伙对我国公民实施诈骗活动。[3]其中又以缅北诈骗最为突出，作案数量占全部境外案件的68.5%。[4]在该背景下，跨境电诈犯罪打击在司法协助、团伙打击、技术滞后、取证证明等方面都困难重重。

依赖司法协助，双边多边协作困难。由于中国与上述有些国家未签署刑事司法协助条约（如柬埔寨、缅甸、阿联酋），有的没有引渡条款（如缅甸），给跨境警务侦查执法工作带来法律层面的巨大阻碍，造成取证难、抓捕难、追赃难等问题。

跨境结构复杂，涉案人数、金额众多。跨境电信网络诈骗并不局限于传统严格的等级结构，而是更具流动性、灵活性，组织内部人员混杂，跨越民

---

[1] [英]弗兰克·G.马德森：《跨国有组织犯罪》，王谦译，中国人民公安大学出版社2020年版，第11页。

[2] 《公安部：目前电信网络诈骗犯罪境外作案占比达80%》，载http://www.chinanews.com.cn/gn/2022/07-25/9811390.shtml，最后访问日期：2022年8月13日。

[3] 《国新办举行打击治理电信网络诈骗犯罪工作进展情况发布会》，载http://www.scio.gov.cn/xwfbh/gwyxwbgsxwfbh/wqfbh_2284/2022n_2285/2022n04y14r/tw2b_2568/202208/t20220808_316988.html，最后访问日期：2022年8月13日。

[4] 《明知违法却难自拔 电信诈骗网络赌博案现高学历犯罪》，载https://m.gmw.cn/baijia/2021-07/27/35028175.html，最后访问日期：2022年8月13日。

族人种界限。[1]详言之，境外电信网络诈骗存在短期性、组织随意性、境内外流窜性等特点，表现为类似"境外搭建诈骗窝点—境内招募人员—实施诈骗—转移资金—解散团伙—回国潜藏—再次出国搭建—重新招募"的组织模式，呈现人员流、资金流双灵活的网络结构，隐蔽性更强，人力、物力成本更高，打击难度更大。

侦查手段有限，难以对抗先进技术。"诈骗集团利用区块链、虚拟货币、AI智能、GOIP、远程操控、共享屏幕等新技术新业态，不断更新升级犯罪工具，与公安机关在通讯网络和转账洗钱等方面的攻防对抗不断加剧升级。"[2]尽管侦查机关有权力实施技术侦查措施，但其识别、取证、封存、处置的技术质量受到技术本身的先进程度、侦查人员对技术的掌握程度等因素的影响。以境内购买域名并解析到境外的网站为例，由于境外网站接入不需要进行ICP备案，侦查机关无法通过国内特有的信息安全系统进行信息采集，更无法掌握网站备案信息；与此同时，由于安全对抗，直接访问网站无法获得涉诈内容，诈骗数据覆盖残缺，因此证据链可能存在疑问或重大漏缺。

证据材料庞杂，主客观证据难以一一对应。由于境外电信网络诈骗涉案人数、金额众多，分布散乱繁杂，情节要件是否需要逐一查清，需要在何种程度上认定主客观待证事实，是跨境电信网络诈骗证据核实的一大困境。尽管穷尽证据手段、综合考察全案证据，仍无法实现司法公正与诉讼效率之间的价值平衡。尤其是在庞大的跨境团伙犯罪中，被害人陈述、证人证言等言词类证据主观性较强，可能存在记忆偏差、夸大疏漏、语言翻译不准确等不可避免的问题，难以确保定案证据查证属实且证据之间能够形成相互印证的

---

[1] 玛格丽特·比尔：《在联合国公约框架下反思跨境有组织犯罪性质的变化》，刘艳萍译，载何秉松主编：《全球化时代有组织犯罪与对策》，中国民主法制出版社2010年版，第581页。

[2] 《国新办举行打击治理电信网络诈骗犯罪工作进展情况发布会》，载http://www.scio.gov.cn/xwfbh/gwyxwbgsxwfbh/wqfbh_2284/2022n_2285/2022n04y14r/tw2b_2568/202208/t20220808_316988.html，最后访问日期：2022年8月13日。

证据链，数额或数量等情节要件证明标准无法圆满。

综上所述，为应对跨境电信网络诈骗打击难点，司法解释推出调查、证明难度相对较低的"时空标准"有其时代性、迫切性、必要性。

（2）时空标准的引入优势。申言之，所谓"时空标准"，只要有证据证明行为人在某地待多久，就可以直接将该行为人的时空状态与犯罪行为的法益侵害性相关联，并作出刑事不法的判断。不难看出，《最高人民法院、最高人民检察院、公安部关于办理电信网络诈骗等刑事案件适用法律若干问题的意见（二）》第3条系加诸诈骗罪构成要件符合性与违法性之上的刑事推定，是平衡行为人权利保障和国家权宜政策的结果。[1] 根据行为人在境外诈骗窝点逗留30日以上或者多次赴该窝点的基础事实，而合乎情理地作出另一个事实即诈骗行为存在的判断，这种推定的出场是为了弥补证明的不足，缩短实体与程序之间的距离。[2] 同时，又赋予侦查机关、公诉机关审慎的证据核查义务，在"有证据证明从事正当活动"时推翻推定，从而保证推定的客观性。可以说，该推定作为一种专为在境外对境内犯罪设置的特殊"游戏规则"，虽然没有改变举证责任的分配，但改变了证明主题，也就是将司法机关本需要证明的诈骗数额、发送短信数量、拨打电话人次等定量因素，更换为更容易证明的时空关系，而且这种推演被视作一种常人经验可知、不证自明的东西。

这种"时空标准"刑事推定可以有效解决对传统数额以及其他定量标准认定困难的问题，在司法实践率先打击电信网络诈骗的行为前端上，具有不可替代的优势。

可有效应对调查难。当数额、数量等要素难以搜集、核查时，简单易得的时空要素能够凸显其调查取证准确性、高效性的优势。以跨境电信网络诈骗为例，限制疑似涉诈人员出境是公安系统、移民系统的重点工作之一，通

---

[1] 邓子滨：《刑事法中的推定》，中国人民公安大学出版社2003年版，第48页。
[2] 邓子滨：《刑事法中的推定》，中国人民公安大学出版社2003年版，第40页。

过《涉诈重点人员管控工作暂行办法》《法定不准出境人员报备管理工作规范》，能够对疑似涉诈离境人员实现联查联控、拦截劝阻。采取这种措施正是为了应对诈骗窝点设在境外、侦查取证受客观限制无法进行的调查现状，将涉诈人员控制在境内，实现源头管控，降低发案率。《反电信网络诈骗法》第36条也特别规定了涉诈嫌疑人限制出境的具体措施，要求"对前往电信网络诈骗活动严重地区的人员，出境活动存在重大涉电信网络诈骗活动嫌疑的，移民管理机构可以决定不准其出境"。在该前端治理机制的背景下，侦查机关通过对此类人员行为动向、时空位移的严格管控、处置处罚，结合境外司法协助对行为人逗留诈骗窝点基本情况的掌握，可以及时对即将发生或已经发生的电信网络诈骗犯罪活动作出前期预防、后期打击等，不仅能够精准筛查涉诈人员，还能及时发现并处罚帮助或变相帮助其出境的公司、人员等。由此，"时空标准"的引入大大降低了侦查取证的难度。

可有效应对证明难。当数额、数量等要素证明存疑时，"时空标准"刑事推定对于主客观构成要件的证明困难均有其适用的空间。

在主观要件方面，行为人去往犯罪窝点达到一定次数，与其采取该行为的主观目的存在极强关联，不仅如此，行为人逗留某犯罪窝点持续时间越长，表明对该行为构成要件符合性的认知越明确，即具备较强可识别的主观违法性。从整个刑法体系观之，对于毒品犯罪、走私犯罪、洗钱犯罪、知识产权犯罪中明知的认定，金融诈骗犯罪、贪污罪、毒品犯罪中主观目的的认定等，大量司法解释均使用刑事推定来应对主观证明困难[①]，虽未引入时空标准，但其主观推定均依托于客观行为动向。例如，在毒品犯罪中，《最高人民检察院公诉厅毒品犯罪案件公诉证据标准指导意见（试行）》规定，故意选择没有海关和边防检查站的边境路段绕行出入境，嫌疑人、被告人无法做出合理解释的，可推定其明知。也就是说，司法机关根据案件中的间接证据——行为人

---

① 吴丹红：《犯罪主观要件的证明——程序法和实体法的一个联接》，《中国刑事法杂志》2010年第2期，第76—78页。

在某地点活动的方式等综合判断，推定行为人具有主观明知，从而解决证明难题。如果对于该客观行为出现的原因存在其他可能的解释，就不能排他性地推定其有主观明知，这是运用刑事推定认定案件事实的典型思路。

在客观要件方面，"时空标准"与犯罪行为是否存在，以及行为的性质等客观要素具备一定联系。表面上，行为人单纯在某地逗留一段时间，并不能直接说明其正在实施违法犯罪行为，但如果该地系专门实施某犯罪的窝点，而行为人毅然前往且盘踞相当长的时间，两相结合来看，行为人实施犯罪行为的基础事实能够得到推定。运用同样推理技巧的典型是巨额财产来源不明罪，只要被告人持有超过合法收入的巨额财产，不需查明财产来源，只要对该财产来源的非法性做出推定即可，除非行为人能够对该笔财产的合法性做出解释。也就是说，司法机关根据案件中的时空要素进行综合考量，推定行为人确实具备实施犯罪行为的重大嫌疑。在行为人无法做出合理解释的情况下，可认定该基础犯罪事实成立，以此解决犯罪客观构成要件的证明难题。

总之，使用"时空标准"刑事推定认定案件事实，可以大大减轻侦查机关、司法机关调查和证明的负累。"时空标准"的引入意味着不再需要对特定难以证明的犯罪构成要件进行证明，尤其是数额、数量、情节等存在疑问时，可以通过证明相对容易的时空基础事实，借助法律法规规定、逻辑经验法则等认定推定的犯罪事实成立。此外，"时空标准"属于事实推定，其适用不需以法律依据为前提，在解决犯罪构成要件证明困难方面具有更大的灵活性，可以由裁判者直接适用。[①] 最后，适用"时空标准"只改变了认定待证犯罪事实的方式，并没有改变刑法本身规定的犯罪构成要件，不触及罪刑法定基本原则，在解决调查、证明困难方面遇到的立法阻碍相对较小。因此，上述优势使得"时空标准"在司法解释中得到引入，并成为解决数额标准、定量标准问题的利器。

[①] 褚福民：《刑事推定的基本理论——以中国问题为中心的理论阐释》，中国人民大学出版社2012年版，第86页。

（二）时空规制模式的检讨与进路——以《最高人民法院、最高人民检察院、公安部关于办理电信网络诈骗等刑事案件适用法律若干问题的意见（二）》第3条为例

需要注意的是，"时空标准"并非放之四海皆准的真理，尤其在以数额为中心的财产犯罪体系中，其能够发挥作用的空间是有限的，如在《最高人民法院、最高人民检察院、公安部关于办理电信网络诈骗等刑事案件适用法律若干问题的意见（二）》中，仅仅针对电信网络涉诈人员境内向境外、单场景向多场景、窝点作案向境外运作转移的固定场景。也就是说，"时空标准"的引入必然存在界限。对于此种界限，可以有两个角度的理解：一方面，"时空标准"作为一种灵活的刑事推定，本身就存在滥用的风险，并非只要存在调查、证明的难题就可以随意设置，还需要考量设置该推定的正当性，这是"时空标准"的外部界限；另一方面，使用"时空标准"解决调查、证明的难题需要具备一定的条件，即只有符合特定条件的证明困难，才能通过"时空标准"的方式加以解决，这既是对"时空标准"适用的制约、限缩，又是财产犯罪时空规制模式的内部界限。下文主要围绕《最高人民法院、最高人民检察院、公安部关于办理电信网络诈骗等刑事案件适用法律若干问题的意见（二）》第3条展开探讨。

1. 时空规制模式的外部界限

间接事实推定与实体公正的稀薄化。如上文所述，境外电信网络诈骗的"时空标准"实际上是一种基于时空要素等间接性事实构成诈骗罪客观要素的事实推定。从学理上看，由于事实推定近似于司法推理，因此有一些学者主张事实推定不应被引入[1]，它对法官的自由裁量权并无法律约束力，属于法官自由心证的范围，会对现代刑事法中的原则制度造成冲击。[2] 尽管司法解

---

[1] 龙宗智：《推定的界限及适用》，《法学研究》2008年第1期，第107页。

[2] 劳东燕：《推定研究中的认识误区》，《法律科学（西北政法学院学报）》2007年第5期，第119页。

释认可因客观困难无法查清境外犯罪数额相关证据时可以出具事实说明，经由法院形式审查，将该时空要素作为间接性事实证据采纳，但这一举措在降低案件事实证明难度的同时，将犯罪嫌疑人、被告人推入更加被动的境地，存在实质非正义。正如美国学者弗朗西斯·博伦所说，当本身并不具有允许或要求裁判者认定待证事实的充分证明力的基础事实通过推定被赋予额外力量时，这样的推定往往是基于某种政策需要被创设，以满足立法者或司法者所感觉到的某些需要或达成一些其认为可欲的目的。这些需要与目的分为两类：（1）放松严格证明的必要性，该严格证明在理论上被要求用来使推论的得出或特定事实的认定正当化。（2）确立特定权利与义务的欲望，仿佛特定的事实存在。[①] 在司法上设置此种时空加重要素作为不利于被告人的推定，虽然留有可反驳的事由，但实质上在两种价值的摇摆之间倾向于执行国家政策，削弱了处于弱势地位的被告人的"平等武装"[②]。

因此，本书认为，在《最高人民法院、最高人民检察院、公安部关于办理电信网络诈骗等刑事案件适用法律若干问题的意见（二）》第3条"时空标准"事实推定对被告人不利时，其正当与否尚待检验，必须重点考察间接性时空事实与推定诈骗事实之间排他性的一一对应关系，即二者之间应具备合理的强联系。以境外诈骗团伙在境内聘用厨师甲为例，纵然已有间接性证据证明厨师甲参加境外诈骗犯罪集团活动并在该窝点逗留累计时长超过30天，但如果缺少其在境外对境内实施电信网络诈骗犯罪行为的基础事实证据，那么该推定的联系就应被切断，否则无法排除厨师甲从事其他合法行为的合理怀疑，亦违背行为主义原则。

必要数额缺失与共犯担责的机械化。在大量跨境电信网络诈骗犯罪中，

[①] 转引自劳东燕：《认真对待刑事推定》，《法学研究》2007年第2期，第32页。
[②] 当特定构成要件很难证明时，我国规范性法律文件和司法实践中不利于嫌疑人、被告人的刑事推定占据绝大多数，由此引发学者对该现状的担忧。参见陈瑞华：《问题与主义之间——刑事诉讼基本问题研究》，中国人民大学出版社2003年版，第40页。

被拐骗、利诱出境从事诈骗活动的行为人多是受控制人员，在集团犯罪中处于底层参加者的地位。依据传统共犯理论，这些人往往仅起到次要作用，系从犯。然而，在该刑事推定的时空规制模式下，既查不清犯罪数额，又不问作用大小，司法机关不考虑也无法审查区分主从犯，径直依据"时空标准"，一律按照实行的主犯处理。这种主从犯认定的矛盾直接产生了一系列疑问：客观上共犯行为是否过剩，是否有超出集团、团伙诈骗行为范畴之外的诈骗行为？主观上是否明确知道除自己诈骗业务范围之外的他人作业，是否意识到自己正在为他人诈骗提供帮助？这些都是"时空标准"不能回答的问题，也是查清犯罪数额在构成财产犯罪要素中"黄金地位"的体系性优势。正是基于这一点，在主从犯认定存疑时，将出境参加电信网络诈骗团伙的行为人统统认定为主犯，用诈骗罪加重犯的刑罚规范，系人为升高了刑事不法程度，与其作用地位不相匹配，应当予以修正。本书认为，在无直接证据指明其在诈骗犯罪团伙中处于中、高层，从事积极组织、策划、搭建等活动时，应认为其属于一般参加者，比照从犯的处罚原则，在"三年以上有期徒刑"的基础上给予从宽处罚。

2. 时空规制模式的内部界限

申言之，由于"时空标准"存在相对便宜性与实体正当性的外部矛盾，"虽非绝对不能使用，但其适用范围和条件受到严格限制"[①]。其适用不能取代对财产犯罪要件事实的证明，不能成为确信无疑证明标准的例外。从诈骗罪客观构成要素的体系性地位上看，其仅仅能够作为数额、数量标准缺位时的变通规则，穷尽一切调查手段而无法查清事实时的兜底手段。

（1）"时空标准"的适用条件。其一，适用前提须有行为。行为人必须"参加境外电信网络诈骗犯罪集团或犯罪团伙，且在境外实施了具体的诈骗犯罪行为"，这是"时空标准"刑事推定的基本前提，也是基本事实，即必须有

---

① 张保生：《推定是证明过程的中断》，《法学研究》2009年第5期，第176页。

相应的证据证明，否则不存在对应的推定规则。也就是说，证明节点不在于行为人本人是否出现在犯罪窝点，而是调查证据确定其已经参与了该窝点的电信网络诈骗犯罪活动，才能适用《最高人民法院、最高人民检察院、公安部关于办理电信网络诈骗等刑事案件适用法律若干问题的意见（二）》第3条的刑事推定。

其二，适用场景在境外。该"时空标准"只适用于行为人在境外对境内居民实施电信网络诈骗犯罪，而不适用于行为人在境内实施电信网络诈骗犯罪。这正是针对前文提到的境外侦查取证、司法协助困难，司法解释才做出此变通性措施，但不能作为常态化手段在境内使用。在境内实施电信网络诈骗犯罪，仍然适用《最高人民法院、最高人民检察院关于办理诈骗刑事案件具体应用法律若干问题的解释》《最高人民法院、最高人民检察院、公安部关于办理电信网络诈骗等刑事案件适用法律若干问题的意见》的有关规定。

其三，存在客观困难。诈骗数额难以查证，是指基于客观困难，确实无法查清行为人实施诈骗的具体数额，但该规定并非对侦查怠惰的鼓励，不能理解为今后可以不再去查证具体诈骗数额。本条刑事推定的要旨在于，在现有条件下确实存在调查取证的客观困难，无法真正查明犯罪的具体数额，才能采用本兜底条款强化对电信网络诈骗犯罪的打击。作为国家刑事政策的特殊趋向，只有确实查不清诈骗数额时，才适用本条规定。

其四，穷尽一切手段。如果数额查不清，还应当考虑查证数量，即依据《最高人民法院、最高人民检察院关于办理诈骗刑事案件具体应用法律若干问题的解释》第5条、《最高人民法院、最高人民检察院、公安部关于办理电信网络诈骗等刑事案件适用法律若干问题的意见》第2条第4项，查证发送诈骗信息的条数、拨打诈骗电话的次数。只有数额与数量都无法查清时，才能考虑适用本条规定。也就是说，侦查人员首先应当调动资源、破解技术障碍，积极查清诈骗的具体数额，从而对行为人定罪量刑。基于客观困难，确实无法查清诈骗所涉具体数额时，还应当以发送的诈骗短信、拨打的诈骗电话、发布的诈骗信息、信息浏览的数量等作为辅助，综合多项间接客观证据推定犯罪数额。在以上路径均难以走通时，才能考虑以出境次数、出境时长为依据，认定犯罪情节。在这一模式下，司法机关进可攻、退可守，能够有效破解犯罪数额认定的困局，对电信网络诈骗上下游犯罪实现全链条、全方位打击。

其五，举证责任仍在控方。本条规定的"有证据证明其出境从事正当活动的除外"，并不意味着举证责任倒置，举证责任仍在公诉机关。

（2）"时空标准"存在的特殊问题——量刑比较。一方面，数额查清与否的量刑比较。仍以厨师甲举例说明问题，2022年某日，厨师甲明知乙正为境外电信网络诈骗团伙"招兵买马"，仍答应赴境外诈骗窝点为该组织做饭。其间，甲被该团伙通过诈骗牟取的暴利所诱惑，不满足于厨师薪水转而开始学习底层话务员业务，并在进入该组织的第30天正式向境内居民拨打第一通诈骗电话，骗得被害人缴纳的资产保全费5000元，该笔赃款直接流入乙背后实际控制的跨国犯罪集团黑灰账户。案发后，司法机关根据数额能否准确认定，可能存在两种不同的定罪量刑结果：一是若犯罪数额（或违法所得数额）能够查清，根据《最高人民法院、最高人民检察院关于办理诈骗刑事案件具体应用法律若干问题的解释》第1条、《最高人民法院、最高人民检察院、公安部关于办理电信网络诈骗等刑事案件适用法律若干问题的意见》第2条第1款，甲符合"数额较大"的入罪标准，适用"三年以下有期徒刑、拘役或者管制，并处或者单处罚金"的基本量刑档次；二是若数额难以查清，却有证据证明甲在境外诈骗窝点累计时间30日以上且实施过电信网络诈骗，则按《最高人民法院、最高人民检察院、公安部关于办理电信网络诈骗等刑事案件适用法律若干问题的意见（二）》第3条认定为符合诈骗罪"其他严重情节"的法定刑升格标准，适用"三年以上十年以下有期徒刑，并处罚金"的加重量刑幅度。但若该案发生在《最高人民法院、最高人民检察院、公安部关于办理电信网络诈骗等刑事案件适用法律若干问题的意见（二）》颁布前，此时难以查证数额，仅可以查清甲曾拨打诈骗电话一次，那么，因其未达到《最高人民法院、最高人民检察院关于办理诈骗刑事案件具体应用法律若干问题的解释》《最高人民法院、最高人民检察院、公安部关于办理电信网络诈骗等刑事案件适用法律若干问题的意见》的罪量要求，仅有可能成立诈骗罪基本犯的未遂，甚至不构成犯罪。

不难看出，正是我国刑事政策对境外电信网络诈骗严厉打击的惩治态度导致了这种量刑幅度的偏差，从行为与结果的对应关系来看，对嫌疑人、被告人显然存在实体不公正的风险。正是基于此等原因，上文才反复强调本条的兜底性，穷尽了一切手段确实无法查明则采用说明情况的方法进行形式审查、事实推定，如果倒置作为优先条款，必然导致罪责刑不相适应。

另一方面，数额难以查清时既未遂问题的厘清。观《最高人民法院、最高人民检察院关于办理诈骗刑事案件具体应用法律若干问题的解释》第5条、《最高人民法院、最高人民检察院、公安部关于办理电信网络诈骗等刑事案件适用法律若干问题的意见》第2条，可以发现在过往数额难以查清但是有其他严重情节的情况下，系按照诈骗未遂处理，但在《最高人民法院、最高人民检察院、公安部关于办理电信网络诈骗等刑事案件适用法律若干问题的意见（二）》第3条中没有提及既未遂。[①] 那么，在境外窝点实施诈骗，犯罪数额难以查证，但符合"时空标准"的情节要求，是否存在成立既遂的处罚空间呢？本书认为，依据具体情况是有可能成立的。例如，在陈某、薛某锋等诈骗案中，被告人被境外诈骗分子召集出境，在柬埔寨某窝点组成诈骗团伙，利用虚假股票投资平台对境内群众实施电信诈骗，在第一阶段（加被害人为好友引流）诈骗未实施完毕之时退出回国，2个月期间获利1万余元。[②] 辩护人认为，无法确定被告人实际诈骗数额，应当认定为诈骗未遂；法院则认为，被告人虽

---

① 本书不涉及加重犯成立和未遂的关系问题，依照司法解释原有的思路，在犯罪基本量刑情节是未遂（基本犯罪数额不满足）的情况下，同时构成加重量刑情节是成立的。

② 湖南省汨罗市人民法院（2022）湘0681刑初24号一审判决书。

然提前退出，但在回国前将手头客户移交给公司处理，之后还收到诈骗公司给的提成，证明被告人与其他同伙的共同犯罪并未中断，且经手的客户确有损失，根据共同犯罪部分行为之整体责任的原则，被告人系犯罪既遂。

（三）结论

总的来说，电信网络诈骗犯罪虽然属于新型的财产犯罪形式，但毕竟没有脱离财产犯罪的本质属性，仍然属于典型的数额犯。运用数额标准，对庞杂的电信网络诈骗犯罪数额进行认定研究，仍然具有其他情节不能代替的体系性优势。但在司法实务中，电信网络诈骗犯罪结构复杂、人员众多、涉案款项繁多、涉案数额巨大，其中还涉及既未遂数额、处于不同地位和不同犯罪形态的成员涉案数额等诸多问题的认定，如果继续按照传统的诈骗罪证明模式收集证据，需要付出大量的办案成本。考虑到当前超六成诈骗窝点位于境外，且资金链条错综复杂，侦查收益很可能和支出不成正比，故最高人民法院、最高人民检察院近年来发布多项司法解释，引导侦查资源向其他客观证据倾斜，以提高严打电信网络诈骗的效率。"时空标准"正是面对境外电信网络诈骗的严峻形势应运而生的司法产物，其借助刑事推定，简明、高效地应对调查难、证明难问题，符合我国严厉打击境外有组织电信网络诈骗犯罪的要求。但该时空规制模式仍是数额犯的附属品，仅仅作为犯罪数额、数量、次数等情节确实无法查清时的补充兜底条款，不具备挑战数额标准在财产犯罪中核心地位的可能性。

第四章

刑事程序：电信网络诈骗关联犯罪的统一管辖机制与行刑衔接机制构建研究

第一节　现有法律司法解释框架下电信网络诈骗关联犯罪的管辖局限与破解研究

刑事案件管辖制度可以分为实体法上的刑事管辖权与程序法上的刑事诉讼管辖。刑事管辖权旨在解决不同法域之间国家对案件起诉、审判和处罚的权限划分问题，而刑事诉讼管辖旨在解决同一国家或地区内不同司法机关之间受理刑事案件的权限划分问题。[①] 就电信网络诈骗关联犯罪案件的刑事管辖制度来说，实体法上的刑事管辖权与程序法上的刑事诉讼管辖在原则与规则上的明确具有重要意义。具体来讲，一方面，刑事管辖原则的明确是我国在网络空间中行使国家主权，即实体法上的刑事管辖权的立场基础，而刑事管辖权是我国在制裁跨国电信网络诈骗关联犯罪中发动刑罚权的前提，决定了我国如何参与世界各国共同构建打击电信网络诈骗关联犯罪及其他网络空间

---

① 王新清：《刑事管辖权基本问题研究》，中国人民大学出版社2014年版，第26页。

157

犯罪的"全球化"协作互助机制。另一方面，程序法上的刑事诉讼管辖解决的是国内刑事案件的"起点""入口"问题，是电信网络诈骗关联犯罪的侦查、起诉与审判具有合法性与合理性的前提。

当前，我国电信网络诈骗关联犯罪的管辖困境可谓"内忧外患"：在本土语境中分析，《刑事诉讼法》第25条将对刑事案件的管辖连接点定位为犯罪地和被告人居住地，但面对电信网络诈骗关联犯罪的产业化分布、集团化运作、精细化分工等特征，传统的地域管辖原则往往成为办理此类案件的掣肘；从国际视野看，电信网络的跨地域发展和信息超量传播导致电信网络诈骗关联犯罪呈现出"全球化""虚拟化"趋势，给传统的属地管辖原则带来冲击，且一些国家确立的"长臂管辖"原则内含霸权主义色彩，又加剧了国际刑事管辖权的冲突。此后，尽管"两高一部"（最高人民法院、最高人民检察院、公安部）多次发布司法解释，针对网络犯罪、电信网络诈骗犯罪及其关联犯罪的管辖规则作出进一步明确，但又导致管辖权扩张过度，造成对电信网络空间中的使用者与服务提供者监管过度的问题。总而言之，应当从梳理现行原则与规则的基础出发，以实务疑难为中心分析案件办理难点，寻求具有实用价值的困境破局路径。

一、现行管辖规则

（一）刑事管辖权制度

刑事管辖权是一国基于国家主权派生的权力，是国家在其统治领域内外行使司法权的前提，刑事管辖原则决定刑法在空间上的效力范围，是国家行使刑事管辖权的基本依据，其主要功能是确定国家司法权与案件之间存在的连接点。[1] 根据《刑法》第6条至第9条，我国确立了属地管辖、属人管辖、

---

[1] 时延安：《刑事管辖制度适用》，中国人民公安大学出版社2012年版，第1—4页。

保护管辖和普遍管辖四项基本原则，其中属地管辖为主要原则，其他原则为补充性原则。根据《刑法》第6条的规定，只要是犯罪行为或者犯罪结果发生在我国领土范围内的，我国均有权管辖。

在最传统的意义上，一国领域的范围与边界均为物理上、地理上可测量、已标识的土地与空间。"中华人民共和国领域"指国家主权行使的空间范围，包括领陆、领水、领空等一国主权管辖下的国境以内的全部地域，被称为"浮动领土"的船舶或者航空器内的空间和驻华使领馆也在此范围之内。[①]在前互联网时代，各国的领土疆界基本上是明确清晰的，犯罪行为地与犯罪结果地也通常不存在距离间隔。然而，互联网的出现冲击了传统物理空间的存在形式，打破了时间与空间的立体结构，极大提升了信息的传播效率，缩短了人与人之间的互动距离。在互联网、电信网的虚拟空间中，国家的界限趋于模糊，用户与用户之间的交互影响更加广泛深远，远隔千里的犯罪行为造成的危害结果很有可能近在眼前，一国领域内实施的犯罪行为也很有可能遍及全球，导致互联网时代的"全球性瘟疫"。如2004年肆虐全球，通过电子邮件附件和P2P网络Kazaa传播的病毒"MyDoom"，其在全球范围内传播，曾攻陷谷歌、雅虎、Lycos、AltaVista等全球主流的搜索引擎，造成损失共450亿美元。总而言之，在互联网空间中，已经不能采取物理空间中的方法来认定犯罪地，即便能够确定犯罪地所在，也会因为互联网普及的影响导致多个国家拥有刑事管辖权，属地管辖原则因此实际上沦为被架空的管辖原则，潜在风险表现为各国在电信网络空间中管辖权冲突加剧等问题。而对于其他补充性的管辖原则来说，属人管辖原则以犯罪人国籍为连接点；保护管辖原则以被害人国籍或者利益损失国为连接点；普遍管辖原则以中国缔结或参加的国际条约为标准，不受属地、属人、犯罪结果的限制，主张国家对国际犯罪具有刑事管辖权。这三项原则或多或少受到了互联网、电信网空间特

[①] 时延安：《刑事管辖制度适用》，中国人民公安大学出版社2012年版，第26、44页。

性和功能特质的影响，并由此产生适用上的难题。总体来说，与属地管辖原则面临的风险相似，在跨国电信网络诈骗关联犯罪案件的办理中，由于连接点失去独特性，某些国家的管辖权正在无限扩张，存在"法律霸权主义"的风险。[①]

（二）刑事诉讼管辖规则

目前，关于电信网络诈骗关联犯罪的刑事诉讼管辖规则的基本原则是《刑事诉讼法》第 25 条确立的"犯罪地＋被告人居住地"原则；针对网络犯罪的管辖规则见于 2020 年《公安机关办理刑事案件程序规定》第 16 条、第 17 条，2021 年《最高人民法院关于适用〈中华人民共和国刑事诉讼法〉的解释》第 2 条，2022 年《最高人民法院、最高人民检察院、公安部关于办理信息网络犯罪案件适用刑事诉讼程序若干问题的意见》第 2 条；专门针对电信网络诈骗类案件的管辖规则见于 2016 年《最高人民法院、最高人民检察院、公安部关于办理电信网络诈骗等刑事案件适用法律若干问题的意见》，2021 年《最高人民法院、最高人民检察院、公安部关于办理电信网络诈骗等刑事案件适用法律若干问题的意见（二）》。总的来说，关于电信网络诈骗关联犯罪的案件管辖规则已建立起"基本原则—细化规定—专门规则"的三层次制度框架，现行制度将犯罪连接点从仅局限于终端诈骗犯罪本身向关联犯罪拓展，根据电信互联网的物理载体、空间介质等特点，明确了包括网站服务器所在地、被侵害的计算机系统所在地等可认定为犯罪地的连接点范畴，整体表现出管辖范围不断扩容的立法趋势，初步构建起与反电信网络诈骗"防控一体化""链条化打击"治理思路基本匹配的制度框架。

1. 规则雏形

在网络犯罪还未发展成为与传统犯罪"双足鼎立"的犯罪类型之前，刑

---

① 刘艳红：《论刑法的网络空间效力》，《中国法学》2018 年第 3 期，第 92 页。

事案件的管辖基本依据《刑事诉讼法》第 25 条"犯罪地 + 被告人居住地"的基本连接点判断原则，直到 2014 年前后国内利用互联网平台和技术实施犯罪的形势愈加严峻，网络犯罪逐渐成为研究热点和立法关注点。

2014 年《最高人民法院、最高人民检察院、公安部关于办理网络犯罪案件适用刑事诉讼程序若干问题的意见》根据网络犯罪常见的犯罪空间、犯罪工具和犯罪手段等特质，明确列出网络犯罪的犯罪地和被告人居住地的范围，同时结合网络犯罪跨区域、链条化、产业化的发展趋势，规定了管辖权争议的并案管辖规则和指定管辖规则，是我国首个针对网络犯罪刑事程序作出详细规定的法律文件，呼应了实务需求，体现了一定的前瞻性。根据 2014 年《最高人民法院、最高人民检察院、公安部关于办理网络犯罪案件适用刑事诉讼程序若干问题的意见》第 1 条对"网络犯罪"的定义，电信网络诈骗关联犯罪类属于网络犯罪，因此，该意见实质上也是电信网络诈骗关联犯罪案件管辖的基本规则雏形。

不过，尽管 2014 年《最高人民法院、最高人民检察院、公安部关于办理网络犯罪案件适用刑事诉讼程序若干问题的意见》为办理网络犯罪案件提供了跳脱出传统刑事管辖框架的程序规则，但该意见的规制对象是所有网络犯罪，对于电信网络诈骗类案件的办理还缺乏一定的针对性。随着信息技术发展，网络犯罪内部的类型化变异不断增强，各类网络犯罪不断凸显出其独有的特征；信息技术的进步同时降低了网络犯罪的技术门槛，相关犯罪手段迅速更新，网络犯罪的链条性、跨地域性、涉众性特征突出，犯罪形态愈加复杂。因此，该意见已无法适应各种类型网络犯罪的异化趋势和治理难点，被2022 年《最高人民法院、最高人民检察院、公安部关于办理信息网络犯罪案件适用刑事诉讼程序若干问题的意见》所取代。

2. 精准打击

在 2014 年《最高人民法院、最高人民检察院、公安部关于办理网络犯罪案件适用刑事诉讼程序若干问题的意见》的规则基础上，2016 年发布的《最高人民法院、最高人民检察院、公安部关于办理电信网络诈骗等刑事案件适用法律若干问题的意见》，专门针对电信网络诈骗及其关联犯罪的案件管辖作出了细化规定，还根据电信网络的介质特点具化了电信网络诈骗类案件"犯罪地"的范围，为司法机关办理电信网络诈骗类案件提供了更实用、更清晰的规则。根据该司法解释第5条，"犯罪行为发生地"的范围包括"用于电信网络诈骗犯罪的网站服务器所在地，网站建立者、管理者所在地，被侵害的计算机信息系统或其管理者所在地，犯罪嫌疑人、被害人使用的计算机信息系统所在地，诈骗电话、短信息、电子邮件等的拨打地、发送地、到达地、接受地，以及诈骗行为持续发生的实施地、预备地、开始地、途经地、结束地"。可见，基于电信网络跨地域性的空间特征和传播特性，电信网络诈骗类案件管辖的连接点不断增加，各地司法机关的管辖权得到扩张，使现实中电信网络诈骗案件的办理效率、电信网络诈骗犯罪的打击力度得到增强。

但是，《最高人民法院、最高人民检察院、公安部关于办理电信网络诈骗等刑事案件适用法律若干问题的意见》依然存在不足之处：一方面，该意见中管辖规则的场域基本集中在电信网络诈骗终端犯罪本身，即诈骗罪本身，并没有辐射至已然形成黑灰产业链的上下游犯罪，如上游的侵犯公民个人信息罪，以及下游的掩饰、隐瞒犯罪所得、犯罪所得收益罪，这就与反电信网络诈骗侦查普遍从关联犯罪找寻突破口、"顺藤摸瓜"的情状相悖；另一方面，该意见沿用了传统刑事案件的管辖思路，尽管增加了连接点的范畴，但只是在形式上扩张了多地司法机关的管辖权，并没有从实质上解决连接点缺乏独特性导致各地管辖冲突的问题。详言之，电信网络诈骗及其关联犯罪的泛在性、融合化与跨边界特点使得行为人、行为地、结果发生地、管辖地等发生分离，地域效力难以确定。例如，有的案件中住所或是犯罪现场难以固定，如流窜作案的电信网络诈骗团伙；有的案件中网络登录者的身份和登录地点无法确定，如利用技术手段、电子设备等屏蔽侦查机关的信号追踪，成为网络空间中"不见庐山真面目"的"法外狂徒"。总之，《最高人民法院、最高人民检察院、公安部关于办理电信网络诈骗等刑事案件适用法律若干问题的意见》既没有将电信网络诈骗犯罪的管辖与传统案件的管辖区分开来，又缺乏针对电信网络诈骗关联犯罪特性确立的管辖规则。

3. 应对新形势

随着电信互联网的不断发展，电信网络诈骗类犯罪的分工化、团体化特征愈加凸显，电信网络诈骗及其关联犯罪形成的上下游链条不断成熟，成为国内网络黑灰产业的主要组成部分，境内外不法势力勾结加深，社会危害性逐渐增加。

针对电信网络诈骗关联犯罪发展的新形势，聚焦办案实践中出现的新问题和突出困难，2020 年国务院打击治理电信网络新型违法犯罪工作部际联席会议办公室牵头，启动新意见的研究起草工作，并于 2021 年印发《最高人民法院、最高人民检察院、公安部关于办理电信网络诈骗等刑事案件适用法律若干问题的意见（二）》，明确电信网络诈骗及其关联犯罪的管辖连接点判断和并案管辖标准的规则，在电信网络诈骗上下游犯罪链条"一体化治理"的思路框架中，对案件办理的程序问题进行了明晰，为基层司法人员提供了更具体实用的规则指南。《最高人民法院、最高人民检察院、公安部关于办理电信网络诈骗等刑事案件适用法律若干问题的意见（二）》相较于《最高人民法院、最高人民检察院、公安部关于办理电信网络诈骗等刑事案件适用法律若干问题的意见》的突出亮点在于，加强了对电信网络诈骗类案件的全面惩处力度，以及全方位、无死角的犯罪打击治理思路。详言之，在《最高人民法院、最高人民检察院、公安部关于办理电信网络诈骗等刑事案件适用法律若干问题的意见》的基础上，《最高人民法院、最高人民检察院、公安部关于办理电信网络诈骗等刑事案件适用法律若干问题的意见（二）》吸收公安、司法机关积极开展的打击治理电信网络新型违法犯罪专项行动，如"断卡"行动、"长城行动"等的成功经验，结合实务人员办案困难与障碍，针对电信网络诈骗犯罪链条上下游的关联犯罪，如帮助信息网络犯罪活动罪，妨害信用卡管理罪，侵犯公民个人信息罪，伪造身份证件罪，掩饰、隐瞒犯罪所得、犯罪所得收益罪等的实行行为特质和发展趋势，扩张了构成要件的行为类型，细化了情节要素的认定标准、案件办理的程序规则，与《最高人民法院、最高人民检察院、公安部关于办理电信网络诈骗等刑事案件适用法律若干问题的意见》一同构成了目前电信网络诈骗关联犯罪案件办理和审判的具体规范。

从管辖权方面的规则调整来看，《最高人民法院、最高人民检察院、公安部关于办理电信网络诈骗等刑事案件适用法律若干问题的意见（二）》从适应犯罪发展趋势，有利于侦查与诉讼的角度，在《最高人民法院、最高人民检察院、公安部关于办理电信网络诈骗等刑事案件适用法律若干问题的意见》规定的"犯罪行为发生地和结果发生地"基础上进一步对电信网络诈骗关联犯罪的管辖连接点和并案管辖标准作出补充和完善。《最高人民法院、最高人民检察院、公安部关于办理电信网络诈骗等刑事案件适用法律若干问题的意见（二）》确立的管辖连接点种类大大增多，将用于电信网络诈骗犯罪的手机卡、信用卡的开立地、转移地、藏匿地等，即时通讯信息的发送地、到达地等，以及硬件设备的销售地、入网地、藏匿地等均纳入"电信网络诈骗犯罪地"的范畴中，超越了管辖权与案件之间单纯的、传统的物理性的连接点，激活了电信网络诈骗上下游关联犯罪的关联管辖和一体化治理，有利于办案机关针对电信网络诈骗关联的上下游犯罪实施"一锅端"的打击。从侦查实践看，当前不少案件的侦破是通过查获用于违法犯罪活动的手机卡、信用卡等通信联络、支付结算工具设备，进而查获犯罪分子的。这些工具设备与电信网络诈骗的最终实施密切相关，围绕它们适当扩张管辖连接点，既符合管辖要义，又适应实践需要。例如，针对"两卡"问题的管辖，《最高人民法院、最高人民检察院、公安部关于办理电信网络诈骗等刑事案件适用法律若干问题的意见（二）》将用于电信网络诈骗的"两卡"和非银行账户等的开立地、销售地等，用于犯罪活动的即时通讯信息的发送地、接受地、到达地等均纳入电信网络诈骗"犯罪地"，有利于对此类犯罪实施"打早打小"的管制措施。此外，《最高人民法院、最高人民检察院、公安部关于办理电信网络诈骗等刑事案件适用法律若干问题的意见（二）》第 2 条、第 3 条还对跨地域、跨国境电信网络诈骗及其关联犯罪的并案处理、域外管辖作出规定，在国内，有利于促进办案效率的提高，抑制管辖推诿的机关问题；在国际，有利于捍卫国家网络空间主权，积极促进国际合作，共同治理电信网络犯罪。

4. 完善基本程序

2022 年发布的《最高人民法院、最高人民检察院、公安部关于办理信息网络犯罪案件适用刑事诉讼程序若干问题的意见》，在 2014 年《最高人民法院、最高人民检察院、公安部关于办理网络犯罪案件适用刑事诉讼程序若干问题的意见》的基础上，从案件管辖、案件取证、证据审查和涉案财物处理几大方面全面规范了信息网络犯罪案件的办理程序，深化了信息网络犯罪的治理工作，取代 2014 年版成为司法机关办理信息网络犯罪的基本程序规则，同时成为电信网络诈骗关联犯罪案件办理所遵循的基本程序规则。2022 年《最高人民法院、最高人民检察院、公安部关于办理信息网络犯罪案件适用刑事诉讼程序若干问题的意见》第二部分对信息网络犯罪案件的管辖原则和连接点作出明确规定，在遵循"犯罪地 + 犯罪人居住地"基本原则的基础上，列举了信息网络犯罪的管辖连接点，包括"用于实施犯罪行为的网络服务使用的服务器所在地，网络服务提供者所在地，被侵害的信息网络系统及其管理者所在地，犯罪过程中犯罪嫌疑人、被害人或者其他涉案人员使用的信息网络系统所在地，被害人被侵害时所在地以及被害人财产遭受损失地"等，相比 2014 年版放宽了管辖地的标准。此外，2022 年《最高人民法院、最高人民检察院、公安部关于办理信息网络犯罪案件适用刑事诉讼程序若干问题的意见》还针对信息网络犯罪的跨地域性特点，专门规定了管辖规则的例外以及并案处理的规则：第一，针对没有被害人的以及网络平台、设备在境外的犯罪在实务中存在的管辖争议，考虑到境内涉案人员往往是侦查相关犯罪的重要线索来源，以其使用的信息网络系统所在地作为管辖连接点，更有利于案件办理，该意见进一步规定，"犯罪过程中其他涉案人员使用的信息网络系统所在地"也属于信息网络犯罪案件的犯罪地范围；第二，考虑到信息网络犯罪行为的多环节、多阶段特点，譬如实行行为与帮助行为相对独立，实行犯与帮助犯分处异地等情形，该意见明确规定"涉及多个环节的信息网络犯罪案件，犯罪嫌疑人为信息网络犯罪提供帮助的，其犯罪地、居住地或者被帮助对象的犯罪地公安机关可以立案侦查"[①]，精准回应了实务中上下游犯罪环节割裂的管辖难题和办案难点。至此，我国电信网络诈骗关联犯罪的管辖制度逐渐明确：以《刑事诉讼法》第25条为基本原则，以2022年《最高人民法院、最高人民检察院、公安部关于办理信息网络犯罪案件适用刑事诉讼程序若干问题的意见》为基本程序，以2016年《最高人民法院、最高人民检察院、公安部关于办理电信网络诈骗等刑事案件适用法律若干问题的意见》及2021年《最高人民法院、最高人民检察院、公安部关于办理电信网络诈骗等刑事案件适用法律若干问题的意见（二）》为具体规则，整体上呈现出电信网络诈骗及其关联犯罪上下游"一体式"打击、"链条化"治理、"跨区域"协作的思路。

二、实务管辖困境

（一）电信互联网跨地域空间特性导致跨国案件管辖国际冲突加剧

如前所述，电信网络空间的跨地域性特质和诈骗犯罪的集团化、链条化发展趋势使得电信网络诈骗犯罪及其关联犯罪在全球范围内屡禁不止，犯罪人、犯罪行为和犯罪结果都冲破了物理疆界的限制，难以在明确的空间范围内予以制裁，各国的刑事管辖权正在或被动或主动地不断扩张，导致网络空间国家主权之间的博弈与斗争。电信网络诈骗关联犯罪不仅涉及被害人的个

---

① 周加海、喻海松、李振华：《〈关于办理信息网络犯罪案件适用刑事诉讼程序若干问题的意见〉的理解与适用》，《中国应用法学》2022年第5期，第50—52页。

人权益，还涉及社会甚至国家的利益，如向境外非法提供公民个人信息或者其他数据的行为，不仅为核心诈骗犯罪提供了信息资料，还可能泄露商业秘密、国家秘密，导致我国社会主义市场经济秩序，甚至国家安全等法益受到侵害。因此，严厉打击跨国电信网络诈骗关联犯罪的紧迫性和必要性完全不亚于制裁诈骗犯罪本身。但是，目前刑法确立的管辖原则在我国行使网络主权打击电信网络诈骗关联犯罪时暴露出功能性缺陷，导致电信网络诈骗关联犯罪的国际管辖规则混乱，各国管辖冲突加剧。

首先，属地管辖原则的地理性、物理性判断规则失灵。最传统的属地管辖原则以犯罪行为地与犯罪结果发生地为连接点，本是世界各国刑事管辖制度中最普遍、最主要的一项原则，也是在前互联网时代最易于作出实务判断的原则；但在办理跨国电信网络诈骗关联犯罪案例的语境中，特别是在网络空间中，国与国之间的领域界限难以适用物理空间中的划分规则，且信息传播速度和数量的迅猛增加也导致犯罪行为地与结果地常常分离独立，因此物理上的连接点难以排除和限制各国的管辖权，属地管辖规则的功能性被大大冲淡。

其次，保护管辖原则以被害人国籍或者受影响地为连接点，在网络空间中实际上给予了所有能够接入电信互联网的国家以刑事管辖权，这同样加剧了国际管辖权归属混乱的局面。详言之，电信网络诈骗关联犯罪的发生空间处于与物理世界不同维度的虚拟空间，这一空间由无体的、数字的要素组成，贯通全球地域，联结各国公民，世界上的每一个人，只要能够接入互联网和电信网，就存在被裹入虚拟空间中是非纷扰的可能。在刑事犯罪的视域中，每一个使用互联网和电信网的用户，都可能成为犯罪行为的受害者，每一个能够接入电信互联网的国家，原则上均有权主张管辖，这就导致了国际管辖权前所未有的混乱与冲突。例如，在21世纪最令人震惊的"雅虎个人数据泄露案"中，雅虎在被 Verizon 收购的过程中遭遇黑客攻击，超过10亿用户的账户信息被泄露，后又公布被泄露的账户实际数字高达30亿。尽管雅虎声称"攻击者仅访问了安全问题和答案等账户信息，但明文密码、支付卡和银行数据并没有被盗"[1]，但不难想象体量如此庞大的个人数据如果被国际诈骗组织非法获取、非法使用，那么被害人的数量以及财产损失数量将会不堪设想。此时能够主张刑事管辖权的国家就包括这30亿用户的所属国，恐怕可以说，全世界的国家，只要使用雅虎网站，就有权主张管辖，由此导致的结果是要么管辖权纷争无法止息，要么霸权主义国家利用话语权优势僭越弱势国家的刑事管辖权乃至国家主权。譬如，美国经"国际鞋业公司案"确立了饱受诟病的"长臂管辖规则"，其依据"效果原则"和"最低限度联系原则"，对外国公民进行管辖[2]，严重违反了不得在他国领土上行使国家权力的国际法原则。

再次，普遍管辖原则未充分发挥其联结各国力量、共同打击全球化电信网络诈骗关联犯罪的时代功能。普遍管辖原则的适用依据是联系国与国之间政策与价值的国际条约，面对电信网络诈骗关联犯罪链条化、产业化、集团化的发展趋势，为了防止电信网络诈骗类关联犯罪的危害结果波及范围扩大，各国应当共同制定国际条约，厘清跨国电信网络诈骗关联案件管辖与办理的规则制度，共建打击治理电信网络诈骗关联案件的国际合作机制，在预防、侦查、逮捕、退赃、处罚等各个环节实现国与国之间的信息互通、力量互助。然而，目前关于国际电信网络诈骗关联犯罪甚至是网络空间中犯罪治理的问题，国际上还未达成有影响力的国际条约，只有几部区域性的多边条约，如

---

[1] 《雅虎30亿用户隐私泄露 "半个世界"都被盗了》，载https://tech.huanqiu.com/article/9CaKrnK5twX，最后访问日期：2023年5月10日。

[2] "效果原则"指只要某一发生在国外的行为在本国境内产生了所谓的"效果"，不管行为人是否具有本国国籍或住所，也不论该行为是否符合当地法律，只要这种效果或影响的性质使美国行使管辖权不是完全不合理，对于因此种效果而产生的诉因，美国法院便可行使管辖权。所谓"最低限度联系原则"主要基于两个条件：一是犯罪嫌疑人或被告人是否在该法院所在地从事连续性的商业活动；二是原告人的诉因是否源于这些商业活动，至于犯罪嫌疑人或被告人是否在法院所在地，则无关紧要。参见田圣斌：《互联网刑事案件管辖制度研究》，《政法论坛》2021年第3期，第40页。

《欧洲委员会网络犯罪公约》（又称《布达佩斯公约》）、《阿拉伯国家联盟打击信息技术犯罪公约》、《上海合作组织成员国保障国际信息安全政府间合作协定》、《非洲联盟网络安全和个人数据保护公约》等。[①]2019 年 12 月，第 74 届联合国大会以 79 票赞成、60 票反对、33 票弃权的表决结果，通过中国、俄罗斯等 47 国共同提出的"打击为犯罪目的使用信息通信技术"决议，正式开启谈判制定打击网络犯罪全球性公约——《联合国打击网络犯罪公约》的进程，该公约有望成为未来国际社会解决电信网络诈骗关联犯罪及所有网络犯罪国际管辖争端的原则性国际条约。此外，我国国内诉讼规则和侦查规则没有参照相关国际条约规定进行调试与整合，也是普遍管辖原则在我国功能性存在感孱弱的重要原因。

（二）黑灰产犯罪连接点泛化导致全案上下游关联管辖衔接不畅

电信网络诈骗及其关联犯罪超越了传统的物理区域界限，虚拟的网络空间无法参照传统犯罪地的实体空间概念进行衡量。尤其是近年来跨境网络犯罪集团越发猖獗，盘踞各地的犯罪分子能够"一呼百应"，各国人民深受其害。对于跨国黑灰产犯罪，各国基于地域而主张的刑事管辖权会产生冲突；对于一国内的跨区域黑灰产犯罪，基于连接点供应不足会导致各地刑事诉讼管辖权产生矛盾，以及上下游管辖关联被迫割裂，不利于一举捣毁网络黑灰产业链，这也是目前在打击电信网络诈骗关联犯罪中始终无法击中其要害的重要因素之一。

为解决办案程序中的管辖权冲突，精准打击链条化和产业化的电信网络诈骗关联犯罪，2016 年《最高人民法院、最高人民检察院、公安部关于办理电信网络诈骗等刑事案件适用法律若干问题的意见》、2021 年《最高人民法院、最高人民检察院、公安部关于办理电信网络诈骗等刑事案件适用法律若

---

① 吴海文、张鹏：《打击网络犯罪国际规则的现状、争议和未来》，《中国应用法学》2020 年第 2 期，第 188 页。

干问题的意见（二）》和 2022 年《最高人民法院、最高人民检察院、公安部关于办理信息网络犯罪案件适用刑事诉讼程序若干问题的意见》均设置了比较宽松的管辖规则，最大限度地增加连接点，尽可能规范和细化犯罪地，希望能够充分激活各地司法机关的管辖积极性和主动性。《最高人民法院、最高人民检察院、公安部关于办理电信网络诈骗等刑事案件适用法律若干问题的意见》和《最高人民法院、最高人民检察院、公安部关于办理电信网络诈骗等刑事案件适用法律若干问题的意见（二）》规定的犯罪地多达 40 余个，"诈骗行为持续发生的途经地"更是可以将犯罪地无限增加，可谓确立了"最大化"的管辖规则。换言之，电信网络诈骗留痕的所有地方均可被管辖，即便犯罪嫌疑人没有"亲力亲为"，但是通过互联网作为其行动"触角"的延伸，触及之处皆为犯罪地。

但需要指出的是，连接点的骤然增加可能使有的侦查机关在案件中互相推诿，有的或因考核指标争相立案，不愿移送并案，此时若启动指定管辖，又将因层报上级公安机关确定管辖而耗时较长，一定程度上影响办案进度。此外，司法机关管辖权过度扩张不仅会影响诉讼程序和诉讼效率，还会影响被追诉人的实体权益，增加网络服务提供者和电信互联网企业的合规自我审查难度，导致这些行业主体在实施正当业务行为时如履薄冰，不利于信息网络产业的市场发展。

（三）指定管辖的规则设置对司法机关与追诉人均缺乏明确性与指引性

如前所述，现行管辖制度针对电信网络犯罪的特质增加了连接点，设置了宽松的管辖权认定规则，但也导致了连接点的泛化及管辖不明的实务问题。因此，上述司法解释中规定了指定管辖和分案、并案处理的规则，希望解决管辖权的争议和冲突，促进办案效率，贯彻落实"一体化"的治理思路，但此部分的规定存在两个明显缺陷：一是规范性不足，二是明确性不足。

指定管辖原则性规定存在体系矛盾，导致规范性不足。《刑事诉讼法》第

27 条规定，指定管辖适用于"管辖不明"的案件，司法解释和规范性文件则增加了"管辖权争议""异地管辖更合适""多层级链条、跨区域的网络犯罪案件""受案后发现没有管辖权"等多种不同情形。司法解释和规范性文件还赋予了办案机关较大的自由裁量权，使指定管辖在司法实践中的适用范围越来越大，这导致不同法律规范的适用条件不一致甚至冲突。例如，2022 年《最高人民法院、最高人民检察院、公安部关于办理信息网络犯罪案件适用刑事诉讼程序若干问题的意见》与 2016 年《最高人民法院、最高人民检察院、公安部关于办理电信网络诈骗等刑事案件适用法律若干问题的意见》中规定的"多层级链条、跨区域的网络犯罪案件""在境外实施的案件"等情形具有排他性色彩，与刑诉法司法解释中规定的"管辖争议""管辖不能""管辖不宜"等标准存在内涵、外延上的不一致，前者强调案件的复杂性、重大性，后者则强调案件管辖权的冲突。换言之，电信网络诈骗关联犯罪指定管辖的适用条件与刑诉法指定管辖的初衷存在一定程度的错位，可能导致实务中办案机关互相推诿，消极履职。

指定管辖具体规则在犯罪地认定上明确性不足。我国目前的指定管辖制度缺少具有针对性的社会监管和外部审核制度，这可能在部分案件中对当事人的人权保障和经济利益产生消极影响。即便最高人民检察院相关负责人对于"沾边就管"的质疑已作出回应，指示管辖权冲突时应"由最初受理的公安机关或者主要犯罪地公安机关立案侦查"，并遵循"两个有利于原则"，但是这一思路依然落入了传统刑事案件管辖思路的窠臼。首先，电信网络诈骗及其关联犯罪的办案难度高于普通刑事案件，最初受理地的司法机关未必具备充足的资源以应对跨区域乃至跨境取证的需求，也未必有与具体案件匹配的办案经验。[①]2022 年《最高人民法院、最高人民检察院、公安部关于办理信息网络犯罪案件适用刑事诉讼程序若干问题的意见》和 2016 年《最高人

———

① 李璐：《我国网络犯罪管辖问题的实证研究——基于1000份网络犯罪裁判文书的分析》，载微信公众号"厦门市刑法学研究"，2021年10月20日上传。

民法院、最高人民检察院、公安部关于办理电信网络诈骗等刑事案件适用法律若干问题的意见》确定的"有利于查清犯罪事实，有利于诉讼的原则"的"两个有利于原则"，表面上强调了实体公正与诉讼效率的保障与兼顾，但实际上未能为管辖冲突和一体化打击电信网络诈骗关联上下游犯罪提供明确的规则指引，可操作性不强。此外，法律对于指定管辖的启动时间、指定方式、协商程序等方面也缺乏统一的规定，导致各地司法机关莫衷一是，协同性不足，协商难以达成一致，错失破案时机。其次，"主要犯罪地"的衡量缺乏确定标准。电信网络诈骗关联犯罪的嫌疑人可以将犯罪行为的各环节拆分在不同地域之内，使主要犯罪行为地和结果地不一致，此时即便以网络黑灰产中的主要犯罪行为为参照也可能产生多个犯罪结果地，主要犯罪地会因此变得模糊难认。

三、困境破解思路

（一）明确犯罪治理思路和理念

在电信网络诈骗关联犯罪治理的思路和理念上，要树立"一体化"打击、"链条式"治理、"多主体"协作的理念。现行司法解释不断根据电信网络诈骗关联犯罪的特征和态势扩张连接点和管辖权的背后，是中国特色法治化建设进程中对网络主权、网络安全的强调和重视，是秩序理性在利益多元化社会中与越轨行为异化的对抗与压制。电信网络诈骗关联犯罪在当前大力打击电信网络诈骗的整体形势下是相对被忽略的一环，却是根治电信网络诈骗危害、剿灭网络黑灰产的重要一环，惩治电信网络诈骗关联犯罪必须承继电信网络诈骗治理的系统观念和全局观念，实现上、中、下游的全链条打击、境内境外一体治理，全方位抑制此类犯罪的发展空间。

司法机关对电信网络诈骗关联犯罪的管辖是办理此类案件的关键起点，必须将现行司法解释规则框架下"沾边就管"的逻辑转化为积极办案的工作态度和责任心。无论管辖权"花落谁家"，管辖机关都要严格审查、依法侦查，坚守办案质量底线，其他有关部门和企业主体必须全力配合，构建与网络黑灰产链条相抗衡的恢恢法网，让形态各异的犯罪无处遁形。此外，在数字经济时代，对于电信网络诈骗关联犯罪不仅要严格依法打击和惩办，还要考虑经济和科技的发展需求、人民群众的法益保护取向。要在坚持刑法基本原则和刑事诉讼制度规定的前提下，推动民营经济保护和企业刑事合规。建议相关政法机关研究确定网络犯罪打击范围，坚持罪责刑相适应原则，实施分层打击，对犯罪情节严重、主观恶性大、起主要作用的核心人员依法从严打击，可采取强制措施；对犯罪情节相对较轻、主观恶性较小、起次要作用的人员或有从宽情节的予以从宽处理，原则上不采取羁押强制措施。[①]

（二）构建中国特色国际管辖规则

首先，应该认可保护管辖原则在网络空间中行使国家主权的突出优势。在跨国网络犯罪的管辖中，应当充分发挥保护管辖原则和普遍管辖原则对属地管辖原则的补充作用，甚至可以将三者并列为网络空间中犯罪管辖权发动的基本原则。其次，应当进一步明确属地管辖原则连接点判断的下位规则，既不能像"长臂管辖"规则那样成为法律霸权主义的规范傀儡，又不能受限于目前传统的物理性、形式性判断方法，应当从行为与结果之间的关联性、危害结果与管辖权国家或者国民之间的利益关联性等方面着手，寻求更具普遍性、实质性的判断规则。再次，应当积极寻求国际合作，明确打击电信网络诈骗关联犯罪国际发展的基本立场。对内引入与国际条约相衔接的规则，如代理管辖、刑事诉讼移管、被判刑人移管等，以平衡本国与其他国家之间的利益；[②]对外积极促成

---

① 国家检察官学院浙江分院课题组：《网络犯罪惩治重难点问题实践分析》，《中国检察官》2022年第17期，第36—37页。

② 于志刚、李怀胜：《关于刑事管辖权冲突及其解决模式的思考——全球化时代中国刑事管辖权的应然立场》，《法学论坛》2017年第6期，第36页。

全球性犯罪治理合作机制的构建和完善，联合各国力量，团结利益共同体，为跨国犯罪布下遍布全球的恢恢法网。

（三）实质解释现行地域管辖规则

在电信网络诈骗关联犯罪刑事诉讼管辖的规则适用中，要充分理解现行司法解释的管辖权设置和并案管辖规则，以实害联系为原则确定连接点。

1. 要确定地域连接点的优先顺序，结合实害联系原则进行具体判断

在现行司法解释的规则框架下，电信网络诈骗关联案件可供选择的连接点多达几十处，而各点之间并没有法定顺位，如此设置虽然扩大了各地司法机关的管辖权，但是也容易在实务中引发推诿或者争功的矛盾。因此，虽然原则上连接点所在地的司法机关均有管辖权，但也应当确立一个选择的先后顺序，一来不必纠结为难，二来可以督促履职。

针对连接点增加导致的"沾边就管"疑问，最高人民检察院曾明确指出，在《最高人民法院、最高人民检察院、公安部关于办理电信网络诈骗等刑事案件适用法律若干问题的意见》《最高人民法院、最高人民检察院、公安部关于办理电信网络诈骗等刑事案件适用法律若干问题的意见（二）》所列举的多个连接点中，应当优先选择"最初受理的公安机关"所在地或者"主要犯罪地"，即最初受理地和主要犯罪地的司法机关应当在办案中及时主动地行使其管辖权，履行其办案职责。

2. 要认识到两个优位连接点并不是固定的法律规则

电信网络诈骗关联犯罪产业化程度极高，犯罪手段变幻莫测，最初受理地和主要犯罪地并不一定是最佳的管辖地点，在排除最优连接点的情况下，可以参考国际刑法中的实害联系原则来进行次佳连接点的判断。实害联系原则指在确定一国的刑事管辖权时，以犯罪行为对本国国家或公民是否具有实际的侵害或影响关联性为标准来确定是否具有刑事管辖权。刑法空间效力是以属地主义为主要原则的，实害关联性原则在网络犯罪中的应用也是以属地管辖为基础的。换言之，在互联网环境下，属地管辖原则中的结果要素不仅指"实害"的结果，还包含更为广义的"影响"，且这种实害或者影响都必须与本国领域具有关联性。[①] 如前所述，刑事管辖权和刑事诉讼管辖是不同维度的概念，将实害联系原则应用到电信网络诈骗关联犯罪的刑事诉讼管辖规则中主要可以理解为对次优连接点的选择标准。也就是说，在最初受理地和犯罪地不利于侦查和诉讼的情况下，或者犯罪地无法确定的情况下，应当综合分析犯罪行为导致了何种实际危害结果和不利影响，在司法解释列举的连接点中选择危害结果的实际发生地与实际影响地，再参考各地的资金、人员、技术等客观因素确定管辖机关。例如，在网络赌博犯罪等案件中，通常不存在被害人，并且相当比例由境外人员使用境外网络平台和设备，案件管辖往往存在争议。考虑到境内参赌人员等涉案人员往往是侦查相关犯罪的重要线索来源，应当以其使用的信息网络系统所在地作为管辖连接点，这样更有利于案件办理。[②]

3. 要灵活适用并案处理和分案处理原则

电信网络诈骗关联犯罪链条化、产业化、集团化特征突出，犯罪团体内部分工关系复杂，欲实现此类犯罪的溯源清流和"打早打小"，应当灵活适用并案处理和分案处理规则。

根据最高人民法院、最高人民检察院、公安部、国家安全部、司法部、全国人大常委会法制工作委员会发布的《关于实施刑事诉讼法若干问题的规定》第3条以及2016年《最高人民法院、最高人民检察院、公安部关于办理电信网络诈骗等刑事案件适用法律若干问题的意见》第4条的规定，在出现多个犯罪嫌疑人实施的犯罪存在关联、共同犯罪、共同犯罪的犯罪嫌疑人还实施其他犯罪、一人犯数罪、有其他犯罪被起诉五种情况下，有关机关可以并案处理，这是大部分电信网络诈骗关联犯罪具有的多层级、涉众型特征，

[①] 刘艳红：《论刑法的网络空间效力》，《中国法学》2018年第3期，第93页。

[②] 周加海、喻海松、李振华：《〈关于办理信息网络犯罪案件适用刑事诉讼程序若干问题的意见〉的理解与适用》，《中国应用法学》2022年第5期，第52页。

符合并案管辖的条件。但是，司法机关也要注意不能以节约便利为借口，滥用并案管辖，导致超期羁押、消极侦查、证据审查不清等危害当事人诉讼权利的情况。对于电信网络诈骗关联犯罪的分并案管辖制度，应当建立省级机关主办模式，统一调度辖区内的警力，监督各机关的侦查情况，决定是否并案、指定管辖。并案管辖要善用数据科技。譬如，公检法机关应当引进数据人才，充分利用大数据资源、人工智能等新兴技术创建信息互通的案件侦办平台，实现机关之间的合作交流，为并案、指定管辖处理提供参考。

（四）完善指定管辖的标准和机制

《最高人民法院、最高人民检察院、公安部关于办理电信网络诈骗等刑事案件适用法律若干问题的意见（二）》相比《最高人民法院、最高人民检察院、公安部关于办理电信网络诈骗等刑事案件适用法律若干问题的意见》，在管辖争议的解决路径上增加了"协商"规定，即案件管辖"有争议的，按照有利于查清犯罪事实、有利于诉讼的原则，协商解决"。实际上，在《最高人民法院、最高人民检察院、公安部关于办理电信网络诈骗等刑事案件适用法律若干问题的意见（二）》出台以前，实务中也普遍通过协商解决管辖争议的问题。与协商管辖相比，指定管辖耗时长、沟通难、效果差，对于需要争分夺秒挽损追损的电信网络诈骗关联犯罪来说并不是司法机关的首要选择。但是，指定管辖制度依然是一体化治理此类犯罪的重要机制，是解决连接点泛化造成的管辖权争议现实问题的高效途径，应当在完善规则的基础上充分发挥指定管辖的效率优势与资源优势。

1. 司法解释要明确电信网络诈骗关联犯罪的指定管辖情由

《刑事诉讼法》规定，指定管辖应在"管辖不明"和"管辖明确且多个法院均有权管辖"两种情形下启动，但 2016 年《最高人民法院、最高人民检察院、公安部关于办理电信网络诈骗等刑事案件适用法律若干问题的意见》、2021 年《最高人民法院、最高人民检察院、公安部关于办理电信网络诈骗等刑事案件适用法律若干问题的意见（二）》、2021年《最高人民法院关于适用〈中华人民共和国刑事诉讼法〉的解释》第2条、2022年《最高人民法院、最高人民检察院、公安部关于办理信息网络犯罪案件适用刑事诉讼程序若干问题的意见》则表述为"管辖有争议"的情形，"管辖有争议"和"管辖不明"实际上不能等同视之，前种表述方式显然更模糊宽泛，何谓"有争议"在实务中可以任由司法机关操作解释，指定管辖机制存在被滥用的风险。因此，建议统一采用"管辖不明"的表述，并结合2016年《最高人民法院、最高人民检察院、公安部关于办理电信网络诈骗等刑事案件适用法律若干问题的意见》所确立的"两个有利于"原则，来理解启动指定管辖的法定情形。如果仅是存在多个管辖机关，应当先协商解决管辖权归属问题，而不是动辄上报上级机关，耽误案件侦办时机。此外，应当将"其他因特殊事由需要指定管辖"补充作为指定管辖的法定情由，以解决"因法律或事实的原因管辖不能，受理后发现无管辖权，因办案需要而并案管辖、牵连管辖"等特殊情形下的管辖不明问题，克服指定管辖适用的随意性。[①]

2. 要完善电信网络诈骗关联犯罪案件的指定管辖的内部审查和外部监督

对于跨省、跨境的重特大案件，应当由公安机关会同同级法院、检察机关共同指定管辖，上述机关的共同决定可能会对侦查、起诉和审理产生重大影响，因此必须加强管辖决定的审查和监督，保证司法公正落到实处。

第一，对于重大疑难复杂案件和跨省、跨境案件，公安机关在指定管辖的同时，可以将商请指定管辖函送交同级检察机关、法院，同级检察机关、法院在收到商请指定管辖函后应及时审查，明确是否同意指定管辖并出具审查意见。需要注意的是，刑事诉讼中的管辖是针对审判管辖而言的，因此在指定侦查管辖前，不仅要考虑便利侦查的需要，还要充分考虑相应检察机关起诉和人民法院审判工作的实际情况，做好沟通协调，保证后续刑事诉讼程

[①] 潘侠、王楚然：《以新思路化解电信网络诈骗犯罪侦查管辖冲突》，《中国社会科学报》2023年3月15日第4版。

序依法有序、顺利推进。^① 第二，应当全面落实司法机关的绩效考核和奖惩机制。公安机关绩效考核机制应调整为以案发量与破案量为核心，体现重抓获人数、追赃挽损，轻协作配合的绩效考核倾向，落实主侦地和协办地双计分制。明确绩效计算的规则，根据协助机关提供线索作用大小、抓获人数多少进行区别计算，量化协助机关的功绩。通过技术手段，如建立智能办案协助平台，主动记录协助机关的帮助或采用书面文件的方式交流线索，增添证明形式，改变仅凭被协助方提供受协助证明的单一证据来源。^②

第二节　跨境电信网络诈骗犯罪瑕疵证据的可转化性研究

伴随电信网络诈骗及其关联犯罪的跨国化生态日益凸显，境外证据的取得与认定被迫面临难度更高的挑战，成为新形势下横亘在反跨境电信网络诈骗及其关联犯罪司法活动中的现实障碍。基于互联网无界、隐蔽的特性，电信网络诈骗团伙隐匿境外，国内警方无法直接干预，因此，跨境电信网络诈骗及其关联犯罪呈现出既不同于传统犯罪，又有别于一般性诈骗犯罪的全新特征，使得跨境电信网络诈骗及其关联犯罪的侦查取证难度增大，传统属地管辖的取证模式无法再满足此类案件侦办的需要，高发低破的情势已成为当前工作的一个痛点和难点。^③

---

① 周加海、喻海松、李振华：《〈关于办理信息网络犯罪案件适用刑事诉讼程序若干问题的意见〉的理解与适用》，《中国应用法学》2022年第5期，第54页。

② 胡进：《"审判中心主义"导向下的法治公安建设——以公安侦查工作的重心调整为视角》，《天津法学》2017年第4期，第102页。

③ 吴跃文：《跨境快捷电子取证的探索与展望——以打击整治电信网络诈骗犯罪为例》，《山东警察学院学报》2019年第6期，第86页。

一、跨境电信网络诈骗犯罪瑕疵证据的取得与形成

在涉外案件和跨国犯罪案件中，最关键和最困难的是取证问题。在符合司法协助原则的前提条件下，只有掌握确定、确实、充分的证据才能有效断绝犯罪，完成合作任务。[1] 跨境取证涉及如何在不侵犯他国司法主权、网络主权的前提下高效地获取证据，同时保障证据的合法性、真实性、关联性，是各国和国际司法机关的共同工作难题。在欧盟，实现包括电子数据在内的刑事证据的跨境流动是当前刑事一体化的重要课题，立法者通过一系列立法举措试图解决这一问题，但前景仍不容乐观；美国在"9·11"事件后，不断强化对境外电子数据的获取，案件范围也从最初的反恐案件逐步扩大到其他刑事案件。[2] 就我国而言，对于有跨境取证需求的案件，侦查机关未经别国许可不得在他国领土上行使司法权权能；应当启动国际刑事司法协助程序，委托另一国司法机关代为取证，或经另一国邀请前往他国境内直接取证，或向我国驻所在国大使馆申请认证取证。依据《国际刑事司法协助法》第25条，欲向外国请求调查取证，达成两国间的刑事司法协助，应由承办案件的办案机关制作刑事司法协助请求书并附相关材料，递交所属主管机关审核同意后，移交作为对外联系机关的被请求国大使馆，与被请求国主管当局取得联系，手续冗长、耗时耗力；但如若因此怠于启动国际刑事司法协助程序，又将严重影响跨境电信网络诈骗大案中对主要犯罪分子的打击。这一悖论恰恰为犯罪分子据点境外、逃避追究提供可乘之机。

按照取证主体的不同，可以将境外证据区分为境外提供的证据和赴境外收集的证据。[3] 根据表4-1中我国境外证据的认证规则，可以发现：在审查对

---

[1] 王铮主编：《涉外刑事程序与刑事司法协助——办案规范指南》，群众出版社1999年版，第108页。

[2] 冯俊伟：《跨境电子取证制度的发展与反思》，《法学杂志》2019年第6期，第28页。

[3] 温克志：《涉外刑事证据规则研究》，中国政法大学出版社2016年版，第31页。

象上，相关司法解释聚焦的证据类别主要集中在境外提供的证据，赴境外取得的证据则详尽不足；在审查内容上，相关司法文件几乎一致关注境外证据合法性审查判断的特殊问题。境外证据侦查取证方面的特殊性，根源在于国与国之间以及司法区域之间程序法规范的差异与冲突，由此造成与认定案件事实息息相关的证据规则方面的冲突，从而引发对涉外刑事证据规则的特殊性要求。[①] 当境外警方应提供而未提供相关证据的发现、收集、保管、移交情况等程序性文书，或在取证时采取了逾越我国程序法的侦查手段，或对证据材料的使用用途加以限制时，便形成了境外证据中的"瑕疵证据"。瑕疵证据与非法证据在违法程度上有所区分：瑕疵证据没有侵犯公民的基本宪法权利，只存在技术性违法，也就是说仅违反了取证主体、取证程序、取证形式等法律程序性规定。[②]

[①] 温克志：《涉外刑事证据规则研究》，中国政法大学出版社2016年版，第51页。

[②] 国家检察官学院上海分院、上海市黄浦区人民检察院联合课题组：《检察机关非法证据和瑕疵证据处理机制研究——以新〈刑事诉讼法〉为视角》，《犯罪研究》2014年第3期，第84页。

表4-1 我国境外证据认证规则一览

文件名称	法律性质	具体规定
2021年《最高人民法院关于适用〈中华人民共和国刑事诉讼法〉的解释》	司法解释	第77条：对来自境外的证据材料，人民检察院应当随案移送有关材料来源、提供人、提取人、提取时间等情况的说明。经人民法院审查，相关证据材料能够证明案件事实且符合刑事诉讼法规定的，可以作为证据使用，但提供人或者我国与有关国家签订的双边条约对材料的使用范围有明确限制的除外；材料来源不明或者真实性无法确认的，不得作为定案的根据。 当事人及其辩护人、诉讼代理人提供来自境外的证据材料的，该证据材料应当经所在国公证机关证明，所在国中央外交主管机关或者其授权机关认证，并经中华人民共和国驻该国使领馆认证，或者履行中华人民共和国与该所在国订立的有关条约中规定的证明手续，但我国与该国之间有互免认证协定的除外
2016年《最高人民法院、最高人民检察院、公安部关于办理电信网络诈骗等刑事案件适用法律若干问题的意见》		第6条第3项：依照国际条约、刑事司法协助、互助协议或平等互助原则，请求证据材料所在地司法机关收集，或通过国际警务合作机制、国际刑警组织启动合作取证程序收集的境外证据材料，经查证属实，可以作为定案的依据。公安机关应对其来源、提取人、提取时间或者提供人、提供时间以及保管移交的过程等作出说明。 对其他来自境外的证据材料，应当对其来源、提供人、提供时间以及提取人、提取时间进行审查。能够证明案件事实且符合刑事诉讼法规定的，可以作为证据使用
2021年《最高人民法院、最高人民检察院、公安部关于办理电信网络诈骗等刑事案件适用法律若干问题的意见（二）》		第14条：通过国（区）际警务合作收集或者境外警方移交的境外证据材料，确因客观条件限制，境外警方未提供相关证据的发现、收集、保管、移交情况等材料的，公安机关应当对上述证据材料的来源、移交过程以及种类、数量、特征等作出书面说明，由两名以上侦查人员签名并加盖公安机关印章。经审核能够证明案件事实的，可以作为证据使用
2021年《人民检察院办理网络犯罪案件规定》		第59条：人民检察院对境外收集的证据，应当审查证据来源是否合法、手续是否齐备以及证据的移交、保管、转换等程序是否连续、规范

境外证据的本质仍是"证据"，其归宿在于在我国刑事法庭上认定案件事实，故在证据规则的贯彻程度上本不应与境内刑事案件中的证据材料有所区别。但是对于打击跨境电信网络诈骗及其关联犯罪而言，取得境外证据的办案成本极高。此时若在证据运用环节无视涉外刑事诉讼程序的特殊性，对境外瑕疵证据使用与普通证据材料严格程度一致的认定标准，可能会因被请求地司法机关之过和两国程序差异等，造成我国投入大量司法资源所获取的证据材料不能通过合法性审查，进而被加以排除，这将严重打击我国司法机关启动刑事司法协助程序之积极性，令艰难的跨境取证成果付诸东流，无异于让本就不明朗的反跨境电信网络诈骗及其关联犯罪的情势雪上加霜。境外证据的审查认定处于国际法与国内法的辐射外沿，本国司法人员对境外司法人员取证活动作出的评价牵涉司法主权、司法公正、国际形象的协调保障，其复杂性远非国内证据可比。由是观之，欲全力阻断境外电信网络诈骗犯罪物料运输通道，必须寻求境外瑕疵证据的转化之道。

二、跨境电信网络诈骗犯罪瑕疵证据的审查局限

针对境外瑕疵证据的转化诉求，《最高人民法院、最高人民检察院、公安部关于办理电信网络诈骗等刑事案件适用法律若干问题的意见（二）》吸收近年来办理境外电信网络诈骗案件的有益经验，明确对于境外提供的证据，如果境外警方未一并移送相关证据的发现、收集、保管、移交情况等材料的，并非一律否定其效力，而是允许公安机关进行补正，对证据来源、移交过程等作出书面证明并加盖公安机关印章，经审核能够证明案件事实的，可以作为证据使用。一方面，《最高人民法院、最高人民检察院、公安部关于办理电信网络诈骗等刑事案件适用法律若干问题的意见（二）》对于司法机关提供的境外瑕疵证据合法性审查标准进行"松绑"，力求更偏重证据的客观真实，具有极强的实用性；另一方面，遗憾的是，境外瑕疵证据的转化还遗留着准

据法的选用失焦和证据特定性减损等法治风险，《最高人民法院、最高人民检察院、公安部关于办理电信网络诈骗等刑事案件适用法律若干问题的意见（二）》对此仍旧没有统一适用标准。

（一）转化境外证据"瑕疵"的准据法选用失焦

由司法解释所明确列举的境外证据之"瑕疵"表现为程序性文书的错交、漏交，但司法实践中所表征的"瑕疵"并不仅限于这一维度。境外证据的全生命周期受到国际刑事司法协助条约、他国程序法与我国程序法的三重影响，相互之间的互动与选用使境外证据的适用呈现出复杂的形势。境外证据的形成与获取通常依据的是被请求地法，比如，《公安机关办理刑事案件程序规定》第 378 条规定："负责执行刑事司法协助或者警务合作的公安机关收到请求书和所附材料后，应当按照我国法律和有关国际条约、协议的规定安排执行，并将执行结果及其有关材料报经省级公安机关审核后报送公安部。"基于各个国家和地区的取证程序存在差异，若查明被请求地在取证程序中采取了超越我国《刑事诉讼法》准用范围的侦查措施，取得了对案件定性至关重要的证据材料并已移交我国时，我国法院应依据被请求地法，尊重他国司法主权直接采信该证据，还是以我国法律作为准据法适用非法证据排除规则？又如，即便一项境外证据的获取符合《刑事诉讼法》的合法性要求，却被查明违背了更为严格的被请求地法时又应如何处理？一言以蔽之，境外证据所谓"合法性"的审查认定究竟应以哪国法为参照系？不同准据法的选用可能对被告人的权益产生截然不同的影响。

（二）证据特定性原则与国际义务的履行折损

通过国际刑事司法协助途径从被请求地获取的证据，原则上能且仅能被使用于条约所记载的诉讼目的和案件。例外情形下，境外司法机关还会对由其提供的证据材料作进一步限制，如注明"不得作为呈堂证供""只作情报用途，不得向第三者透露或作法庭证供"等。证据提供者限制所移交的证据材料之适用范围，指向了对证据特定性原则的贯彻适用。根据证据特定性原则，请求地应遵守被请求地对证据材料提出的限制性要求；逾越这一范围的，原则上应被禁止使用。《最高人民法院关于适用〈中华人民共和国刑事诉讼法〉的解释》第77条第1款便有所规定："对来自境外的证据材料，人民检察院应当随案移送有关材料来源、提供人、提取人、提取时间等情况的说明。经人民法院审查，相关证据材料能够证明案件事实且符合刑事诉讼法规定的，可以作为证据使用，但提供人或者我国与有关国家签订的双边条约对材料的使用范围有明确限制的除外；材料来源不明或者真实性无法确认的，不得作为定案的根据。"

面对司法解释的明文规定，我国司法实践的对策是将境外原始证据的取证过程和具体内容形式转化为工作说明并在办案中使用。[①] 例如，在厦门海关缉私局石狮分局立案侦办、海关总署缉私局挂牌二级督办的"5·28"施某龙团伙走私化工纺织原料案中，侦办单位石狮海关缉私分局就对被限制使用的境外证据出具了一份《关于境外取证的工作说明》，内容包括："鉴于香港海关要求不宜将上述证据材料公开或作法庭证供使用……《关于走私犯罪案件中境外证据的认定与使用问题的联席会议的纪要》的有关规定，我局对香港海关提供的证据材料进行整理和形式转换，现以表格形式反映涉案的 SUCCESS TRADING CO.（成功公司）和 GENIUS TRADING CO.（天才公司）两公司从2008年1月至2008年4月15日间在香港海关申报出口纺织原料尼龙6切片共38柜出口到福州马尾港的具体情况（详见附件中的《香港申报出口货物情况表》）。我们能保证转换后的证据与原件核对是客观、真实的，请予以采信。"[②] 类似的转化行为究竟是违反条约义务和国际承诺的不利之举，还是适应

---

① 中华人民共和国最高人民法院刑事审判一、二、三、四、五庭主办：《刑事审判参考（总第115集）》，法律出版社2017年版，第163页。

② 温克志：《涉外刑事证据规则研究》，中国政法大学出版社2016年版，第100页。

跨境犯罪打击需求的思路转圜？应然层面上，对于此类特殊的证据材料，应当依据《最高人民法院关于适用〈中华人民共和国刑事诉讼法〉的解释》第77条视为非法证据予以摒弃，还是界定为瑕疵证据予以默许或适当限制？这些问题均有待立法上予以明确。

（三）区别对待私权利主体赴域外取得的瑕疵证据效力

《最高人民法院、最高人民检察院、公安部关于办理电信网络诈骗等刑事案件适用法律若干问题的意见（二）》表明，境外获取的证据因具备公权力的司法公信背书，即便存在轻微的程序违法，只要是通过国（区）际警务合作收集或者境外警方移交的渠道，补正后经审核能够说明来源，就可推定其合法性并采信为在案证据。而对于当事人及其辩护人、诉讼代理人等私权利主体赴境外取得的证据，除非我国与该国之间有互免认证协定，否则不论其是否能与其他证据材料充分印证，都必须以经过公证机关，所在国外交主管机关或者其授权机关，我国驻该国使、领馆证明或者认证为认定证据资格的唯一前置程序。

相关司法解释对私权利主体赴境外取得的证据设定公证、认证的要求，固然是为保障证据来源合法、清楚起见，但是这一程序被赋予的权重在实然层面上加重了私权利主体的举证负担，有控辩举证责任不对等、消减程序公正之嫌。详言之，对于当事人及其辩护人、诉讼代理人在境内提交的一般刑事证据而言，若证据材料不符合常规的形式条件，检察院、法院还可以依法亲自调取相关证据，或传召证据持有人、见证人等对相关证据进行辨认，通过多种途径进一步核实证据的合法性与真实性；反观对于当事人及其辩护人、诉讼代理人赴境外取得的证据，囿于客观条件，办案机关无法亲自去境外核实证据真伪，此时若无法取得相关涉外机构的公证、认证，可能直接导致当事人及其辩护人、诉讼代理人的举证不能，更毋论各国公证事项范围的不一致导致某些证据材料无法获得公证的情况。在某跨国电信诈骗案中，辩护方为补强被告人供述中的一个细节，向法庭提交了对境外证人的视频调查取证以及被告人曾经同该境外证人的大量往来邮件，却因未经公证、认证，在证据审查过程中被认定为真实性无法核实，所以不予采纳。① 在《最高人民法院、最高人民检察院、公安部关于办理电信网络诈骗等刑事案件适用法律若干问题的意见（二）》已经下调由司法机关提供的证据之采信标准的情况下，如何看待由当事人及其辩护人、代理人赴境外取得的，未获得法定涉外机构公证、认证的证据材料？是必然排除其作为定案依据的可能，还是应平等地给予其补正的机会？申言之，是否应赋予由不同取证主体获取的境外证据同等的保护价值，仍有待作进一步规则建构。

三、跨境电信网络诈骗犯罪瑕疵证据转化的思路调适

证据是刑事审判的基石，没有证据就没有诉讼，没有证据就没有公正。② 求索一条可行的证据交换与瑕疵证据转化之路，是铲除跨境电信网络诈骗及关联有组织犯罪颠扑不破的真理。一方面，对于境外提供的证据之资格认定，继续遵循《最高人民法院、最高人民检察院、公安部关于办理电信网络诈骗等刑事案件适用法律若干问题的意见（二）》，简化证明机制，是应有之义。但另一方面，境外瑕疵证据形成、取得于千里之外的异国，若他国警方出具的程序性文书详尽不足，取证现场确将演变为一个无从查证的"程序黑箱"。如何在不冲击证据合法性根基的前提下，消减各方的举证负担？本书认为，宜锚定境外证据瑕疵产生的前端—中端—终端的体系进阶，实施复合型的调适方案，以推动加强国际司法协作，提升跨国司法协作质效，实现国家治理

---

① 程晓璐：《电信诈骗跨境犯罪境外证据的审查与认定——如何看待辩方取得的境外证据的效力》，载http://www.law.ruc.edu.cn/article/?id=57297，最后访问时间：2023年8月30日。

② 中华人民共和国最高人民法院刑事审判一、二、三、四、五庭主办：《刑事审判参考（总第115集）》，法律出版社2017年版，第161页。

体系和治理能力现代化。[①]

（一）前端调适：充分沟通需求，规范证据移送

合作不畅是证据瑕疵产生的根源。境外证据的取得前端，分为我国侦查人员经他国允许派员与境外警方在犯罪地联合取证，以及境外警方受委托代为取证两种情况。于前者而言，尽管犯罪窝点设在国外，但司法经验表明实施诈骗的犯罪分子基本为我国公民。根据《国际刑事司法协助法》第 25 条第 2 款，我国"请求外国协助调查取证时，办案机关可以同时请求在执行请求时派员到场"。我国警方与境外警方在犯罪地联合取证既便于双方充分沟通需求，对犯罪嫌疑人尽快开展讯问；又有助于我国警方现场确认物证的取得、封存与移交，避免程序性遗漏或误解；还可以督促被请求国积极、高效开展调查取证活动，保证调查效果，以便扫清由于外方缺乏同类案件侦办经验，从而人为产生的证据瑕疵因素。

在后者情况下，我国作为请求地处于相对被动的地位。例如，日本《外国法院司法协助法》第 3 条规定，"任何请求都应依日本法律执行"[②]。国际传统原则上采取"证据之取得依据外国法，证据之评价使用本国法"，而现今境外证据合法性审查方面呈现的趋势是，各自适度退让其司法主权，在与取证地法律不抵触的限度内，可以要求取证地司法机构及相关人员在协助取证时适用请求地法。[③]如果请求方提出应依某一特别程序执行，只要其不与协助国的立法或强制性规范相冲突，不违反协助国的公共秩序，尽管这一特

---

① 王玫黎、杨逸琼：《刑事司法协助所获"境外证据"如何适用》，载https://www.spp.gov.cn/spp/ztk/dfld/202104/t20210406_515692.shtml，最后访问日期：2023年4月3日。

② 裴兆斌、刘聪等：《海上跨国犯罪与国际刑事司法协助》，人民日报出版社2017年版，第74页。

③ 吴增光：《论刑事域外证据的合法性审查》，《人民法治》2019年第15期，第37页。

别程序不为协助国所采用，但协助国一般也是遵照执行的。① 着眼于"治未病"的思路，我国侦查人员在国际警务合作中可以就我国《刑事诉讼法》的取证要求提前征求境外警方的意见，纵使不便提出违背被请求地法律的程序要求，但对于违背我国法律规定的侦查方式却可以明示放弃采用；对于符合两国程序法、双边司法合作协定并对规范现场取证具重要意义的程序，亦可加以提示和强调，从根源上提高证据可采性。例如，《中华人民共和国和西班牙王国关于刑事司法协助的条约》第 8 条第 2 款至第 4 款规定："二、如果请求涉及移交文件或者记录，被请求方可以移交经证明的副本或者影印件；在请求方明示要求移交原件的情况下，被请求方应当尽可能满足此项要求。三、在不违背被请求方法律的前提下，根据本条移交给请求方的文件和其他资料，应当按照请求方要求的形式予以证明，以便使其可以依请求方法律得以接受。四、被请求方在不违背本国法律的范围内，可以同意请求中指明的人员在执行请求时到场，并允许这些人员通过被请求方司法人员向被调取证据的人员提问。为此目的，被请求方应当及时将执行请求的时间和地点通知请求方。"

境外证据自获取于犯罪现场至呈交法庭，需经历证据收集、证据移送、证据审查三个阶段。证据收集环节由于涉及司法主权，往往受国际条约和外方程序法的着重关注；证据审查环节由我国司法机关主导，我国程序法对此设置了详尽的采信规则；而证据移送相较于其他二者，程序最为烦琐，但规定最为稀疏，不仅可能产生证据瑕疵，而且在瑕疵产生后追责时，更易由于缺乏相关证据证明引发争议。证据移送作为国内司法机关接手境外证据的第一步，处于我国司法机关管辖的范围内，理应保证证据移交程序的合法性，

---

① 裴兆斌、刘聪等：《海上跨国犯罪与国际刑事司法协助》，人民日报出版社2017年版，第74页。

避免境外证据由于移交程序出现瑕疵而影响使用。① 对此，《人民检察院办理网络犯罪案件规定》第58条规定："人民检察院参加现场移交境外证据的检察人员不少于二人，外方有特殊要求的除外。移交、开箱、封存、登记的情况应当制作笔录，由最高人民检察院或者承办案件的人民检察院代表、外方移交人员签名或者盖章，一般应当全程录音录像。有其他见证人的，在笔录中注明。"对赃款赃物的移交，还应特别注意不得违反被请求国关于物品和金融方面的进出口法律规定和外汇管制法律规定。②《中华人民共和国和蒙古人民共和国关于民事和刑事司法协助的条约》第31条便涉及这一国际惯例："根据本条约从缔约一方境内向缔约另一方境内寄出物品或汇出金钱时，应遵守本国关于物品的出境和金钱的汇出方面的法律规定。"

（二）中端调适：以我国法律为识别和转化"瑕疵"的准据法

跨境电信网络诈骗犯罪中瑕疵证据的中端环节，面临着或因外国司法机关合作不畅，或因两国程序差异产生了证据瑕疵之后，界定、转化"瑕疵"的准据法选用问题。

与国际法认为请求地法院不得擅自依据本国法律对被请求地的司法活动开展违法性审查的传统观点不同，本书认为，双方有约定的依据约定，在没有约定的情况下，境外证据"瑕疵"认定与转化的准据法应当选用被请求地，即我国程序法。其一，这一结论与我国法律规定具有高度契合性。我国司法解释对这一问题已作出明确指示，《最高人民法院关于适用〈中华人民共和国刑事诉讼法〉的解释》第77条第1款中的"符合刑事诉讼法规定"以及《办

---

① 王玫黎、杨逸琼：《刑事司法协助所获"境外证据"如何适用》，载https://www.spp.gov.cn/spp/ztk/dfld/202104/t20210406_515692.shtml，最后访问日期：2023年4月3日。

② 王铮主编：《涉外刑事程序与刑事司法协助——办案规范指南》，群众出版社1999年版，第109页。

理跨境赌博犯罪案件若干问题的意见》第 7 条第 3 项中的"符合刑事诉讼法及相关规定"均指代的是《刑事诉讼法》及其司法解释。其二，这一结论是对"瑕疵证据"文义解释的延长线。证据"瑕疵"产生的根源在于两国的程序法规范不同，相对于我国法律规范而言，具备轻微违法情节的相关证据材料会被评价为存在"瑕疵"。法定"瑕疵"情节主要表征为境外警方漏交、错交了依据《刑事诉讼法》应当提交的程序性材料，经转化后将在我国法庭而非境外法庭使用，适用我国法律识别和转化瑕疵证据具有当然性。特别是对于境外司法机关允许我国侦查人员采用我国法律允许的方式进行取证所获得的证据材料，更应当以《刑事诉讼法》中的侦查取证规则为审查认定取证活动是否规范的准据法。如果获取的境外证据违反《刑事诉讼法》的明文规定，则应当依法补正或作为非法证据予以排除，这是不论境内网络犯罪还是跨境网络犯罪都应当遵循的原则；[①] 反之亦然，对于不符合被请求地法但为《刑事诉讼法》认可的境外证据，应当承认其效力。

以张某闵等 52 人电信网络诈骗案中办案人员对境外提供的证据材料之合法性审查步骤为例：办案人员以我国法律为准据法，首先审查了证据材料是否符合《刑事诉讼法》规定的形式，解决材料形式合法性问题；其次依据相关条约、司法协助协议等解决了境外执法人员的取证活动在我国的适法性问题；再次对移交程序进行审查，核验证据保管链的完整性。这种细致全面的审查，保障了境外证据在我国刑事诉讼语境中的可采性。[②]

---

① 刘梦：《跨境网络犯罪中非正式电子取证的合法性及其效力》，《政法学刊》2021年第5期，第12页。

② 谢莉：《基于"双重载体"特征明确数据真实性审查路径》，载https://www.spp.gov.cn/llyj/202201/t20220129_543282.shtml，最后访问日期：2023年4月3日。

（三）终端调适：转化适用限制，对等举证责任

境外瑕疵证据转化的终端环节所面临的主要问题，表现在瑕疵证据被识别后的转化处理上。境外证据的取证现场，能且只能由一份份程序性材料来拼凑还原。《最高人民法院、最高人民检察院、公安部关于办理电信网络诈骗等刑事案件适用法律若干问题的意见（二）》已明确对于境外提供的证据，司法机关面向"境外警方未提供相关证据的发现、收集、保管、移交情况等材料"这一"瑕疵"时的处理办法。值得追问的是：其一，当外方对证据材料使用途径有所限制时，是否应当以及如何转化瑕疵证据？其二，如何优化"片面"的举证责任，使控辩举证负担相对对等，协同推动境外瑕疵证据转化沿着科学化和合理化的道路演进？

对于证据特定性原则的履行瑕疵而言，变更证据形式、将证据转化使用后出具工作说明成为我国应对外方附加用途限制的"避难所"。即便有实务工作者认为在审查认定境外证据的过程中应坚持证据特定性原则，严格依据外方要求判断境外证据是否符合使用范围和限定条件，对于违反这一原则的证据材料应一律予以排除，不能在诉讼中使用；但是，将境外原始证据的取证过程和具体内容形式转化成工作说明已然演变为不可逆转的司法趋势和办案动向，本书认为，采信该类证据不会违背司法公正。凡涉及跨境取证的无一例外均为在全国范围内具有影响力的大案、要案，除前文所举的由海关总署挂牌督办的"5·28"施某龙团伙走私化工纺织原料案之外，中国留学生在加拿大杀害女友案[①]以及张某贪污、诈骗案[②]等均采用同一方式将被限制用途的境外瑕疵证据转化适用。在案件中启动国际刑事司法协助程序需动用巨大的司法资源，取得的每份境外证据都弥足珍贵，理应在打击跨境电信网络诈骗

[①] 《北京留学生在加拿大杀死女友被诉》，载https://www.liuxue86.com/a/273986.html，最后访问日期：2023年4月3日。

[②] 徐德高、施盖兵：《48次澳门赌博之后 张健特大贪污、诈骗案始末》，《检察风云》2007年第3期，第26—27页。

犯罪中发挥最大的司法效用。在国内电信网络诈骗关联犯罪案件的审判实践中，面对企业等第三方证据提供者标注了"不作证据使用"的银行流水、通话记录等证据材料，我国法院依据《刑事诉讼法》第3条作为唯一有权认定证据效力的主体，采取只要具备合法性、真实性、关联性就予以采信的一般做法。鉴于境外证据的使用涉及我国国际司法形象，司法机关宜明示取证地主管机构我国将在后续对特定证据所采取的形式转化措施，一则使相关境外瑕疵证据能在境内为我所用，二则面向境外贯彻国际法上的诚信原则，有利于今后我国与其他国家或地区刑事司法协助工作的长足发展。亦可以在条件允许的情况下，就证据目的和用途与境外主管机构商定。但值得注意的是，一经对被请求国提出的附加条件作出承诺，依据《国际刑事司法协助法》第11条，则必须受所作出的承诺约束。

对于控辩举证负担失衡而言，依据《刑事诉讼法》第196条第1款"法庭审理过程中，合议庭对证据有疑问的，可以宣布休庭，对证据进行调查核实"和《最高人民法院关于适用〈中华人民共和国刑事诉讼法〉的解释》第271条第1款"法庭对证据有疑问的，可以告知公诉人、当事人及其法定代理人、辩护人、诉讼代理人补充证据或者作出说明；必要时，可以宣布休庭，对证据进行调查核实"可知，当法庭无法确认由私权利主体赴境外取得的未经证明、认证的证据材料之合法性、真实性时，原则上的正确做法是进一步调查核实、查明事实真相、清除这一程序"瑕疵"，而非径直得出其来源不明的结论。因此，2021年出台的《最高人民法院关于适用〈中华人民共和国刑事诉讼法〉的解释》删除了2020年《最高人民法院、最高人民检察院、公安部办理跨境赌博犯罪案件若干问题的意见》第7条第3项中"未经证明、认证的，不能作为证据使用"这一与上位法及其司法解释相抵触的说法，不再沿用未经证明、认证就可直接对赴境外取得的证据之证据能力作否定评价的规则。

2020年《最高人民法院、最高人民检察院、公安部办理跨境赌博犯罪案

件若干问题的意见》第 7 条第 3 项规定：

依照国际条约、刑事司法协助、互助协议或者平等互助原则，请求证据材料所在地司法机关收集，或者通过国际警务合作机制、国际刑警组织启动合作取证程序收集的境外证据材料，公安机关应当对其来源、提取人、提取时间或者提供人、提供时间以及保管移交的过程等作出说明。

当事人及其辩护人、诉讼代理人提供的来自境外的证据材料，该证据材料应当经所在国公证机关证明，所在国中央外交主管机关或者其授权机关认证，并经我国驻该国使、领馆认证。未经证明、认证的，不能作为证据使用。

来自境外的证据材料，能够证明案件事实且符合刑事诉讼法及相关规定的，经查证属实，可以作为定案的根据。

参考我国民事、行政法律法规的相关规定，可以看出，民事、行政审判实践对境外证据的审核采信，从起初要求所有证据都必须履行公证、认证程序否则不予认定，发展到实际操作过程中灵活合理地区分证据情况适用公证、认证程序。[①] 本书认为，在我国设置了诸多证据真实性验证手段的情况下，不宜将操作难度较大的公证、认证作为审查私权利主体赴境外取得的证据之唯一前置条件，而应将其作为影响证据能力的因素之一。短期内，司法机关应至少出台相关文件，给予私权利主体向所在国外交主管机关或者其授权机关，我国驻该国使、领馆取得认证所必要的指引和帮助。

[①] 吴增光：《论刑事域外证据的合法性审查》，《人民法治》2019年第15期，第38页。

第三节　电子数据的真实性与完整性保障体系构建

电信网络诈骗及其关联犯罪对于信息网络有着高度依赖性，可以说，犯罪行为人对技术手段的运用贯穿了电信网络诈骗活动的始终[①]，犯罪行为、犯罪手段、犯罪对象、犯罪后果等要素不可避免地会留下电子痕迹。在司法办案中，电子数据是电信网络诈骗关联犯罪案件证据链条中的"证据之王"。优化电子数据的真实性与完整性保障，是厘清电子数据的认定规则，也是提升这一证据种类在电信网络诈骗关联犯罪中办案效能一以贯之的主线。

一、电子数据的属性及其在司法办案中的效能

2012 年 3 月 14 日，第十一届全国人民代表大会第五次会议通过《全国人民代表大会关于修改〈中华人民共和国刑事诉讼法〉的决定》，对证据制度作出重大调整，正式引入全新的科技概念——电子数据，并将其增设为法定证据种类。依据最高人民法院、最高人民检察院、公安部制定的《关于办理刑事案件收集提取和审查判断电子数据若干问题的规定》第 1 条，"电子数据"是案件发生过程中形成的，以数字化形式存储、处理、传输的，能够证明案件事实的数据，包括但不限于：（1）网页、博客、微博客、朋友圈、贴吧、网盘等网络平台发布的信息；（2）手机短信、电子邮件、即时通信、通讯群组等网络应用服务的通信信息；（3）用户注册信息、身份认证信息、电子交易记录、通信记录、登录日志等信息；（4）文档、图片、音视频、数字证书、计算机程序等电子文件。区别于内容稳定的传统证据种类，电子数据的科技"基因"使其在司法实践中呈现出多达 20 多种特性，其中最关键的包括以下几种。

[①] 智嘉译：《电信网络诈骗案件中的证据问题研究》，《法律适用》2022年第9期，第168页。

一是客观物质性。传统证据的形成方式易受人为操作、主观因素的影响而错误地反映事实，如书证易被误记、被告人陈述等言词证据易发生口误或表述内容不稳定等情况。反观电子数据，一旦自动生成就在计算机、网络和其他存储介质中留下记录并被保存于系统日志或软件日志中，始终保持最初的状态，形式、内容客观，具有很强的证据价值，被称为"不会说谎的证据"。[1]电子数据客观中立的特性，也使得与电子数据相互印证的案件事实具备更高的司法公信力。

二是"生命力"顽强。传统证据的物质载体一旦遭受毁损，对证据能力造成的负面影响往往是永久性的。反观电子数据虚拟的存在形态，其即便被修改也可依靠技术手段予以复原，这是该种证据类型被誉为"证据之王"的重要体现。对电子数据的破坏可分为表象破坏和实质破坏：前者表现为对电子文件的简单删除、一般格式化，只要借助专业还原技术，就可找回所谓被"破坏"的数据；后者多指采用一些特定算法对数据进行彻底清零操作、对媒介进行不可逆转的物理破坏，但所谓"清零"只会无限趋近于零，而不会绝对等于零，因为硬盘、光盘等媒介仍旧会残留部分数据。[2]有别于传统证据种类的唯一性，即便遭受实质性破坏，存储在其他介质中的冗余数据因承载的信息内容相同，仍可以发挥相当的证明作用。

三是易受污染性。传统物证、书证一旦固定就具有相对稳定性，即便被破坏也很容易被识别；反观电子数据，在存储、传输和使用过程中，一旦遭遇人为因素篡改或环境因素的设备故障等，便可能因无法客观反映案件的真实情况而失去证据资格。[3]例如，若数据存储在优盘之中，随意将优盘在电脑

---

[1] 潘申明、万世界等：《电子数据审查判断与司法应用》，中国检察出版社2017年版，第13页。

[2] 刘文斌：《"电子证据"与"电子数据"考辨——以2012版刑事诉讼法对证据制度的调整为背景》，《天津法学》2015年第1期，第40—41页。

[3] 潘申明、万世界等：《电子数据审查判断与司法应用》，中国检察出版社2017年版，第15页。

中插拔就会写入新的系统日志，使原始数据的完整性受到破坏；若为云存储的数据，则一经破坏就不可恢复。尤其对于银行流水、交易记录等内容庞杂的证据材料而言，只需敲击键盘便可肆意篡改数据，但后续在认定证据真实性时，欲通过人工来核对与原始存储介质中的信息内容是否一致，则难度较大、效率极低。电子数据的易受污染性与客观物质性构成了这一证据种类相互抵牾的一体两面。

电信网络诈骗关联犯罪对信息网络的高度依赖特性，使得以计算机和网络为依托的电子数据掀起了网络犯罪案件证据格局的大演变，挤压物证、书证等传统证据的地位，并居于体系中枢，很多案件的走向往往取决于一份电子证据能否立得住。据统计，电子数据在每种罪名中都体现出积极的证明作用，其中掩饰、隐瞒犯罪所得、犯罪所得收益罪平均每个案件更是需要9个左右的电子数据来证明案件事实。[1] 根据电信网络诈骗犯罪的行为特征，常见的电子数据可以分为两大类：一类是与诈骗财物密切相关的电子数据，包括资金交易记录以及对应的取款录像、网上银行操作IP信息、电子账册等；另一类是在虚构事实的具体诈骗过程中产生的电子数据，主要有通话记录、手机短信、即时通信记录、虚假网络图文信息等。[2]

电子数据的收集与提取是否具有合法性，电子数据本身是否符合真实性和关联性标准，决定着相关案件事实能否被完整勾勒，决定了司法机关能否在刑事法庭上占据打击犯罪的制高点。例如，在涉网络支付结算帮助行为案件中，多层转账行为模式往往导致待证对象数量庞杂。此时侦查机关若恪守传统的侦查模式，那么往往会因涉案银行卡内的具体犯罪金额无法被精准查清而导致认定的犯罪数额远低于实际的犯罪数额，不利于对该

---

① 罗文华、程家兴等：《电信网络诈骗罪名体系中的证据问题——以7种罪名135个案例为样本》，《中国刑警学院学报》2020年第6期，第78页。

② 潘申明、万世界等：《电子数据审查判断与司法应用》，中国检察出版社2017年版，第430页。

类犯罪的惩治。若能结合已收集的支付结算电子数据，即便只查找到部分被害人，亦可以在特定条件下将账户金额推定为犯罪数额，从而实现犯罪数额的整体认定。[①]

二、电子数据证据能力与证明力认定中的风险表征

电子数据一体两面的特征体现出真实性原则在电子数据审查判断中的核心地位，这与我国司法实践中审查认定电子数据的司法逻辑相一致。《刑事诉讼法》第50条第2款规定："证据必须经过查证属实，才能作为定案的根据。"在证据真实性审查判断原则中，作为下位概念的"完整性原则"是电子数据鉴真的重点。换言之，完整性"掐住"了电子数据证据能力的"七寸"。在办案前期规范地收集、提取电子数据，夯实其真实性和完整性将极大程度地反哺打击电信网络诈骗关联犯罪活动的效率和司法公信力。在当下我国的司法实践中，电子数据的真实性与完整性保障体系在证据材料提取形式、原始证据优先原则的落实和证明内容、证明负担等方面表现出疏漏与越轨，冲击了电子数据规则的适用力，戕害着刑事诉讼的程序正义。

（一）证据材料提取形式简陋

在介入了第三方协助的情况下，部分网络服务提供者等协同治理主体向公安机关移交的单方电子数据缺乏最基础的法定形式保障，程序意识有待提高。例如，移交作为电信网络诈骗关联犯罪关键证据的银行流水、转账记录、交易明细时所采用的所谓"数据电文形式"，在司法实践中普遍表现为拷贝在光盘中的加密Excel表格，由移交方口头告知接收方解锁文件的密码，缺乏电子签名、数字水印等基础特殊标识。网络服务提供者在缺乏引导和指示的情

[①] 上海市第一中级人民法院课题组：《网络支付结算型帮助行为的刑法规制——兼论帮助信息网络犯罪活动罪的理解与适用》，《中国应用法学》2022年第1期，第104页。

况下，将不符合基本形式要求的证据材料移交侦查机关后，侦查机关往往出于对正常业务记录的可信推定，原封不动地移交检察机关。最终呈递法庭的，是没有真实性形式保障的电子数据。但凡破解了文件密码，仅需敲击键盘，便可在关键证据材料中篡改影响定罪量刑的重要信息。其间，数据是否发生变动存有疑问，影响证据证明力。侦查人员的这类操作也给辩护人留下了辩护空间，造成公诉人庭审被动。[①]

（二）原始证据优先原则的落空

相较于传来证据，原始证据因其第一手属性具备最高的准确度和最强的证明力，故对于传统证据材料而言，以收集审查原始证据为原则是公认的司法经验。但当审查对象变更为电子数据时，司法经验却由于载体的电子化流变为以审查复制件为原则，以获取原始证据为例外。在我国民事诉讼领域，2020年5月1日施行的《最高人民法院关于修改〈关于民事诉讼证据的若干规定〉的决定》，已经确立"当事人以电子数据作为证据的，应当提供原件"之规则。2019年IBM深圳分公司在一场劳动争议诉讼中，因为没有向法庭提交所提取的电子数据之原始载体，承担了败诉之殇。即便IBM公司对取证结果进行了公证，也未能得到法院的采纳。[②] 反观现阶段的刑事办案实践，大多数作为证据材料的聊天记录、交易记录、银行流水等电子数据均以打印件、复制件、网页快照的形式入卷，后续对证据的移送、审查、采信、质证、认证几乎也都在此类复制件的形式之上展开，降低了真实性原则的审查标准。证据真实性审查的原旨在于审查证据原件，复制件的审查结果不应代替原件的审查结果。据统计，司法实践中以电子数据复制件举证偏多，但同时，提

---

① 胡巧娜：《网络犯罪中电子数据的取证与审查运用研究》，载《做优刑事检察之网络犯罪治理的理论与实践——第十六届国家高级检察官论坛文集》，中国检察出版社2020年版，第387页。

② 广东省深圳市福田区人民法院（2019）粤0304民初34978号民事判决书。

交电子数据复制件比提交原始存储介质更易出现否定证据真实性的裁判结果[1]，形成举证悖论。

（三）证明内容偏倚，证明负担沉重

我国在刑事审判时很少会在举证质证环节当庭播放电子数据，更多的是展示电子数据在刑事诉讼中的生命周期，[2] 表现出重形式、轻内容的"跛腿"趋势。电子数据的真实性保障本受益于可信时间戳、哈希值校验、区块链等高科技的迭代，但是使用上述技术需要耗费较大司法成本。在网络犯罪办案实践中，司法机关取得和保存电子数据本就相当不易，经济欠发达地区的司法机关恐无法提供充分的硬件条件将上述先进的检测技术充分应用于实践之中，只能侧重于依据现行有效的法律法规对电子数据的完整性作间接审查判断。因此，我国司法解释并没有将上述技术审查手段纳入电子数据检查的硬性标准。一旦辩护人从技术审查层面质证电子数据的真实性，相关司法机关将囿于工具和经验的匮乏，难以证明特定电子数据不存在篡改痕迹的否定性事实。

三、电子数据真实性与完整性保障的优化方案

就审查范式而言，电子数据审查可被划分为技术审查和法律审查；就审查标准而言，真实性、完整性是电子数据认定最重要的因素。优化电子数据真实性、完整性保障，突破电子数据"一体两面"特征构筑的迷雾，应从协同治理、程序分流、证据推定等方面入手，做到有的放矢。

---

① 刘品新：《论电子证据的理性真实观》，《法商研究》2018年第4期，第60页。

② 刘品新：《电子证据的鉴真问题：基于快播案的反思》，《中外法学》2017年第1期，第98页。

（一）引导网络服务提供者落实基础程序义务

《反电信网络诈骗法》第 26 条第 1 款已明确赋予网络服务提供者在电信网络诈骗及其关联犯罪案件中的侦查协助义务："公安机关办理电信网络诈骗案件依法调取证据的，互联网服务提供者应当及时提供技术支持和协助。"为普及防篡改技术，2022 年《最高人民法院、最高人民检察院、公安部关于办理信息网络犯罪案件适用刑事诉讼程序若干问题的意见》第 14 条将"保证电子数据的完整性"设定为网络服务提供者移送相关证据材料时应当履行的基础程序义务，网络服务提供者采用数据电文形式提供电子数据的，应当保证电子数据的完整性，并制作电子证明文件，载明调证法律文书编号、单位电子公章、完整性校验值等保护电子数据完整性的信息。数据电文形式的法律文书和电子证明文件，应当使用电子签名、数字水印等方式，以保证完整性。

本书认为，在协查案件、配合证据调取时，对电子数据形式真实的保障工作宜遵循以司法机关为主，以企业协助为辅的理念。一方面，司法机关不应无视网络服务提供者的诉求，使其承担过重的侦查协助责任；另一方面，网络服务提供者等协同主体应履行最基础的程序义务，在司法机关的引导和提示下于移送的证明文件中使用电子签名、数字水印，或将文件锁定为"只读"模式等。以电子签名、数字水印为中心的系列技术的主要特征就是不可篡改，企业作为电子数据提供者亦应积极配合，从源头上克服电子数据的易变性。

（二）程序分流，明确审查重点

电子数据审查的起步关键词是"分流"。首先，面对所提取的海量电子数据，司法机关应当从何处入手，方能最高效地将其有逻辑、有规律地分类？在北京市东城区人民检察院办理的首例解封账号类帮助信息网络犯罪活动案中，侦查机关提取了作案手机和电脑主机共 20 台，每台设备中有涉及作案的 APP 10 余个，数据量大、内容庞杂。通过对恢复数据的分析，检方根据设备用途，初步将涉案手机、电脑分成三大类——接收待解封账号用机、发布任务用机、生活用机，并在此基础上开展进一步的证据能力认定工作。

其次，在具体至单个电子数据的真实性审查程序上，我国现行司法解释对电子数据真实性的审查可分为形式审查和内容审查，并体现出侧重形式审查的司法趋势。《关于办理刑事案件收集提取和审查判断电子数据若干问题的规定》第22条和第23条规定分别明确了对电子数据真实性和完整性的重点审查内容，提示了真实性和完整性的审查方法。对于电子数据的真实性，应当着重审查：（1）是否移送原始存储介质，以及在原始存储介质无法封存、不便移动时，有无说明原因，并注明收集、提取过程及原始存储介质的存放地点或者电子数据的来源等情况；（2）电子数据是否具有数字签名、数字证书等特殊标识；（3）电子数据的收集、提取过程是否可以重现；（4）电子数据如有增加、删除、修改等情形的，是否附有说明；（5）电子数据的完整性是否可以保证。对于电子数据的完整性，则应当着重审查：（1）原始存储介质的扣押、封存状态；（2）电子数据的收集、提取过程，查看录像；（3）比对电子数据完整性校验值；（4）与备份的电子数据进行比较；（5）冻结后的访问操作日志。

《关于办理刑事案件收集提取和审查判断电子数据若干问题的规定》确立了"以扣押原始存储介质为原则，以提取电子数据为例外，以打印、拍照、录像等方式固定为补充"的规则，[①] 提供了开展电子数据真实性审查的具体着手思路，即以是否移送原始存储介质为参照系，对证据材料加以分类后开展针对性认证。依据《人民检察院办理网络犯罪案件规定》第62条第2项"存储介质，是指具备数据存储功能的电子设备、硬盘、光盘、优盘、记忆棒、存储芯片等载体"，而所谓"原始存储介质"，则是电子数据领域运用最佳证据原则时替代"原始电子数据"的概念。

电子数据真实性、完整性判断框架是从能否随原始存储介质移送分流出

---

① 喻海松：《网络犯罪刑事程序规则的新近发展——基于〈新刑事诉讼法解释〉的解读》，《中国应用法学》2021年第5期，第57页。

发，在此基础上对证据内容的真实性、完整性进一步确立的细则。

第一，有条件扣押、封存光盘、磁盘、优盘等存储介质的，应当将电子数据随存储介质移送，并对相关证据材料进行存储介质和数据本体的双重鉴真。在各国普遍实行原件规则或最佳证据规则的今天，向法庭举证时原则上要提交原件；只有基于特定原因不能提交原件的，才可以提交复制件，[1]电子数据不应是例外。《最高人民法院关于适用〈中华人民共和国刑事诉讼法〉的解释》第111条第4项规定，审查、验证电子数据真实性的相应方法之一为"与备份的电子数据进行比较"，亦表达了复制件仅是电子数据证据能力审查的工具，而非审查客体的规范意涵。对于该类证据材料，首先应核实被移送的存储介质是否确为对应电子数据的原始存储设备。确认存储介质的原始性后，保障证据真实性的首要任务是构建原始存储介质封存状态的证明，且不能以扣押手续代替封存证明。根据《人民检察院办理网络犯罪案件规定》第34条，原始存储介质被扣押封存的，应注重从以下方面审查扣押封存过程是否规范：（1）是否记录原始存储介质的品牌、型号、容量、序列号、识别码、用户标识等外观信息，是否与实物一一对应；（2）是否封存或者计算完整性校验值，封存前后是否拍摄被封存原始存储介质的照片，照片是否清晰反映封口或者张贴封条处的状况；（3）是否由取证人员、见证人、持有人（提供人）签名或者盖章。

在验证了存储介质的真实性之后，需要进一步审查电子数据内容本体的真实性：一是通过鉴定意见中记录的数据来源和收集过程，以及数据是否是从原始存储介质中提取的来核验电子数据来源的原始性和同一性；二是通过审查电子数据检验报告以及收集的程序、方法是否符合法律及相关技术规范，来检视电子数据在刑事诉讼的各个环节是否确无被更改或者删减。[2]

---

① 刘品新：《论电子证据的理性真实观》，《法商研究》2018年第4期，第60页。

② 谢莉：《基于"双重载体"特征明确数据真实性审查路径》，载https://www.spp. gov.cn/llyj/202201/t20220129_543282.shtml，最后访问日期：2023年4月3日。

电子数据完整性判断框架亦从形式完整和内容完整分流，鉴别证据材料的整体连贯性：（1）形式维度下，主要审查电子数据的附属信息，确保证据材料"表象真实"，主要包括文件名称、目录位置、内容来源、作者、创建和修改日期电子数据的"身份认证信息"；（2）内容维度下，运用MD5、SHA等一致性校验算法，生成电子数据唯一的"身份证号"后，对比原始数据与复制件各自的校验值码是否相同。[①]

第二，对于无法扣押、封存原始存储介质的电子数据，采取直接提取、制作数据镜像或远程在线提取的方式。例外情况下，辅之以拍照、打印、录像等方式作补充。根据《人民检察院办理网络犯罪案件规定》第35条至第37条，通过这类方式获取的电子数据，其完整性保障重点在于搭建完整的取证监督链。（1）是否记录原始存储介质的品牌、型号、容量、序列号、识别码、用户标识等外观信息，是否记录原始存储介质的存放位置、使用人、保管人。（2）是否计算完整性校验值。（3）是否由取证人员、见证人、持有人（提供人）签名或者盖章。（4）对原始存储介质制作数据镜像予以提取固定的，是否附有制作数据镜像的工具、方法、过程等必要信息；直接提取电子数据的，所提取数据内容的原始存储路径，提取的工具、方法、过程等信息，是否一并提取相关的附属信息、关联痕迹、系统环境等信息；远程在线提取电子数据的，是否记录远程计算机信息系统的访问方式、电子数据的提取日期和时间、提取的工具、方法等信息，是否一并提取相关的附属信息、关联痕迹、系统环境等信息。

《人民检察院办理网络犯罪案件规定》特别提示了直接提取电子数据时，不仅应当对涉案电子数据中的内容信息数据予以完整、完好的提取，还应当对电子数据附属信息、关联痕迹、系统环境信息予以全面提取。对常被实践忽略的附属数据信息作出提取要求，与欧盟《网络犯罪公约》对证据收集的

[①] 潘申明、万世界等：《电子数据审查判断与司法应用》，中国检察出版社2017年版，第257—258页。

要求保持一致。根据《网络犯罪公约的解释报告》(*Explanatory Report to the Convention on Cybercrime*) 第 1 条 d 项，附属数据信息指在计算机通信链中生成的辅助一条通信链路形成的计算机数据类别，其机能使其获名"往来数据"(Traffic Data)，如通信 IP 地址、通信目的地、通信路径、通信日期与持续时间等数据信息。虽然附属数据信息不能对案件主要事实起到证明作用，但其主要用于证明内容数据信息的真实可靠，使电子数据形成一个完整的数据链条。[1]2016 年的快播案便是因司法机关忽略了提取附属信息，导致在案关键的电子数据缺乏佐证，真实性难以确认：其一，快播案中的侦查人员和公诉人取证、举证淫秽视频的重点在于这些电子数据是从快播公司所使用的缓存服务器中获得的，忽略了对于这些电子数据的运行环境、运行系统等信息的提取；其二，公诉人基于 IP 地址确定"鉴定人所述的物理特征与服务器是吻合的，因此原始数据无问题"，辩护人则提出电脑的 IP 地址改动极为容易，对此，公诉人所出示的证据中无相应附属信息对 IP 地址数据的真实性予以佐证，且公诉人没有提交服务器原物和照片，由此使得涉案电子数据的真实性在法庭上受到广泛质疑。[2]

提取和保管环节的程序性规范贯穿上述审查认定电子数据证据能力与证明力的细则之中，为举证质证环节取得案件突破提供了丰富的素材和依据。可以看出，对于违反取证程序、证据保管链断裂从而影响电子数据真实性的行为，我国立法与世界其他法治国家的总体倾向保持一致，采用了绝对排除的态度。[3]例如，在某磁力搜索引擎传播淫秽物品牟利案中，辩护人指出，侦查机关在有条件第一时间扣押、封存原始储存介质的情况下，违反操作程序

---

[1] 徐燕平主编：《刑事证据运用》，中国检察出版社2008年版，第83页。

[2] 王志刚：《网络犯罪治理中的证据与证明问题研究》，中国政法大学出版社2021年版，第37—38页。

[3] 王志刚：《网络犯罪治理中的证据与证明问题研究》，中国政法大学出版社2021年版，第18—20页。

未扣押原始储存介质，也未按照规定采取基本的计算完整性校验值等方法保证数据的完整性、同一性，且未以封存状态移送，取证程序严重违法，使相关数据被污染，真实性、完整性无法核实。其辩护意见为公诉机关所采纳，最终承办人作出对被告人张某某不起诉的决定。[1]

（三）积极扩大推定性标准的适用

推定标准在民、刑传统证据认定中，拥有广泛和扎实的实践历程，但当对象流变为电子数据时，两个领域的审判者均未能形成适用推定性标准进行电子证据真实性判断的行为自觉。[2]印度电子证据研究专家阿拉迪亚·套希亚指出："各种推定使得审理程序更有效率。"[3]

首先，对于电信网络诈骗关联犯罪办案至关重要的正常业务记录，宜基于网络服务提供者等材料移交方的中立性采取可反驳的推定审查模式，即在满足形式真实的前提下，司法机关若未发现在案相反证据，应当推定该电子数据的实质真实。例如，在华盖创意（北京）图像技术有限公司与广州中地行房产代理有限公司侵害作品信息网络传播权纠纷案中，判决认定"如无相反证据，可以认定相应光盘内容未经过修改"，理由之一即为"可信时间戳证书系由国家授时中心建设的第三方机构签发，用于确定电子数据产生的准确时间，防止电子数据的篡改，该机构具有中立性"。[4]若该电子数据的完整性被质疑，则由质证方提交电子数据完整性被破坏的肯定性事实证明，不再由司法机关在已满足形式真实的硬性要求的情况下进一步采用技术手段提交特

---

[1] 艾行利：《运用电子证据规则成功助力不起诉|质证电子数据成功典型案例分析》，载https://shlx.pkulaw.com/lawfirmarticles/023df66bc41654b11245e961000a80dbbdfb.html?way=textRightFblx，最后访问日期：2023年3月27日。

[2] 刘品新：《论电子证据的真实性标准》，《社会科学辑刊》2021年第1期，第77页。

[3] Sethia Aradhya, *Rethinking Admissibility of Electronic Evidence*, International Journal of Law and Information Technology, Vol.24:3, p.2 (2016).

[4] 北京市朝阳区人民法院（2016）京0105民初51098号一审民事判决书。

定证据未被篡改的否定性事实证明。"谁异议，谁证明"的举证模式在不动摇证据真实性原旨根基的前提下，观照了司法实践的现实情状，适当分配了电子数据举证责任，合理地为司法机关的证明负担松绑。

其次，理论上，电子数据的篡改往往难以察觉，如果一味强调举证方必须证明其真实可靠，有时过于苛求。对于电子数据客观性的认定可以转向对相关否定因素的排除，如果电子数据依赖的计算机系统的软硬件可靠，该系统有防止出错的监测或稽核手段，而且其运行过程是正常的，那么该电子数据就具备足够的可靠性保障，除非另有相反的证据，否则应当推定其真实可靠。[①]

第四节　电信网络诈骗追赃挽损机制完善研究

一、电信网络诈骗追赃挽损现状

电信网络诈骗关联犯罪的追赃挽损是案件办理程序的最后一环，也是对于被害人来说最具有实质性意义的一环。对财产型犯罪的被害人而言，能够及时地、最大限度地挽回财产损失，是对其财产权的最好保护。电信网络诈骗关联犯罪虽然本身并不属于财产型犯罪，但部分犯罪如掩饰、隐瞒犯罪所得罪，帮助信息网络犯罪活动罪等，均对诈骗罪构造中财产转移占有、利益终局性转移实现等发挥了重要作用。电信网络诈骗关联犯罪的追赃挽损是多年来一直未能解决的棘手难题，主要归因于电信网络的无地域性和传播性，涉案资金可以横跨千里，甚至突破国境，资金的流向和载体千变万化，受害公民数不胜数。即便犯罪分子已经被抓捕归案，受到了应有的刑事处罚，但

[①] 潘申明、万世界等：《电子数据审查判断与司法应用》，中国检察出版社2017年版，第258页。

其通过不法手段获取和操作的钱款却难以全数追回返还。在实务中，电信网络诈骗及其关联犯罪的赃款赃物一旦到达行为人的支配、控制空间，就会被以极快的速度转移、隐藏，基本上无法直接追回，追赃挽损数据不容乐观。目前，我国对于此类犯罪的赃物赃款损失挽回，基本上只能在被害人实施财产处分行为后，通过紧急止付、劝阻支付等机制的建立和运行来避免终局性损失。

尽管电信网络诈骗及其关联犯罪的追赃挽损工作困难重重，但我国公安机关、银保监会、地方反诈中心等部门、行业持续深入推进打击治理电信网络诈骗及其关联犯罪的追赃挽损工作，目前已取得一定实效。比如，在国内层面，根据北京市公安局的工作报告，2022年北京警方将涉案"两卡"及GOIP、洗钱"水房"等黑灰产作为主攻方向，打掉团伙窝点155个，破获案件1.28万余起，抓获犯罪嫌疑人2万余名，狠狠打击了电信网络诈骗及黑灰产业链条。此外，北京警方还推动了38个第四级反诈中心的建设运行，健全完善市局、分局、派出所及社会力量分级分类预警劝阻处置模式，累计劝阻被骗事主2370余万人次，避免经济损失94亿余元，返还被骗资金2亿余元。借助智慧刑侦建设，北京警方还针对跨省市、跨区域及职业化、团伙性犯罪，波次推进39个集群战役，打掉盗窃地下室财物、为境外提供服务的涉电信网络诈骗等团伙窝点318个，为守护人民群众的人身财产安全提供有力保障。① 又如，在国外层面，我国警方多次发动跨境打击电信网络诈骗违法犯罪联合行动，其中2016年的"长城行动"是我国首次与欧洲国家联合开展打击电信网络诈骗违法犯罪警务执法合作行动，也是规模最大、战果最丰硕的打击电信网络诈骗违法犯罪联合行动。在这次行动中，我国警方远赴西班牙马德里，与西班牙国家警察总局组成联合专案组，追查电信网络诈骗窝点，查找犯罪嫌疑人，收集

---

① 《刑案降至十年最低，命案连续8年100%侦破！北京警方打击刑事犯罪实现6大突破》，载http://gaj.beijing.gov.cn/xxfb/jwbd/202301/t20230110_2895656.html，最后访问日期：2023年4月24日。

固定违法犯罪证据，共捣毁位于马德里、巴塞罗那、阿利肯特等地的诈骗窝点13个，抓获并在西班牙羁押犯罪嫌疑人237名，现场查获了一大批涉案证据，涉案金额达1.2亿元。2017年1月，中方依据《中华人民共和国和西班牙王国引渡条约》，正式向西班牙外交部递交犯罪嫌疑人引渡请求书。经过2年多的庭审程序，西班牙国家法院二审作出判决，同意将"长城行动"全部犯罪嫌疑人引渡给中方。[①]2022年，上海警方结合"猎狐2022"专项行动，依托科技赋能和数据整合，不断强化国际警务协作，汇聚整合资源、优化既有机制、探索合作突破，持续对出逃境外的经济犯罪嫌疑人开展追逃缉捕工作，2022年以来，累计追回出逃境外经济犯罪嫌疑人42名，追缴赃款1.4亿余元。上海警方坚持通过多种方式拓宽追赃渠道，结合打击利用离岸公司和地下钱庄向境外转移赃款犯罪专项行动，动态排查在逃人员非法转移资金的渠道，及时冻结涉案账户，精准开展境外追赃。[②]

二、电信网络诈骗追赃挽损困境

目前，我国犯罪追赃挽损机制工作的困境主要体现为规则不完善和技术手段落后。首先，从国内法涉内与涉外的规定来看，犯罪追赃机制的规则基础较为薄弱，仅有一些原则性、概括性的规定，不足以为实践中大量的追赃工作提供明确的行动指南。其次，我国警务机制还存在技术性不强、更新率不高的缺陷，与犯罪技术、犯罪设备的高频率更新换代相形见绌，智慧司法建设依然道阻且长。

---

① 《我国首次从欧洲大规模押回电信网络诈骗犯罪嫌疑人》，载https://app.mps.gov.cn/gdnps/pc/content.jsp?id=7453110，最后访问日期：2023年4月24日。

② 《上海警方"猎狐行动"全力开展国际追逃追赃，今年已追缴1.4亿余元》，载https://gaj.sh.gov.cn/shga/wzXxfbGj/detail?pa=110ef360e4374a41dba1bd2b98ea82be98f89e4169876eebc010a8869deb521d，最后访问日期：2023年4月24日。

（一）法律规则不完善

就电信网络诈骗关联犯罪的国内追赃挽损来说，能够直接参照的规定主要是 2022 年《最高人民法院、最高人民检察院、公安部关于办理信息网络犯罪案件适用刑事诉讼程序若干问题的意见》第 22 条、2016 年《最高人民法院、最高人民检察院、公安部关于办理电信网络诈骗等刑事案件适用法律若干问题的意见》第 7 条和 2021 年《最高人民法院、最高人民检察院、公安部关于办理电信网络诈骗等刑事案件适用法律若干问题的意见（二）》第 17 条。根据上述条款，处理涉电信网络诈骗案件的财物主要遵循"优先返还"和"按比例返还"的返赃原则，以及"不当取得返还"的追缴原则。但是，首先，这两个原则对实务中的追赃挽损工作指导意义并不大，因为追赃追缴的前提是能够追踪到资金去向，查获涉案账户，而不是后续的赃款确权问题。当前，电信网络诈骗关联犯罪的犯罪人都具有极高的警惕性和反侦查能力，一旦收到被害人的钱款，或者被害人的财物抵达其可支配、控制的空间范围内，犯罪人立即会通过网络将该财物进行多次转移，而公安机关的侦查活动从开展到侦破需要一定的时间跨度，这足以让犯罪人把赃款转移到"千里之外"，造成赃款追踪的巨大障碍。其次，2016 年《最高人民法院、最高人民检察院、公安部关于办理电信网络诈骗等刑事案件适用法律若干问题的意见》第 7 条第 2 款和 2021 年《最高人民法院、最高人民检察院、公安部关于办理电信网络诈骗等刑事案件适用法律若干问题的意见（二）》第 17 条中的"涉案账户内资金"，均指的是涉电信网络诈骗犯罪的账户或者款项，关联犯罪中的账户、款项是否也能被纳入该范畴还具有一定争议。例如，以帮助信息网络犯罪活动罪，掩饰、隐瞒犯罪所得罪等关联犯罪立案的案件，查扣银行卡内尚未转走的余额属于电信网络诈骗的钱款，并不属于帮助信息网络犯罪活动罪等其他关联犯罪应当处理的涉案财物，因此从审判机关的职权角度看，法院在判决时一般不会对这部分钱款予以处理。此外，从侦查机关的职责看，侦查机关的冻结期限一般为"半年""一年"，侦查机关将案件移送检察院之后，是否应当每年继续对已结案件的账户进行冻结，并无规定。因此，如果账户冻结期限到期，账户自动解冻，涉案资金就又会成为无主之物，存在巨大的失控风险。

就电信网络诈骗关联犯罪的境外追赃挽损来说，主要参照的国内法规定是 2018 年出台的《国际刑事司法协助法》，国际法依据主要是与其他国家签订的国际条约。不同于贪腐犯罪和经济犯罪，目前国际上针对包括电信网络诈骗及其关联犯罪在内的网络犯罪尚未建立起具有较普遍共识性的国际条约，因此，仅依靠国内宣誓性、原则性的司法协助规定，在境外协调搭建国际警务合作开展电信网络诈骗关联犯罪的追赃工作仍然困难重重。

综上所述，从法律依据上看，目前国内法与国际法均未能针对电信网络诈骗关联犯罪的追赃挽损工作提供一个相对明确的行动规则；但反过来思考，法律本身就具有天然的滞后性和稳定性，面对犯罪手法、转赃手段不断升级的电信网络犯罪，更具有现实意义的策略是从规范理性建构层面转向技术突破研究，"以毒攻毒"，传统侦查手段与大数据侦查手段并用，通过个案的侦破，深度破解和剖析犯罪所依托的设备技术和算法原理等，再针对性地构建数字化的智能高效对抗机制。

（二）技术手段落后

一方面，电信网络诈骗关联犯罪的技术手段不断升级。随着互联网金融的迅猛发展，诈骗分子利用三方四方支付、"跑分平台"、数字货币、贸易对冲等多种方式，不断改变转账洗钱手法，转账速度快、隐蔽性强、追踪溯源难，给公安机关追缴赃款工作带来很大挑战。诈骗集团利用区块链、虚拟货币、AI智能、GOIP、远程操控、共享屏幕等新技术新业态，不断更新升级犯罪工具，与公安机关在通信网络和转账洗钱等方面的攻防对抗不断加剧升级。从通信网络通道看，利用虚假 APP 实施诈骗已占全部发案的 60%，并开始大量利用秒拨、VPN、云语音呼叫以及国外运营商的电话卡、短信平台、通信线路实施诈骗。从资金通道看，传统的三方支付、对公账户洗钱占比已减少，大量利用"跑分平台"加数字货币洗钱，尤其是利用USDT（泰达币）危害最为严重。集团头目通过境外聊天软件，指挥境内人员从事APP制作开发、引流推广、买卖信息、转账洗钱等各类违法犯罪，境内境外衔接紧密，跨国有组织犯罪特征日趋明显。[①] 此外，侦查机关和银行部门在涉案资金流水查询方面存在查询门槛过高、时间过长的问题，对可疑资金的查询、追踪、冻结等存在诸多技术障碍，不能对诈骗资金做到第一时间冻结，追赃挽损时间成本较高。

另一方面，警方侦查协作机制构建不完善，主要体现为侦查机关之间协力不足，侦查机关与行业部门、互联网企业等第三方利益诉求冲突。首先，在开展国内跨地域追赃工作时，国内警务系统和银行系统缺乏统一的资金流向查询机制和信息互通机制，导致跨地域侦查协作存在主体责任推诿、行动落实缓慢等现实问题，这些问题均可以归因于侦查机关对案件办理后端善后环节重视度不足。其次，在开展国际跨境追赃工作时，除了缺乏国际条约的合法性依据支撑，还面临国家间数据安全保护的利益诉求冲突问题，此外，网络犯罪的弱地域性与刑事管辖权的强地域性之间存在天然的张力，跨境取证、追赃的信息共享需求与数据安全保护之间也存在天然的冲突。再次，侦查机关在寻求与行业部门、互联网企业等持有资金流向和犯罪人信息等重要数据的第三方配合追赃追逃时也存在不少困难。例如，金融平台、互联网企业同时负有法定的个人信息保护义务和协助刑事诉讼义务，二者之间位阶如何，法律尚未明确，也缺乏有关义务履行补偿措施的规定，导致现实中第三方面临合规与否的两难，常常消极对待协助侦查义务。而缺乏专业知识和技术支持的侦查机关步履维艰，有心无力。[②]

[①] 《注意！电信网络诈骗犯罪出现这些新变化、新特点》，载http://www.news.cn/legal/2022-04/14/c_1128560747.htm，最后访问日期：2023年4月24日。

[②] 裴炜：《刑事数字合规困境：类型化及成因探析》，《东方法学》2022年第2期，第167—168页。

三、电信网络诈骗追赃挽损机制研究

（一）机关内构建多警种间协作追赃机制

公安机关立案后，要开展侦查活动，可能涉及与国家安全机关、公共信息网络安全监察机关、海关、户籍管理机关等各个垂直细分部门的交流互通和警力合作，以实现侦查和抓捕的效率最大化。根据我国网络犯罪治理经验，涉网犯罪的侦查往往采取线上和线下双线并行的方式，这就涉及多个警种联合办案的问题。例如，线上要求案件侦查人员通过电信互联网追踪犯罪嫌疑人以及被害人的行为平台、IP 地址、资金流向等，通过网络实现紧急止付和有效止付；线下要求侦查人员迅速到位，尽快定位，抓捕嫌疑人，防止其逃脱法网。目前，我国在办理电信网络诈骗及其关联犯罪案件时，还应当加强各警种之间的配合。首先从制度上放宽不同警种之间的合作限制，对于电信网络诈骗及其关联犯罪类法益侵害紧迫性强、危害扩散速度快、追赃挽损难的犯罪，适用快捷便利的程序，减少或者简化不必要的公文批示和上级批准环节；其次在单位内部进行职能整合和资源整合，对内聚合刑侦、网安、监管等业务警种，对外联合检法机关、科研机关、海关、医疗、银行、邮政等部门，融合专业资源拓展执法辅助，构建合成办案协作机制，将合成化办案服务保障深度融入执法办案的各环节。

（二）机关外构建行业配合侦查激励机制

首先要从法律上明确数据平台个人信息保护义务和协助刑事诉讼义务的优先位阶，合理平衡网络服务提供者的正常营业需求和刑事诉讼活动的信息调取需求，使平台及网络服务提供者在法律义务的冲突中能够找到可参考的规范依据；同时要按照比例原则，合理设定侦查机关调取公民个人信息的限度和限制，防止平台和政府所掌握的数据权力过于强势，导致个人权利在大数据"权力—权利"格局中被不断弱化。其次要建立适当的义务履行勉励机

制，一方面通过经济或者其他方面的补偿，减少网络服务提供者实施数据共享行为协助侦查后所遭受的损失；另一方面通过公示奖励、颁发荣誉等政策嘉奖，勉励在侦查、追赃等各个环节作出重要贡献的行业部门、企业团体，从而在社会中形成全行业合力追逃追赃的严密大网。

（三）技术上构建数据共享综合分析机制

电信网络诈骗及其关联犯罪的追赃挽损工作就是在同时间赛跑，就是在大数据中大海捞针，因此，利用即时性的大数据技术进行信息追踪和线索分析至关重要。要在机关内部构建智能数据共享系统，从横向看，包括不同地区、警种、部门间的数据共享；从纵向看，包括不同级别公安机关间的共享，从而打通数据壁垒，实现"让数据多跑路，让民警少跑路"，有效回应新常态下犯罪的系列性、跨区域及网络化发展态势，打破以往侦查机关因信息占有量不足而导致的破案率低、追赃少的困境。[1] 当然，警务系统中的数据共享机制必须符合法律针对个人信息保护的相关要求，收集和使用个人信息要遵守合法、正当、必要原则，谨防"内鬼"泄露公民个人信息和重要数据，侵犯公民个人信息权利和数据安全秩序。

在电信网络诈骗及其关联犯罪的资金流中，银保监部门及其金融系统是赃款转移、转换的主要途径，因此，在数据共享的基础上，还要将大数据技术深度运用于我国的反洗钱监测追踪系统，构建以中国人民银行为主干，证监会、银保监会为支干的反洗钱网络监控系统，通过用户资金监控和资讯比对分析，收集更多可疑线索，为侦查机关的追赃工作提供行业支持。[2] 上述金融机构在业务系统中也应当加强客户审核标准，对于经常开卡、开户，或者经常有大额转账的客户进行依法监测和定时调研，加强服务系统的诈骗风险

---

[1] 刘玫、陈雨楠：《从冲突到融入：刑事侦查中公民个人信息保护的规则建构》，《法治研究》2021年第5期，第36页。

[2] 郭哲：《大数据国际追逃追赃的法治治理》，《当代法学》2023年第2期，第143页。

预测和风险控制能力。

（四）搭建紧急止付平台避免终局损失

如前所述，在电信网络空间实施的诈骗罪及其上下游关联犯罪中，钱款一旦汇入犯罪嫌疑人的账户，或者进入其支配空间，就往往无法追回。因此，只能从被害人支付阶段着手，及时阻止被害人实施支付以及其他处分财产的行为。

被害人止付可以通过线上和线下两种途径实现。在线上，要搭建并完善国内统一的反诈紧急平台，通过公检法机关与通信部门、互联网部门、金融监管部门、金融机构、第三方支付平台等多部门、跨行业的合作机制，建立并完善跨区域的银行系统快速查询和账户冻结机制，搭建反诈紧急止付专门通道，最大限度缩短操作时间，简化跨区取证手续，为追赃工作提供平台支持。目前，国内较有成效的止付机制包括上海警方首创的联动资金劝阻机制。这一联动资金劝阻机制通过分级分类风险预警、多渠道资金拦截、提前实现转账阻断三层技术架构，对电信网络诈骗及其关联犯罪的资金进行追赃挽损，创新性地依据动态搭建预警数据模型，对系统提示的潜在受骗人按照风险等级分级发布预警，采取发短信、打电话、见面劝阻等相应方式分类开展劝阻。针对对公账户，上海警方会同中国人民银行上海总部、上海银保监局等部门，联合本地多家商业银行，开展企事业单位对公账户网银风险交易防控工作，提前阻断对公账户的可疑转账；针对对私账户，上海警方协调中国人民银行上海总部部署本市多家商业银行，创建防阻本地账户向涉诈账户转账"安全盾"，及时拦截本市个人账户向涉诈黑名单账户转账。该机制目前已成为全国财产犯罪追赃挽损机制构建的样本和标杆。[1] 在线下，支付途径效率稍慢，但教育效果较好，能够有效提高公民的反诈意识，降低再次被骗的风险。例如，

---

[1] 《上海：打击破案、追赃挽损并重 守护群众钱袋子》，《人民公安报》2022年9月24日第4版。

针对被深度洗脑的高危被害人，警方可以分别从警局力量和亲友家属两条路径对其进行上门联动劝阻，开展反诈教育。

（五）建立统一账户平台为追赃挽损查漏补缺

部分与帮助信息网络犯罪活动罪，掩饰、隐瞒犯罪所得、犯罪所得收益罪或其他与电信网络犯罪相关的资金，不属于诈骗罪案件中的资金而无法认定为涉案资金，暂时无法处理的，应当存放于公检法统一账户平台，根据情况再做具体处理。例如，公检法机关可以建立统一账户，用于暂时存放无法处理的追缴资金和赃款，方便涉案资金在可以返还时能被立即返还。广西贺州市公安局利用数据科技赋能，创新建立"一案一账户"系统，着力提升案件管理工作效率，该做法值得全国各地机关效仿学习。该系统创新性地推出基于虚拟子账户技术的"一人一案一账户"管理模式，与银行系统相关联，通过对主银行账户进行处理，生成千万级虚拟子账户，虚拟账户可直接用于案款缴纳、退还、利息结存。银行系统与公安警综平台相交互，将虚拟账户分配给每笔案款，确保人、案、款精准对应，每笔涉案款的收、发、退等信息均在系统中有详细记录和实时展现，实现"一人一案一账户"。[①]

（六）加强司法机关退赃退赔执行力

对于电信网络诈骗关联犯罪的被害人财物，常常由于被害人人数过多难以退赃而导致拖延处理。对此，有学者指出，司法实践中公检法机关应当各司其职，纠正长时间存在的"重定罪量刑、轻涉案财物处置"的现象，提高依法处置涉案财物、主动推进追赃挽损进程的自觉。《最高人民法院关于适用〈中华人民共和国刑事诉讼法〉的解释》第18章对审判环节中涉案财物的处置作出专门规定，明确在法庭审理过程中，公检法机关应当对查封、扣押、冻结的财

[①] 《创新监管新模式 打造智慧新警综》，载http://www.gxhz.gov.cn/sy/ywzx/hzyw/t8913432.shtml，最后访问日期：2023年4月25日。

物及其孳息的权属、来源等情况，是否属于违法所得或者依法应当追缴的其他涉案财物进行充分调查。对于电信网络诈骗及其关联犯罪涉案财物需要返还被害人的，应当尽可能查明被害人损失情况，并予以返还；权属不明的，应在法院判决裁定生效后，按比例返还被害人，但已获退赔的部分应予扣除。[①]

第五节　行刑衔接视野下网络犯罪案件反向衔接构建研究

2022年9月2日通过的《反电信网络诈骗法》贯彻了网络犯罪协同治理的理念[②]，但"徒法不足以自行"，治理方略的贯彻需要与之匹配的程序性机制和保障性制度，尤其是系统性的法律体制，这样才能克制系统性的电信网络诈骗关联犯罪。行刑衔接作为一项横跨行政执法与刑事司法的综合性法律制度，在电信网络诈骗关联犯罪治理中的作用应当得到重视。

一、网络犯罪案件反向行刑衔接的两种模式

2021年新修订的《行政处罚法》将行刑衔接作为修改的重要亮点，尤其是新《行政处罚法》第27条在传统的行政机关向刑事司法机关移送涉嫌犯罪的案件之外，加入了刑事司法机关向行政执法机关移送以追究行政处罚或者行政处分等内容。如果前者被称为行刑衔接或者正向行刑衔接的话，后者可以被称为刑行衔接或者反向行刑衔接。与学术界对正向行刑衔接制度的充分关注相

---

① 喻海松：《电信网络诈骗犯罪中的涉案财物处置》，《人民检察》2022年第16期，第43页。

② 《关于〈中华人民共和国反电信网络诈骗法（草案）〉的说明》，载http://www.npc.gov.cn/npc/c30834/202209/t20220902_319181.html，最后访问日期：2022年9月3日。

比，反向行刑衔接的研究才刚起步，但反向行刑衔接的类似实践一直都存在。[1]例如，《刑事诉讼法》第 303 条规定，判决生效后，人民法院应当送达被告人的所在单位。对于原国家机关工作人员或者事业单位人员涉嫌犯罪被人民法院依法判处刑罚的，原单位的纪检监察部门可以依法依纪追加相应的行政处罚或者党纪处分。可见，与正向行刑衔接不同的是，反向行刑衔接可能让当事人遭受综合性的法律制裁，这一点在当前电信网络诈骗关联犯罪的治理中尤其重要。刑事案件中反向行刑衔接的模式，包括刑事判决生效后为追加行政责任启动的反向衔接，也包括未能成功追究刑事责任后的程序反转。

（一）行刑关联罚：刑事判决生效后的反向衔接

1. 审判机关主导模式

审判机关主导模式下的行刑关联罚，即司法机关在刑事判决生效之后，认为有必要追加犯罪主体行政资格处罚的，将案件线索移交行政执法机关，行政执法机关视情况追加行政处罚。行政法的资格罚之类型和适用范围要远超刑法中的资格罚，因为它意味着相对人的市场主体资格，一旦这种资格被剥夺，对于市场主体而言属于灭顶之灾。《反电信网络诈骗法》在反向行刑衔接方面有较大突破，赋予了反向移送一定的强制性。该法第 31 条第 2 款规定："对经设区的市级以上公安机关认定的实施前款行为的单位、个人和相关组织者，以及因从事电信网络诈骗活动或者关联犯罪受过刑事处罚的人员，可以按照国家有关规定记入信用记录，采取限制其有关卡、账户、账号等功能和停止非柜面业务、暂停新业务、限制入网等措施。"第 36 条第 2 款规定："因从事电信网络诈骗活动受过刑事处罚的人员，设区的市级以上公安机关可以

---

[1] 目前可查的主要研究成果主要有练育强：《"刑事—行政"案件移送要件研究》，《国家检察官学院学报》2021 年第 4 期；李奋飞：《涉案企业合规刑行衔接的初步研究》，《政法论坛》2022 年第 1 期；周佑勇：《行政执法与刑事司法的双向衔接研究——以食品安全案件移送为视角》，《中国刑事法杂志》2022 年第 4 期。

根据犯罪情况和预防再犯罪的需要，决定自处罚完毕之日起六个月至三年以内不准其出境，并通知移民管理机构执行。"信用惩戒以及限制出境，是对受过刑事处罚的人采取的刑罚附随措施。通过对某项资格的禁止，在一定时间内剥夺犯罪人再犯罪的能力，进而实现刑罚的预防功能。《反电信网络诈骗法》中上述两项反向衔接制度的推行，需要审判机关、公安机关、信用惩戒机构、移民管理机构等多部门的密切配合，尤其是作为反向行刑衔接发动者的司法机关，应具有推动反向行刑衔接的主动性。

2. 检察机关主导模式

个人信息的不法转卖、被违法使用于电信网络诈骗等现象愈演愈烈，社会公众普遍对个人信息缺乏安全感。即便《个人信息保护法》《民法典》《刑法》等法律规范建立了私力救济 + 公法保护的双轮保护模式，[①] 但私力救济过高的维权成本以及受害者孱弱的举证能力让多数情况下的民事诉讼形同虚设，而公法保护重威慑惩罚、轻安抚补偿的特性亦无法充分兼顾个体利益，因此，公益诉讼开始作为私立救济和公法保护之外的第三种模式介入。

《最高人民检察院关于贯彻执行个人信息保护法推进个人信息保护公益诉讼检察工作的通知》提出："加强与行政机关协作配合，健全行政执法与公益诉讼检察衔接机制，加强与法院的沟通协调。"2019 年 12 月，徐某等人合谋在浙江省多地非法从事手机卡"养卡"活动，以用于电信网络诈骗犯罪，被杭州市某区人民检察院提起刑事附带民事公益诉讼。2021 年 12 月，法院以侵犯公民个人信息罪判处徐某等人有期徒刑三年至七个月不等的刑期，判令被告人连带赔偿人民币 14 万元，并在国家级新闻媒体上进行公开赔礼道歉。[②]

---

① 范卫国：《证券公益诉讼：衍生逻辑、理论阐释与制度塑造》，《江西财经大学学报》
2021年第6期，第140页。

② 高志华、李帅：《劳务人员个人信息保护刑事附带民事公益诉讼办案思考》，《中国检察官》2022年第14期，第44页。

借助公益诉讼模式推动反向行刑衔接，具有方式灵活等特点。[①] 在个人信息的法律治理中，行政治理的作用无法为民事手段所替代，通过公益诉讼督促行政机关积极履职不失为一条积极路径。

（二）行刑补罚：刑事程序终止后的反向衔接

在检察机关决定不起诉之后的反向行刑衔接，是两个司法机关的衔接，属于行刑衔接的重点问题。刑事程序终止后的反向衔接，具有"行刑补罚"的性质，即在刑事责任无法实现的情况下，基于行为的整体危害性认为有必要追加相应的行政处罚时，启动反向行刑衔接机制，也可理解为无法追究刑事责任的"回退"机制。法律责任的一体化是近年来网络犯罪治理的新动向。《反电信网络诈骗法》第38条规定，组织、策划、实施、参与电信网络诈骗活动或者为电信网络诈骗活动提供帮助，构成犯罪的，依法追究刑事责任。尚不构成犯罪的，由公安机关处十日以上十五日以下拘留，没收违法所得，并处以相应罚款。对实施电信网络诈骗犯罪的相关人员处以行政处罚意味着即使基于宽严相济的刑事政策对部分共同犯罪人不起诉或者不判处刑罚，也不能免除其行政责任，这是严密法网的重要举措。而该条款的落实，自然也有赖于司法程序中的反向行刑衔接。

刑事程序终止后的反向衔接具有另外一个价值，即便于电信网络诈骗关联的违法行为向犯罪的后续转化，为第二次追究行为人的刑事责任铺平道路。例如，《最高人民法院刑事审判第三庭、最高人民检察院第四检察厅、公安部刑事侦查局关于"断卡"行动中有关法律适用问题的会议纪要》提出："应当注重宽以济严，对于初犯、偶犯、未成年人、在校学生，特别是其中被胁迫或蒙骗出售本人名下'两卡'，违法所得、涉案数额较少且认罪认罚的，以教

[①] 陈奇伟、聂琳峰：《个人信息公益诉讼：生成机理、适用困境与路径优化——基于203份裁判文书的实证分析》，《南昌大学学报（人文社会科学版）》2022年第3期，第57页。

育、挽救为主，落实'少捕慎诉慎押'的刑事司法政策。"但是实践中发现，部分非法交易"两卡"的行为人因涉案卡数较少、初犯偶犯及情节严重程度难认定等原因被取保候审或不起诉后，再次实施"两卡"犯罪。尽管 2019 年《最高人民法院、最高人民检察院关于办理非法利用信息网络、帮助信息网络犯罪活动等刑事案件适用法律若干问题的解释》第 12 条第 1 款第 5 项，将"二年内曾因非法利用信息网络、帮助信息网络犯罪活动、危害计算机信息系统安全受过行政处罚，又帮助信息网络犯罪活动的"作为帮助信息网络犯罪活动罪"情节严重"的情形，[1] 但在前案取保候审期间或前案未能作出行政处罚等情况下，现案无法适用上述司法解释认定为"情节严重"，犯罪嫌疑人会被再次取保候审或者不起诉。不法分子的屡犯、再犯并未得到任何实质性、终局性处罚，违法成本低，打击效果差。本书认为，向公安机关移送涉"两卡"犯罪被不起诉的嫌疑人线索，由公安机关依据《网络安全法》进行行政处罚，可以有效避免嫌疑人反复作案又无从打击的司法困境。北京市东城区人民检察院在办理一起涉"两卡"犯罪案件中，对代办企业对公账户的王某作出相对不起诉决定，但同时向案件侦查机关制发检察意见书，建议对王某依照《网络安全法》作出行政处罚。[2] 这是电信网络诈骗犯罪案件中，运用反向行刑衔接机制的典型实例。

二、网络犯罪案件反向行刑衔接的操作困境

刑事司法机关与行政执法机关的信息共享、线索移送、证据认定等制约传统案件行刑衔接顺畅运行的软肋在网络犯罪的衔接中同样存在，更遑论反向行刑衔接。同时，反向行刑衔接并非简单地沿着河道"逆流而上"，即使制约正向行刑衔接的机制被破解了，也不等于反向行刑衔接就能够顺畅运转了。

---

① 该司法解释对非法利用信息网络罪也作出了相同的规定。

② 《被不起诉后，还要受行政处罚》，《检察日报》2022年5月31日第6版。

电信网络诈骗、公民个人信息保护、新业态中的风险管控等均涉及多种责任体系，然而当前网络犯罪案件反向衔接实例较少，基本还停留在司法人员有待"统一思想、提高认识"的阶段，制度规范与实践运行均较为匮乏。

（一）反向衔接的积极冲突与消极冲突

网络犯罪案件反向行刑衔接的主体涉及刑事司法端和行政执法端。在刑事司法端，《行政处罚法》第27条只是笼统规定"司法机关"应当进行反向行刑衔接，但并没有明确该由检察机关还是审判机关负责案件线索的移送。在具体司法运作中，检察机关和审判机关均可以通过检察建议或者司法建议等方式进行案件线索的反向移送，如此衍生出两种情况：一是两个机关争相进行反向移送时的积极冲突，二是两个机关都拒绝进行反向移送时的消极冲突。那么应当如何协调上述两个矛盾？

此外，司法机关的内设机构也容易基于各自办案职能的不同，对反向行刑衔接产生分歧。例如，如果主诉检察官作出"存疑不起诉"决定，侦监部门会心中"存疑"：按照存疑不起诉予以反向衔接的话，假如以后有新的证据能够证明行为已经构成犯罪，现在却按照行政违法行为处理了，是否会导致错案责任追究？

（二）案件已有定论，衔接动力不足

与正向行刑衔接不同的是，在反向行刑衔接中，司法机关掌握更大的自主权，甚至反向行刑衔接能否实现，很大程度上有赖于司法机关的主动和自觉。为防止行政执法机关有案不移、以罚代刑，《刑法》第402条专门规定了徇私舞弊不移交刑事案件罪，但是对于司法人员不将案件线索移交行政执法机关的行为，无任何罪名直接规制，一定程度上取决于承办人的业务素养和责任心。《最高人民法院关于适用〈中华人民共和国刑事诉讼法〉的解释》第303条规定的判决书应当送达的机关并不包括原立案侦查的公安机关，也不

包括单位被告人的业务主管部门，因此从理论上讲，原立案侦查的公安机关和业务主管部门可能并不知晓判决结果。即便国家鼓励案件承办人能动履职、发挥检察监督职能，但由于承办人的业务素质参差不齐，如何确保司法机关有动力启动反向衔接，就又陷入"谁来监督监督者"的古老难题。

（三）司法建议和检察建议缺乏监督刚性

不管是审判机关的司法建议还是检察机关的检察建议，并没有强制性的法律效力，对于反向衔接后是否一定要追究行政责任，司法机关只有建议权没有决定权。更尴尬的是，行政机关对司法机关移送的线索可能不予理会，这就相当于实质性架空了反向行刑衔接的制度机能。即使案件在反向衔接之后发现了新的犯罪线索，检察机关的立案监督部门以立案标准立案，侦查机关侦查完毕后提请逮捕，检察机关的捕诉部门也可能因为"少捕慎诉慎押"原则等不批准逮捕。因此，立案标准和批捕标准的差异导致公安机关没有行刑衔接的动力。

上述三方面操作困境的根源在于，网络犯罪案件反向行刑衔接监督机制的不完善。其能否顺畅被化解，搭建抓铁有痕的监督机制，将权力关在制度的笼子里，关乎反向行刑衔接能否正常运转、能否长足发展。

三、网络犯罪案件反向行刑衔接构建的调适路径

2023 年 3 月 18 日，国家互联网信息办公室公布《网信部门行政执法程序规定》，其中第 14 条和第 15 条规定了网络违法案件的"行刑衔接"与"行行衔接"两大机制，这为今后推行网络犯罪案件反向行刑衔接打下良好基础。构建网络犯罪案件的反向衔接，当务之急是确保案件线索的有效移送。

（一）刑事诉讼阶段明确程序启动主体

为协调反向行刑衔接中可能面临的积极冲突和消极冲突，本书认为，应

当根据案件的具体阶段来指定反向移送的责任机关。在审查起诉阶段，由于检察机关掌握着案件侦查阶段的所有证据材料，审判机关既无合理理由又无现实可能进行反向移送。如果检察机关依照《刑事诉讼法》第 177 条的规定作出不起诉决定，则其即为反向移送的责任主体。在案件进入一审阶段后，审判机关掌握所有刑事诉讼阶段的案件材料，只要检察机关不撤回起诉，无论是否判处犯罪嫌疑人刑罚，审判机关均为反向移送的责任主体，有能力依据案件所有证据材料作出反向移送的决定。值得注意的是，在后者情形中，检察机关仍有权对反向移送的全流程和最终结果进行法律监督。

在行政执法端，基于网络执法主体"多元共生"的特点[①]，反向移送案件材料的接收机关可能是网信部门、工信部门或者其他执法主体。在案件移送之前，司法机关应提前与行政执法机关进行沟通，确定行政执法机关是适格的移送主体之后再开展案件移送。但在某些情况下，还可能需要多个行政执法主体对案件的一个或者多个当事人作出不同性质的行政处罚。例如，在涉嫌传播网络淫秽色情信息的案件中，当审判机关对淫秽色情信息的传播者作出无罪判决，同时认为有必要处以治安管理处罚，并对相关网站处以吊销电信业务经营许可证的处罚时，是应当由审判机关同步对公安机关和工信部门进行案件移送，还是先对公安机关移送，再由公安机关对工信部门平行移送？这本质上是一个刑行衔接与行行衔接交织的问题。实践中，一些网信执法主体已经注意到行行衔接的必要性。前述《网信部门行政执法程序规定》第 15 条规定："网信部门对依法应当由原许可、批准的部门作出降低资质等级、吊销许可证件等行政处罚决定的，应当将取得的证据及相关材料送原许可、批准的部门，由其依法作出是否降低资质等级、吊销许可证件等决定。"但该规定只约束网信部门，对其他机关仅具有参考价值。现阶段，为推动反向行刑衔接目标的顺利实现，仍应由司法机关向多个行政执法主体分别移

① 李怀胜：《网络犯罪案件的行刑衔接机制研究——以反电信网络诈骗等网信监管为样本》，《中国刑事法杂志》2022年第4期，第79—94页。

送。当然，如果能建立案件移送的信息共享平台，健全外部监督机制，则由初次接到反向移送请求的行政机关再次进行行行移送，将更符合行刑衔接的一般法理。

（二）搭建有效的反向衔接监督机制

权力运作具有自我封闭的特性，如无有效的监督和制约机制，权力主体很容易"画地为牢"。行刑衔接的目的就是要实现权力运作的开放性，其名义上虽是不同机关之间的"衔接"，但本质还是"制约"。而监督机制的合理构建不在于忽视办案实践（尤其是一线司法机关的顾虑），一味地加码责任，而在于权利义务对等，各自责任边界清晰，充分兼顾所有主体的利益诉求。

本书认为，网络犯罪案件反向行刑衔接的监督机制应当是多主体、多维度的：首先，在司法机关和行政执法机关的内部，宜建立有效的自我监督机制，敦促相关机构履行行刑衔接的义务；其次，在外部监督方面，应建立移送机关对被移送机关的监督机制，由线索移送机关推动衔接机制的顺利落实；再次，检察机关应当强化检察监督理念，在反向行刑衔接的整体监督体制中占据主导地位。

（三）相互交往、互惠合作，共同织密反诈防控体系

在当下电信网络诈骗关联犯罪等网络犯罪案件的反向行刑衔接中，能否确保司法机关移送案件线索，关乎反向行刑衔接能否真正有效运行。为此，首先，应建立统一的行刑衔接证据标准，完善行刑衔接基本制度，消除司法工作人员反向行刑衔接的后顾之忧；其次，应提升司法人员的监督意识、强化监督理念，针对案件考核体系进行持续优化；再次，还需要司法人员在理念上充分认识网络犯罪治理中行刑衔接和反向行刑衔接的重要价值，将不同主体的衔接作为网络犯罪治理的基本机制、基本方略。《人民检察院办理网络犯罪案件规定》第4条规定："人民检察院办理网络犯罪案件应当坚持惩治犯

罪与预防犯罪并举，建立捕、诉、监、防一体的办案机制，加强以案释法、发挥检察建议的作用，促进有关部门、行业组织、企业等加强网络犯罪预防和治理，净化网络空间。"这一规定的基本精神，对所有司法机关和网信执法机关都是一体适用的。

行刑衔接和反向行刑衔接，契合网络犯罪协同治理的现实需求，是实现对网络犯罪多元共治的配套性法律制度。这套机制能真正起到调动刑事司法机关、行政执法机关以及各类网络主体"相互交往、互惠合作"的作用，推动建立"网络空间命运共同体"。

第五章

转化提升："防控一体化"视野下电信网络诈骗关联犯罪的风险合规共治防范研究

第一节　电信网络诈骗关联犯罪基于合规预防理念的案件分流处置与防控体系研究

一、"防控一体化"是我国"打早打小"刑事政策指导下治理电信网络诈骗关联犯罪的创新思路

"打早打小"最初是我国开展"扫黑除恶"专项斗争所遵循的原则和政策。"所谓'早'，主要是从发展阶段和时间上来说的，强调的是犯罪发生、犯罪组织形成的起始阶段和初级阶段；所谓'小'，主要是从犯罪组织规模上来说的。'源头治理'指向犯罪发生源，即引发犯罪产生、形成与发展的源头，强调应当从'根本上、源头上'进行犯罪治理，避免犯罪继续发展和衍生其他犯罪。"①

---

① 齐文远：《"少捕慎诉慎押"背景下打早打小刑事政策之适用与反思——以网络犯罪治理为视角》，《政法论坛》2022年第2期，第62—73页。

注重源头治理和早期预防的"打早打小"刑事政策，同样适用于打击电信网络诈骗关联犯罪。原因在于，电信网络诈骗犯罪的代际发展与电信网络技术的进步如影随形，传统的以网络作为犯罪对象和犯罪手段的网络犯罪发展到今天呈现出"链条化"与"产业化"特征。[①] 借助犯罪链条和黑灰产业，越来越多的传统犯罪正在逐渐"电信化""网络化"，或是社会危害性扩大，或是异变为电信网络关联犯罪的上下游犯罪，导致整个电信网络犯罪链条和产业愈加猖獗，形成恶性循环。上述电信网络犯罪的发展特点决定了"打早打小"刑事政策的适用：只有"打早"——注重早期预防，才能将犯罪掐灭在萌芽阶段，避免犯罪细胞的疯狂裂变；只有"打小"——强调源头治理，才能切断犯罪链条的罪恶血管。2021 年《人民检察院办理网络犯罪案件规定》也作出相应规定："人民检察院办理网络犯罪案件应当加强全链条惩治，注重审查和发现上下游关联犯罪线索"，强调电信网络诈骗关联犯罪治理工作的早期预防和源头治理。

在"打早打小"刑事政策的理念指导下，"防控一体化"的治理思路应时而生。以山东淄博为例，2022 年淄博市公安局坚持"防控一体化"的治理思路，探索预警劝阻新模式，实现防范工作跨越式提升，制定《电信网络诈骗精准预警劝阻工作实施办法》，建立市、县、派出所三级预警劝阻专班和微信工作群，市公安局专班接到部、省预警信息后，经过精准研判落地，第一时间推送区县；区县专班对辖区预警信息开展全量电话劝阻，同时对高危及三次以上预警信息进行二次研判，指令派出所民警上门劝阻。为提高警情处置和止付效能，淄博市公安局反诈中心增设接警席位，优化电信诈骗类警情处置流程，通过三方通话机制，实现对全市电诈警情的"即报警、即止付"。2022 年 1—8 月止付涉案账户 5685 个，止付金额 1.26 亿余元；冻结账户 7457 个，冻结金额 5.6 亿余元；返还群众被骗资金 472.8 万元。淄博市公安局始终

---

① 齐文远：《"少捕慎诉慎押"背景下打早打小刑事政策之适用与反思——以网络犯罪治理为视角》，《政法论坛》2022年第2期，第62—73页。

坚持打防并举、防范为先，强化综合治理和源头管控，最大限度遏制此类犯罪多发高发态势，最大限度帮助群众减少财产损失。①

此外，"打早打小"刑事政策要求及时发现特殊情况，这体现了入户走访的重要性。社区干部、社区民警、社区治安力量在入户走访过程中，可以敏锐察觉社区居民的"特殊"情况，增强入户走访的实效性，发现电信网络诈骗的苗头，对于一些"特殊"设备、情绪状态"有可疑"的人员要进行重点关注。如在"断卡"和"净网2022"等专项行动中，重庆市公安机关侦破了一起为境外电信网络诈骗团伙提供技术服务的案件，打掉了一个专门为境外电信网络诈骗集团架设GOIP设备的犯罪团伙，该案的线索来源即为日常入户走访工作。由于电信网络诈骗犯罪嫌疑人一般通过远程通信方式实施诈骗活动，且犯罪团伙往往是异地作案，因此，公安机关要注重在入户走访中加强对流动人口的管理，社区干部与社区民警要加强对辖区内宾馆、酒店、旅店、招待所以及可供住宿的其他经营性服务场所的管理，对住宿的重点人员和流动人员进行登记、摸排，通过"地毯式"摸排、"督导式"走访、"机动式"巡查，全面摸排涉电诈线索。

"防控一体化"理念既注重"控"，又强调"防"。"防控一体化"的关键在于防控并举，其优势在于资源整合、效能综合，有利于在全局观视角下评估犯罪全链条风险，提前介入犯罪，截断犯罪。构建电信网络诈骗领域"防控一体化"犯罪打击工作机制的主要目标是：着眼于从预防犯罪到惩治犯罪的全方位、全链条的综合治理，通过整合各部门效能、优化各制度结构、共享各团队资源，形成一种广泛预防犯罪、精准打击犯罪、有效挽救损失的内部工作机制。以电信网络相关犯罪的刑事立法为例，我国刑事立法法益保护早期化、预备行为实行化的立法趋势回应了对电信网络诈骗关联犯罪的一般预防问题。在"扩大教育面、缩小打击面"的刑事政策指导下，在电信网络相关犯罪的社会

---

① 《淄博公安强化源头治理 坚决遏制电信网络诈骗犯罪高发态势》，《中国防伪报道》2023年第1期，第50页。

危害性高度叠加的现实因素下，必须具体地、实质地探求法益保护的必要刑罚限度和类型。既要着眼于"前线"，结合实践中存在的罪名定性、量刑幅度等疑难问题，通过解释论的调适和立法的增补，修正缺乏实用性、偏离社会现实的法律法规；又要充分调动刑法的一般预防效能，适当扩大处罚范围，提早介入犯罪规制，从"限定的处罚"转向"妥当的处罚"。[①] 例如，有学者曾指出，应改变以"数额"为中心的立法模式，选取被害人人数和诈骗次数等评价要素，将"情节"纳入入罪标准，增加预防刑的比重。[②]

二、"防控一体化"工作机制要求以预防为先导，织牢织密安全防护网

相较于事中阻断与事后处置，事前预防能以最小的代价有效治理电信网络诈骗，真正避免民众遭受损失。实现"防控一体"必须建立以预防为先导的治理体系，防治结合，以"防"带"治"，构建一张坚固牢密的安全防护网。

事前预防是指在电信网络诈骗犯罪链条的上游环节截断其犯罪链条，阻断其上游环节与中下游环节的联系，在电信网络诈骗活动发展初期遏制犯罪发展趋势。电信网络诈骗犯罪活动的上游环节多为个人信息的泄露与非法收集，包括银行卡、手机号等信息，以及各类"贩卡"活动。因此，以预防为先导，要求注重个人信息保护，严厉打击泄露个人信息的行为，推动建立与法律配套的个人信息保护机制，加强对行业平台数据收集的监管，规范个人信息采集和使用流程，制定职责清单。此外，要严格按照《个人信息保护法》的要求落实对个人信息的分类分级管理，对一般个人信息进行常规保护，对

---

① 张明楷：《网络时代的刑法理念——以刑法的谦抑性为中心》，《人民检察》2014年第9期，第6—12页。

② 汪嘉佩：《移动互联网时代下网络诈骗犯罪态势、特征与防控——基于对866份刑事裁判文书的实证研究》，《犯罪研究》2017年第6期，第65—72页。

敏感个人信息进行重点保护，加大对非法获取和泄露个人信息行为的惩处力度，体现对个人信息保护的坚定立场。要继续深入推进"断卡"行动，严厉打击各类"贩卡"行为。2020年10月全国"断卡"行动开展以来，公安部积极响应国务院部署，先后组织开展6次全国集群战役，累计打掉涉"两卡"违法犯罪团伙3.9万个，查处违法犯罪嫌疑人42万名，查处金融机构和通信企业内部人员5000余名。随着"断卡"行动进入攻坚阶段，新开卡涉案数大幅下降，电信网络诈骗团伙获取"两卡"的寄递贩卖通道受阻，诈骗窝点用于作案的"两卡"严重不足，大量涉案资金被冻结，接码平台平均生命周期降至3个月以下，作案成本大幅提升，一些诈骗分子甚至直接利用本人银行账户转账洗钱。[①]

以预防为导向的安全防护网的构建离不开广泛的宣传。唯有将反诈宣传贯彻到底，提升公民的反诈意识和能力，才能实现真正的事前预防。由于打击难和追回金额少等原因，只有提高全民反诈意识，熟悉各种诈骗手法，犯罪分子才无计可施，从而在源头上切断电信网络诈骗。宣传反诈，具体可从以下几方面着手。一是注重覆盖宣传。组织警力集中开展"六进"（进学校、进社区、进农村、进单位、进企业、进场所）反诈宣传行动，联合街道（乡镇）、社区（村）的党员干部、积极分子、网格员以及工作人员开展"扫楼行动"，逐家逐户开展上门宣传，最大限度扩大宣传受众面，切实增强人民群众的防诈意识、识诈本领和反诈自觉。二是紧盯重点群体。具体来讲，将在校学生、老年群众、企业财务人员作为宣传重点，组织开展防范电信网络诈骗宣传进校园、进企业活动；举办反电信诈骗法制教育专题讲座，实现"小手拉大手"的宣传效果；在晨练集中地、菜市场门口、住宅小区等地张贴宣传标语，提高防骗能力；瞄准犯罪团伙重点关注的群体进行灌输式反复宣传，针对被骗对象的年龄和职业等不同情况进行精准宣传，中青年女性、中青年

---

① 腾讯公司：《腾讯电信网络诈骗治理研究报告（2021年）》，2022年，第48页。

男性、财务人员、学生、老人等都有自身特点，宣传工作要深入分析他们的特点，制定有针对性的措施，提高宣传的实效性，为打击电信网络诈骗犯罪营造浓厚的宣传氛围和社会环境。三是拓宽宣传渠道。在继续推广国家反诈中心 APP 的基础上，充分发挥新兴自媒体传播快、受众面广的优势，开展"进网入群"活动，建立微信公众号、微博账号、抖音账号等，定期发布防范电信诈骗犯罪要领、典型案例等信息，也可以在群众日常接触到的事物中融入反诈标语，如快递、外卖、反诈口罩等。[①] 在人员聚集场所广泛宣传，扩大防范宣传覆盖面，采取多种宣传形式，最大限度地让群众了解网络诈骗的套路和手段，重点在商场、市场、广场、单位、院校、村镇等人群聚集地集中宣传，做到点面结合、全面覆盖、不留死角。提前预警，开展前瞻性宣传，对电信诈骗的新手段、新方法进行预测预防，及时宣传、及时揭露、及时提醒，第一时间公布，让诈骗手段"见光就死"。四是做好"终止"性宣传。教会群众"终止"性动作，筑牢网络诈骗宣传的最后一道防线，提醒群众不轻信来历不明的电话、信息，特别是境外来电，不向陌生人汇款、转账。

在形式上，要坚持线下宣传和线上宣传相结合。线下宣传要精心设计文案，强调面对面宣传。同时，动员基层组织参与，避免公安机关"唱独角戏"。公安机关作为反诈工作的牵头部门，宣传主要基于犯罪生态或规律，容易让被害人被"污名化"，使受众产生抗拒心理。因此，要充分调动基层组织和社会群体的力量，发挥他们的影响力与渗透作用。可考虑与妇联、村、居委会等基层组织合作，动员社区志愿者参与反诈宣传。当宣讲主体与受众身份相仿、性别相同、年龄相近，再配合身边的真实案件时，受众更容易产生代入感，从而达到事半功倍的效果。线上宣传要借助各类社交平台，扩大宣传覆盖面。尽管当前公安机关在自建的微信公众号、抖音账号上发布了不少反诈视频，但对普通群众的渗透力仍然不足。《反电信网络诈骗法》对互联网

---

① 刘磊：《大数据背景下电信网络诈骗的防范难点及对策》，《网络安全技术与应用》2023年第2期，第152页。

服务提供者的反电信网络诈骗义务作出规定，反诈职能部门应主动与互联网企业合作，借助主流社交平台开展常规反诈宣传，并鼓励有影响力的自媒体开展反诈公益宣传，特别是在那些作为网络交友诈骗重要引流来源的社交平台上开展反诈宣传，尤为必要。在一些容易被诈骗集团利用，进行引流或联络的生活、学习类 APP 上，也应当不定期地针对特定用户开展典型案例推送，或针对新用户在注册时增加反诈知识学习环节。在内容上，要坚持从全面覆盖到重点解读。实践中，无论是反诈宣传的标语、海报，还是短视频，一个常见的问题就是对诈骗手法的宣传求简、求全——希望通过一句话说清一类诈骗手法，或是以数百字的"口诀"来囊括大多数主流诈骗手段。然而，对反诈工作人员来说是自然、清楚的各种缩略语；对大多数群众而言，理解起来只能是囫囵吞枣、不知其味。其实，仅网络交友诈骗就至少有六种不同手法，用一两句话很难解释清楚。即便群众能够了解其中之一，也难以防范其他骗术变种。同时，在移动短视频流行的时代，人们越来越没有兴趣阅读大量文字，长篇幅的宣传文案很难实现设计者最初的目标。因此，要提高反诈宣传效果，亟须将反诈宣传从"看不完"转变为"看重点"，从"大水漫灌"式的全面覆盖转变为"精准滴灌"式的重点解读。

目前，全国公安机关努力营造全社会反诈氛围，始终坚持在电信网络诈骗治理的过程中，人民群众也是重要的防范和治理力量，不断加强对群众的宣传和教育，提高公民的安全意识和能力，增强群众自我保护和防范能力，提高人民群众反诈防骗意识。2021 年，公安机关共开展主题宣传 1.5 万场次，发送公益短信 36.2 亿条，国家反诈中心 APP 累计向群众预警 2.3 亿次，受理群众举报线索 1110 万条。[①]

此外，预防宣传工作也离不开网络平台的配合。随着经济发展，我国基

---

① 《重拳打击电信网络诈骗犯罪　坚决守好人民群众的"钱袋子"》，载 https://www.mps.gov.cn/n2255079/n4876594/n5104076/n5104077/c8392513/content.html，最后访问日期：2023 年 5 月 14 日。

本上实现了人手一部手机，网民数量不断增加，在网上办公、学习、娱乐成为常态的当下，通过互联网平台进行反诈宣传，效果可谓事半功倍。在反诈宣传工作上，腾讯公司的做法值得借鉴。腾讯公司始终坚持不断深化电信网络诈骗宣传，构建多层次的公众号宣传矩阵，广泛宣传和精准宣传相互促进、相互配合。腾讯公司以"腾讯安全战略研究""守护者计划""微信安全中心""腾讯卫士""微信110""QQ安全中心"等多个公众号、小程序、网站为宣传教育载体，分别设立常规化品牌运营栏目，提供骗局揭露、辟谣、热点安全资讯、微信安全使用技巧、安全打击事件、法律适用研究等教育内容，同时还提供各种账号基础安全功能，如找回账号密码、解封、冻结、解冻、投诉账号等。2021年以来，腾讯各公众号在各自不同的用户圈层内持续深耕，传递反诈声音，讲好反诈故事，形成多层次、全方位的反诈线上宣传矩阵，反诈宣传影响力不断扩大，取得良好的反诈宣传效果。其中，"腾讯卫士"（含小程序、公众号、视频号、网站、微博）多渠道、多形式发布电信网络诈骗教育文章内容544篇，阅读总量累计超过1.2亿；"微信安全中心""微信110"公众号发布及转载反欺诈类打击公告、教育漫画、视频、文章共85篇，阅读量超过500万，以丰富多样的形式传达安全理念，帮助用户增加安全知识储备，以便更好地规避安全风险；"腾讯安全战略研究"公众号发布文章154篇，阅读量超过100万，塑造了亲切、有趣、专业的公众号人物化形象"鹅师傅"，连接了警方、法律专业人士以及关心网络安全的公众用户；"守护者计划"公众号发布文章181篇，阅读量超过57万，第一时间分享新型网络骗局，帮助用户及时了解反欺诈攻略；"QQ安全中心"公众号发布及转载反欺诈类文章50篇，阅读量超过1292万，覆盖16种诈骗类型，通过图文、漫画、视频等多种形式发布防范欺诈教育文章，提升用户反诈骗意识。与此同时，腾讯公司积极开展全民反诈教育活动。2021年11月，腾讯公司联合政府部门及行业合作伙伴策划"1107全民反诈日"系列宣传活动，通过朋友圈反诈宣传片、直播、视频号活动、微信支付活动页、线上反诈专区、地铁广告等多种形式，掀起了全民反诈宣传教育热潮，相关宣传总曝光量超过 6 亿。相关活动累计报道超 1870 篇，多家主流媒体对启动仪式及活动进行了报道，取得了良好宣传效果。[①]

三、"防控一体化"工作机制构建的具体实现路径之一是案件分流的处理思路

所谓"上有政策，下有对策"，狡猾的犯罪分子在巨大经济利益的驱使下铤而走险，为了规避法律制裁奇招百出，绞尽脑汁与警方斗智斗勇。如今新型电信网络诈骗犯罪的分工架构高度专业化和职业化，与网络社会中的黑灰产业链相互配合，犯罪过程手法复杂，影响广泛，目标精准，涉及非法获取计算机数据、非法买卖个人信息数据、诈骗他人财物、盗窃他人财物、非法转移资金等违法行为，形成了环环相扣的产业链。以愈加精准的诈骗团伙为例，诈骗团伙的分工已经从过去"通讯组""技术组""取款组"的简单分工，发展到与网络上非法获取公民个人隐私信息数据的个人或者公司进行合作，与网络黑客进行技术服务支持的买卖交易，甚至将传统的"取款业务"也外包给有资金分流或洗钱渠道的个人或者公司进行专门处理。这种流程的分段外包看似较传统诈骗组织更松散，但正是基于对非法利益的共同追逐，新型电信网络诈骗犯罪分子与灰色产业群的合作变得更加紧密，犯罪空间和犯罪类型不断拓展，形成犯罪生态链条，从多个层面严重影响社会经济发展和公众的安定生活。[②]

为应对电信网络犯罪团伙的产业化、链条化发展，必须建立着重于整体治理、综合发力的"防控一体化"工作机制，充分调动各部门法的规范合力，积极发挥各执法部门的协作能力，使得各方联结成为严密的法网，实现预防

---

① 腾讯公司：《腾讯电信网络诈骗治理研究报告（2021年）》，2022年，第65页。

② 娄永涛、唐祥：《大数据时代电信网络诈骗犯罪的防控反思》，《重庆理工大学学报（社会科学）》2020年第3期，第121—128页。

和管控齐头并进，相得益彰。因此，对于电信网络诈骗的整体治理，不能寄希望于刑法"一家独大"，更不能将所有的压力一概负于刑事司法系统之上，而是要分案处理，基于对个案社会危害性和法益侵害实质的综合评估，选择对应的法律部门进行处置，在减少各部门压力的同时，调动各部门法的能动性，坚持罚当其罪，保障人权。详言之，对于电信网络诈骗关联犯罪，虽然要坚持严打严防，但不能矫枉过正、小题大做，不能"唯刑法论""唯犯罪论"，要坚持罪刑法定原则，遵循刑法谦抑性底线，对于社会危害性没有达到刑法规制要求的电信网络诈骗行为，应当充分发挥其他部门法的规范作用，交由民法、行政法等其他法律法规处理，在不超越国民预测可能性的范围内发挥最佳的社会治理效果。

此外，案件分流的理念在部门法各自发挥作用的领域内也应当适用，如在刑事司法领域内，要区分轻罪和重罪，贯彻"宽严相济"的刑事政策。犯罪学中将社会中触犯各种规范准则并导致各种负面效应的行为概括为越轨行为，越轨行为包括异常行为、不当行为、不道德行为和反社会行为。由于刑法规范在整个社会规范系统中发挥着守边界和保底线的重要作用，违反刑法规范的犯罪行为，是最严重的越轨行为，在社会各个子系统中，刑事司法系统对背离刑法规范期待的行为也往往以最激烈的方式回应。[①] 但不是所有的越轨行为都需要动用刑法来进行评价，动用刑事司法机制对犯罪人进行惩处需要充分考虑刑罚的成本、代价及其负面效应。因此，结合上述犯罪学原理和刑法谦抑性原则，2021 年中央全面依法治国委员会把"坚持少捕慎诉慎押刑事司法政策，依法推进非羁押强制措施适用"作为重大改革举措，"少捕慎诉慎押"作为检察机关的工作理念至此上升为刑事司法政策。"少捕慎诉慎押"刑事司法政策是刑事司法重心由打击犯罪到打击犯罪与保障人权相结合转变

---

① 车浩：《刑事政策的精准化：通过犯罪学抵达刑法适用——以疫期犯罪的刑法应对为中心》，《法学》2020 年第 3 期，第 49—75 页。

的重要体现，对我国刑事司法改革有着深远影响。[①] 所谓"少捕慎诉慎押"主要指"对绝大多数的轻罪案件体现当宽则宽，慎重羁押、追诉，加强对逮捕社会危险性的审查，依法能不捕的不捕，尽可能适用非羁押强制措施，尽可能减少犯罪嫌疑人羁押候审"[②]。由此可知，少捕慎诉慎押刑事司法政策的对象主要是"轻罪案件"，其意旨以人权保障为核心，改变长期以来司法实践中过度依赖逮捕等羁押强制措施、过多追诉的不当现象。[③] 在电信网络诈骗犯罪的刑事治理中，也要充分贯彻"少捕慎诉慎押"的理念和政策，详言之，对于实施电信网络诈骗行为，社会危害性达到刑法所规定而构成犯罪的，可以适用刑法来对其评价，但有必要在区分重罪和轻罪的基础上，选择恰当的刑事诉讼措施和程序。对于实施电信网络诈骗行为构成轻罪的，要慎重采取羁押、追诉等措施，加强对逮捕社会危险性的审查，在符合法律规定的前提下，尽可能对犯罪嫌疑人适用非羁押强制措施。

2023年3月1日，上海市检察院召开2022年上海网络犯罪检察工作新闻发布会，通报2022年上海市网络犯罪检察工作总体情况，通报说明："上海检察机关贯彻落实宽严相济刑事政策和少捕慎诉慎押刑事司法政策，诉前羁押率为32.61%，同比下降44个百分点；决定不起诉913件1293人，不诉率19.61%，同比上升10个百分点。"[④] 据统计，2021年1月至10月，全国检察机关不捕率为29.9%，同比增加7.4个百分点；不起诉率为15.0%，同比增加

---

① 齐文远：《"少捕慎诉慎押"背景下打早打小刑事政策之适用与反思——以网络犯罪治理为视角》，《政法论坛》2022年第2期，第62—73页。

② 庄永廉、孙长永等：《少捕慎诉慎押刑事司法政策的内涵功能及其落实》，《人民检察》2021年第15期，第37—44页。

③ 齐文远：《"少捕慎诉慎押"背景下打早打小刑事政策之适用与反思——以网络犯罪治理为视角》，《政法论坛》2022年第2期，第62—73页。

④ 《〈上海网络犯罪检察白皮书（2022）〉发布》，载https://www.spp.gov.cn/zdgz/202303/t20230303_605642.shtml，最后访问日期：2023年5月4日。

1.9 个百分点；诉前羁押率 49.7%，同比下降 4.6 个百分点。[1] 此外，在张某等 16 人开设赌场案件中，该案的公安机关坚持贯彻少捕慎捕慎押的政策，将张某、李某、吕某提请检察机关审查批准逮捕，对其余 13 名从犯采取取保候审强制措施。检察机关也严格坚持案件分流的处理思路，根据犯罪嫌疑人的案件事实，以及其在共同犯罪中的地位、作用的不同，区分情况、区别对待、分层处理，将涉案人员分为三类：第一类是张某、李某、吕某，三人负责平台组建、管理，在犯罪中起组织、领导、管理作用，系主犯；第二类是张某超等 11 人，负责赌博网站的维护、推广、操作、充值、计分等，系从犯；第三类是梁某等 2 人，系用银行卡取现的人员，情节较轻。根据三类人员犯罪作用的大小、主观恶性、社会危害性并结合认罪态度、退赃情况，综合判断社会危险性，区分适用强制措施。[2]

第二节　电信网络诈骗关联犯罪的跨地域、跨部门的预警监测与信息共享体制构建

一、克服跨地域犯罪的治理障碍和预警难点

"与传统诈骗犯罪相比，电信诈骗具有明显的非接触性特征。在便捷的现代通信网络工具和互联网金融业务的协助下，犯罪嫌疑人不需要和被害人面

---

[1] 《落实宽严相济，准确适用少捕慎诉慎押刑事司法政策》，载 https://www.spp. gov.cn/xwfbh/wsfbt/202112/t20211203_537605.shtml#1，最后访问日期：2023 年 5 月 4 日。

[2] 《检察机关贯彻少捕慎诉慎押刑事司法政策典型案例（第一批）》，载 https://www. spp.gov.cn/xwfbh/wsfbt/202112/t20211203_537605.shtml#2，最后访问日期：2023 年 5 月 4 日。

对面就能够顺利地实施犯罪。这一特征使得电信诈骗完全打破了地域上的限制，只要具备相应的通信网络工具，诈骗分子就可以横跨千里甚至身处国境之外，对被害人实施诈骗。"[1] 电信网络诈骗行为的被害法益，已不再局限于单一地区或人群。此外，电话、金融账户、网络购物平台或窜改来电号码、假冒检警人员身份、结合 ATM 异地转账提款等犯罪手段的使用，使得现如今的电信诈骗犯罪更难缉查，所造成的危害程度及范围更难以估算。[2]

实际上，我国立法机关、实务部门、执法机关等各方已经充分认识到跨地域电信网络诈骗关联犯罪的广泛危害性和打击困难点，正在协同努力，积极探索跨地域犯罪治理的高效进路。例如，《人民检察院办理网络犯罪案件规定》参照公安部相关要求，特别设立"跨区域协作办案"专章，指出面对网络犯罪跨域化态势，检察机关要改变传统的办案方式，充分发挥检察一体化优势，推动建立常态化的跨区域协作办案机制。《人民检察院办理网络犯罪案件规定》第 6 条、第 50 条指出，对跨区域网络犯罪案件，上级检察机关应当加强统一指挥和统筹协调，相关检察机关应当加强办案协作，强化信息互通、证据移交、技术协作，增强惩治网络犯罪的合力。2022 年 4 月，中共中央办公厅、国务院办公厅印发《关于加强打击治理电信网络诈骗违法犯罪工作的意见》，再次对加强打击治理电信网络诈骗违法犯罪工作作出安排部署，强调要"依法严厉打击电信网络诈骗违法犯罪，加强国际执法司法合作，积极推动涉诈在逃人员通缉、引渡、遣返工作"，表明解决跨境电信诈骗犯罪治理难题的决心。在严密防范体系方面，《关于加强打击治理电信网络诈骗违法犯罪工作的意见》指出，要强化技术反制，建立对涉诈网站、APP 及诈骗电话、诈骗短消息处置机制；强化预警劝阻，不断提升预警信息监测发现能力，及

---

[1] 王晓伟：《海峡两岸合作打击跨境电信诈骗犯罪研究》，《中国人民公安大学学报（社会科学版）》2021年第2期，第71—78页。

[2] 沈威、徐晋雄等：《网络时代跨境电信诈骗犯罪的新变化与防治对策研究——以两岸司法互助协议之实践为切入点》，《中国应用法学》2017年第2期，第73—88页。

时发现潜在受害群众，采取劝阻措施；强化宣传教育，建立全方位、广覆盖的反诈宣传教育体系，开展防范电信网络诈骗违法犯罪知识进社区、进农村、进家庭、进学校、进企业活动，形成全社会反诈的浓厚氛围。

目前，公安机关、检察机关专项打击电信网络新型违法犯罪已经取得显著成效。在跨境治理方面，2016 年以来，我国相继从肯尼亚、马来西亚、柬埔寨、老挝以及亚美尼亚等国成功抓捕归案电信网络诈骗犯罪嫌疑人数百人。最高人民检察院还积极努力，与多国检察机关一起协商解决电信网络诈骗犯罪刑事管辖权冲突等问题，特别是在跨境协助调查取证、缉捕遣返犯罪嫌疑人、涉案赃款赃物移交、证据转换、司法文书送达、通信与网络证据的转换及互相采信问题等方面都有深入合作，为联合跨境打击犯罪打下良好基础。最高人民检察院还派员与公安部有关同志，先后赴西班牙、捷克、克罗地亚、匈牙利、斯洛文尼亚、波兰、越南、老挝等国，与当地检察机关和警方对接，就共同开展打击电信网络犯罪执法合作进行交流。还同东欧国家建立检检和警警双线联动合作机制，并落实有关国际协作办案经费等工作，即我国警方在对"检察官主导侦查"司法体制的国家组织开展境外执法行动时，由检察机关根据需要适时派员加入公安机关专案组，负责与外方检察机关的沟通协调。[1]

针对跨境电信网络诈骗犯罪活动，我国始终坚持重拳打击。2021 年 5 月 21 日以来，全国公安机关在公安部的统一部署下，开展"断流"专案行动，按照"一团伙一专班、一案一斩链"要求，对招募人员赴境外实施电信网络诈骗犯罪开展全链条打击，共打掉非法出境团伙 10600 个，破获刑事案件 5300 起，抓获犯罪嫌疑人 44690 名，有力震慑境外犯罪团伙。[2]

但是目前办理跨境电信网络诈骗关联犯罪案件依然存在困难，其中的突出问题就是管辖权争议。对于有多个犯罪地的网络犯罪案件，有的案件中侦

---

[1] 本刊编辑部：《公安、检察机关专项打击电信网络新型违法犯罪成效显著》，《中国信息安全》2019 年第 9 期，第 58—61 页。

[2] 腾讯公司：《腾讯电信网络诈骗治理研究报告（2021 年）》，2022 年，第 49 页。

查机关争相立案管辖，有的却互相推诿以致延误侦查时机。在跨区域案件中，一般还存在指定管辖的情况，因需层报上级公安机关确定管辖而耗时较长，一定程度上影响办案进度。此外，不同机关对于刑事诉讼规则也存在理解上的分歧，如对"哪些情况属于与犯罪事实存在关联""上级公安机关已经指定立案侦查，后续检察机关、法院是否还需指定""多层级网络犯罪案件中，是否其中一个环节在本地，管辖的犯罪事实就可以向上层、下层及其分支无限扩展"等问题存在不同认识，反映在实践中表现为案件起诉后被法院以无管辖权为由退回等。对于案件管辖难的问题，一是可以注重发挥检察机关的提前介入作用。对于重特大电信网络诈骗关联案件，检察机关应提前介入，将监督关口前移，会同法院、公安机关对管辖权等程序问题进行会商，将可能存在争议的管辖权问题解决在前端，避免起诉后被法院以无管辖权为由退回或者二审发回重审。[1] 二是可以强化检察机关对侦查管辖权的监督。《关于实施刑事诉讼法若干问题的规定》第 23 条第 2 款规定："人民检察院对于审查起诉的案件，按照刑事诉讼法的管辖规定，认为应当由上级人民检察院或者同级其他人民检察院起诉的，应当将案件移送有管辖权的人民检察院。"可见，公安机关侦查阶段的指定管辖效力仅及于提起审查起诉，案件移送审查起诉后，检察机关仍应对管辖权进行实质性审查，审查侦查阶段指定管辖是否合法合理。经审查发现没有管辖权的，应当办理指定管辖手续。三是对于跨省、跨境的重特大案件，由公安机关会同同级法院、检察机关共同指定管辖。目前，相关司法解释及规范性文件已经确立指定管辖协商机制，建议对于重大疑难复杂案件和跨省、跨境案件，公安机关在指定管辖的同时，可以制作商请指定管辖函报同级检察机关、法院，同级检察机关、法院在收到商请指定管辖函后应及时审查，明确是否同意指定管辖并出具审查意见。四是加强信息协查通报。例如，充分运用反诈平台等大数据平台梳理被害人的关联信息，

---

[1] 中国信息通信研究院安全研究所：《新形势下电信网络诈骗治理研究报告》，2020年，第27页。

探索建立跨省信息资源共享机制，发现行为人另有犯罪事实的，将线索移送至案件主办地办案机关，进行并案侦查处理。[①]

基于刑事管辖权在一定程度上是一个国家主权的重要体现，跨境电信网络诈骗犯罪的治理难免会涉及他国主权问题以及管辖权冲突难题。当今世界各国均广泛采用属地管辖原则作为电信网络诈骗犯罪管辖的主要原则，虽然目前我国法律法规都已经对电信网络犯罪的行为地和结果地作出明文规定，但是跨境电信网络诈骗犯罪案件的犯罪地往往有很多个，并且涉及不同国家，对此如何确定管辖权，采取何种标准平衡我国和他国的司法主权问题，我国并没有明确规定。属人管辖原则是跨境电信网络诈骗犯罪管辖的辅助原则，是难以适用属地管辖原则，且犯罪行为发生在中国领域外时采用的一种原则。但是基于互联网的无国别性，电信网络诈骗犯罪行为是否发生在境外，实则难以确定，由此带来的管辖权确定难题也不容忽视。[②] 保护管辖原则在一定程度上是为了弥补属人管辖和属地管辖原则的不足，旨在维护国家和公民的合法权益，但是由于跨境电信网络诈骗犯罪的高度全球化，受其侵害的公民通常属于多个国家，如果公民遭受侵害的各国均以此原则要求管辖权，就会导致管辖权冲突更加明显。目前，各国并没有对跨境电信网络诈骗犯罪达成共识，电信网络诈骗犯罪案件尚不属于普遍管辖权的适用范围，普遍管辖权在跨境网络犯罪中也无用武之地。基于此，针对跨境电信网络犯罪案件管辖问题，我国需要建立跨国电信网络诈骗犯罪的管辖权磋商机制。为了解决多个国家对同一犯罪案件管辖上的竞合，避免对犯罪人重复处罚等导致的司法不公正，减少司法资源的重复消耗，相关多个国家间应对同一电信网络诈骗犯罪的司法管辖问题进行磋商解决。磋商不仅限于法定刑较轻的罪名，对于性

---

① 吴晓敏：《电信网络诈骗案件办理实践问题初探》，《人民检察》2021年第14期，第16—20页。

② 赵长江、李兆涵、张硕：《刑事电子数据跨境取证管辖问题研究》，《重庆邮电大学学报（社会科学版）》2021年第3期，第54—61页。

质严重、刑事责任较重的罪名也应当通过这种多国司法机关磋商解决的办法处理。可在支持属地管辖的前提下，有条件地引入民事法律中的协议管辖制度，当遇到具体冲突而又无法按照一般管辖原则确定管辖法院时，可以通过各有关方面的充分协商，在求同存异的前提下达成协议，将该案交由有管辖权的一方法院审判，其他有关方提供收集证据、扣押财产、缉捕并移交案犯的司法协助。随着我国刑事法律发展的国际化以及跨国网络犯罪等跨国犯罪的增加，建立管辖权争议案件的磋商解决制度将十分必要。

二、打通跨部门协作的信息壁垒和合作隔阂

根据实务部门的反馈，办理电信网络诈骗关联犯罪案件过程中较难解决的一大问题是追赃返赃难，即一方面行为人可能使用多张银行卡、电信卡，作案领域涉及多个网络平台，以致涉案金额难以查清，犯罪数额难以认定；另一方面赃款返还落实不到位，可能个案中被害人人数众多，分布广泛，仅依靠司法机关的力量无法高效准确地返还被害人损失的金钱。

本书认为，解决追赃返赃难问题的关键在于开放部门间的信息共享，加强各部门间的工作配合与办案合作，形成多部门积极协同治理电信网络诈骗的严密体系。针对电信网络诈骗犯罪开展协同治理，必须建立一套系统的治理框架来化解目前存在的部门冲突问题，从而确保各个参与部门能够积极投身治理决策的制定以及政策的执行。目前，我国政府已经意识到电信网络诈骗协同治理的必要性，2015 年 6 月，国务院批准建立了由国务院综合治理委员会牵头，公安部、宣传部等 23 个部门和单位组成的打击治理电信网络新型违法犯罪工作部际联席会议制度，全面负责全国打击治理电信网络诈骗犯罪工作的组织领导和协调统筹工作，该部际联席会议制度成为整个电信网络诈骗治理的统筹决策中枢。在党委统一领导、联席会议组织协调下，有关部门齐抓共管、社会各方面积极参与的打击电信网络诈骗犯罪的工作新格局已经

建立，并在短时间内取得较大成效。未来工作的重点可以着力于充分发挥各级党委、政法委的领导和统筹协调作用，真正提高对电信网络诈骗关联犯罪危害性的重视程度，建立真正的警企联动、警银联动、警信联动机制，充分发挥银行、电信等部门对司法机关案件侦破的支撑作用，对于有意懈怠的责任部门，应当给予必要的警告和惩戒。[①]

此外，目前各行业的自治规则还不完善，各企业、平台的风险合规管控仍存在漏洞，这些都很容易成为被不法分子加以利用的犯罪资源，并据此衍生出形态各异的新型犯罪手段，例如，以"代为贷款"为由骗取他人银行卡信息实施盗窃，利用虚拟货币为境外电信网络诈骗团伙非法转移资金，等等，不胜枚举。因此，司法机关在办理该类手法隐蔽、查证困难的案件时，有必要深入行业，召开企业座谈会，提出企业在产品研发、市场推广中存在的法律风险，督促企业规范产品推广，审慎审查合作方的推广模式，合理设定推广费用，加强产品推广过程中的风险管控，推动合规建设，促进电信网络行业规范健康发展。[②]例如，针对诈骗及其关联犯罪泛滥成灾的网络游戏行业，检察机关可以通过发布典型案例、指导意见等方式与有关部门加强信息共享和理念互通，协同有关部门进一步规范网络游戏行业，严格落实备案制度，完善游戏推广机制，加强对游戏过程中违法犯罪信息的监控查处，推动网络游戏企业加强合规建设，督促企业依法依规经营。[③]

各政府机关应当统筹推进跨行业、企业统一监测系统建设，为利用大数据反诈提供制度支持，充分发挥政府的引领作用，加强政府对涉电信网络诈

[①] 李怀胜：《电信网络诈骗犯罪的治理难点与回应》，《中国信息安全》2019年第9期，第68—71页。

[②] 《最高检提示：要跟你"奔现交友"的网游CP，可能是骗子，请保持警惕》，载 https://rmh.pdnews.cn/Pc/ArtInfoApi/article?id=28122765，最后访问日期：2022年10月29日。

[③] 《坚持惩防治结合 筑起防范诈骗"防火墙"》，载https://www.spp.gov.cn/spp/xwfbh/wsfbt/202204/t20220421_554307.shtml#1，最后访问日期：2023年5月7日。

骗黑灰产的治理和管控。构建跨部门、跨地域的共享、多元主体协作的社会治理体系，是各方主体的责任，但多元共治模式下的治理主体，其力量是不均衡的。政府具有强大的权威和社会资源调动力，应作为多元共治结构的重心，充当多元治理的掌舵者。在针对涉电诈黑灰产犯罪的多元共治模式中，政府不仅要承担涉诈黑灰产犯罪的治理责任，坚持贯彻执行共治理念，保障多元共治模式的有效运行；还要做好顶层设计，进行长远谋划，调动其他治理主体参与治理的意愿，引领其充分发挥各自的职能优势、技术优势等，积极主动打击治理网络黑灰产，形成各司其职、相互补充、协同发力的多元治理模式，统筹推进相关金融、通信、互联网行业主管部门建设跨行业、企业的统一监测系统，推动涉诈产业监测、涉诈信息、犯罪线索、风险信息的共享。例如，司法机关办理电诈案件需要调取证据的，互联网企业应当及时提供数据查询、证据调取等支持。①

为深入贯彻落实国务院部际联席会议精神，协同推进防范打击电信网络新型违法犯罪，各成员单位应当主动作为、综合施策，进一步构建完善更加科学、精准的跨部门、跨行业的治理协同工作机制。相关部门应当进一步加强协调联动，针对打击诈骗犯罪行动中的重点、难点、痛点问题及薄弱环节，出台更加符合当前犯罪行为特征的具体措施。司法、网络信息安全、通信、金融等行业主管部门之间要加强沟通与合作，成立跨部门、跨行业的治理机构，履行监管职责，规范行业行为准则。同时，要压实行业主体责任，推进样本信息数据共享，构建黑灰产治理联盟，共享情报和技术数据库等，共同应对涉诈网络黑灰产挑战。相关企业可以在法律允许的情况下，与警方构建高效的信息推送机制，共同开展情报收集和研判，实现警企业务的深度融合；

---

① 孙秀兰：《多元共治：涉电信网络诈骗的黑灰产治理研究》，《公共治理研究》2023年第1期，第87页。

警企双方还可以进行技术探讨，打通技术壁垒，强化情报分析能力。①

具体而言，一是建设企业信息联网核查系统。为有效应对电信网络诈骗和跨境赌博新形势、新问题，中国人民银行会同工业和信息化部、国家税务总局、国家市场监督管理总局建设运行企业信息联网核查系统，积极推进信息共享，打破信息孤岛，为银行核验企业相关信息提供权威渠道，有效防范账户风险。二是建立涉诈线索联合研判、协同处置机制。为加强涉诈信息的共享、共用，进一步提升电信网络诈骗治理能力，由工业和信息化部牵头，会同公安部、中国人民银行等相关单位建立涉诈域名的联合研判与协同处置工作机制，依托工业和信息化部建设的防范治理电信网络诈骗大数据平台，汇聚分析涉诈域名、URL、短信等，并联合相关单位开展联合研判与协同处置。三是开展联合宣导工作。积极利用各种媒介，广泛宣传电信网络诈骗防范常识，提升民众网络安全意识，共筑全民防诈反诈防护网。近年来，工业和信息化部组织地方通信管理局、基础电信企业、相关支撑单位等创新开展"众智护网"防范治理电信网络诈骗创新示范项目评选活动、网络安全技术应用试点示范活动，先后遴选出 57 个创新示范项目，并在行业内广泛推广；同时针对重点人群，组织开展 10 余次"反诈进校园""反诈进社区"活动；针对复工复产、延迟开学上网课、华人急于回国、网上购物等疫情期间的诈骗，组织行业反诈力量开展信息通信行业电信网络诈骗防范治理网上公开课活动，并通过微博、微信、短视频、行业媒体、发送短彩信等多种方式向重点人群及时提示提醒。中国人民银行也通过组织地方银行、支付机构和清算机构开展"金融知识普及月""金融消费者权益日"等活动，向社会公众普及金融知识，提升风险防范意识和自我保护能力。② 四是强化协同打击，建立多警联

---

① 孙秀兰：《多元共治：涉电信网络诈骗的黑灰产治理研究》，《公共治理研究》2023年第1期，第88页。

② 中国信息通信研究院安全研究所：《新形势下电信网络诈骗治理研究报告》，2020年，第28—29页。

动。各单位应紧密协作，充分发挥各自优势，认真履行部门职能，层层落实责任，营造全局上下齐心协力的浓厚氛围，始终保持对电信网络诈骗犯罪的严打态势。刑侦部门要重点加强案件侦查工作，社区切实做好摸排工作，情报专班及时查明涉案手机及电脑的归属地、使用地、IP地址等相关信息。公安机关要改变单向管控思维，主动开展涉电诈网络黑灰产的治理协作，主动与其他行业主管部门、社会组织等进行沟通，建立和完善协作机制；要借助企业的经验和技术，实现全链条的犯罪侦防和预警反制；要统筹推进跨行业、企业的监督体系建设，开展涉电诈黑灰产的社会治理共同体建设，充分发挥社会其他主体的治理功能，共同发力，重拳打击涉电诈网络黑灰产犯罪。五是打破壁垒，扩大区域效能，前移追赃追缴工作。组织收网破案时，同步开展追赃工作，将电信诈骗案件的下游"产业链"纳入打击整治范畴，积极敦促一般违法犯罪嫌疑人主动投案、主动退赔。针对电信网络诈骗手段不断升级、涉及范围不断扩大的问题，立足辖区诈骗发破案的实际需求，迅速采取行动，建立跨区域合作机制，通过远程通信联络，互通情报、提供协助、多点发力，为案件侦破奠定良好基础。

中国司法大数据研究院发布的专题报告显示，2017年至2021年，全国各级法院一审审结网络诈骗类案件10万余件，总体呈上升趋势。诈骗分子的惯用伎俩常常与人们的生活需求密切相关，如办理贷款、发布虚假招聘、征婚交友、捏造网购问题等。[①]针对诈骗手法"蹭热度"、诈骗形式多样化、诈骗对象精准化等特点，必须加强电信网络诈骗的综合治理，推进金融、通信、互联网等行业治理，夯实各方面治理责任，强化群防群治，加强平台治理协同效能。北京师范大学法学院发布的《2022年电信网络诈骗治理报告：以短视频平台为样本的研究》指出，目前涉及短视频平台的电信网络诈骗，有

---

① 《司法大数据专题报告显示——涉信息网络犯罪案件量逐年上升，诈骗罪占比最高》，载https://www.court.gov.cn/xinshidai-xiangqing-368161.html，最后访问日期：2023年5月5日。

90% 的比例会引流至第三方社交平台。^① 因此，针对电信网络诈骗产生的信息链、资金链、技术链等，靠单个平台、某个部门"单打独斗"难以彻底打击违法犯罪，^② 必须建立各平台间的责任协同机制，完善功能互通，加强跨平台、跨部门的综合治理，筑起防骗反诈网。

第三节　电信网络诈骗关联犯罪综合治理体系中的检察机关主导机制构建

一、充分发挥检察机关在电信网络诈骗关联犯罪综合治理体系中的协调枢纽作用

在协同治理方面，检察机关应着力推动健全执法司法沟通协调机制，加强部门联动，通过联席会议、研讨会、案情通报等制度，在制度建设、信息交流、证据标准、执法尺度等方面建立长效合作机制，增强打击合力，主动加强与金融、电信、市场监管等职能部门以及互联网企业的常态化联系和实质性协作，督促落实监管、监测、提醒责任，多措并举，努力推动形成惩治网络犯罪的系统合力。^③强化检察机关的诉源治理，主动协同推进网络领域综合治理。针对电话卡银行卡管理、校园治安管理、保险行业个人信息管理等方面的突出问题，各地检察机关应通过制发检察建议、风险提示函、签订备忘录等方式，督促加强综合治理，积极探索办案联动机制，推动建立一体化、

---

① 《2022年电信网络诈骗治理报告：以短视频平台为样本的研究》，载https://law.bnu.edu.cn/xwzx/xyxw/137849.htm，最后访问日期：2023年5月5日。

② 李万祥：《治理电信诈骗不能单打独斗》，《经济日报》2022年12月14日第5版。

③ 史兆琨：《坚持宽严相济，依法惩治诈骗犯罪》，《检察日报》2021年10月27日第2版。

智能化公共数据平台，实现由个案办理式监督向类案治理式监督转变。①

以我国台湾地区和大陆地区联合治理电信网络诈骗的实践探索为例，目前两岸四个联系窗口中，除福建省公安厅刑事侦查总队与台湾地区刑事部门有联系外，上海市、江苏省与广东省的联系窗口均设在港澳台事务办公处，需经二手传递才能将情报转给刑事侦查总队，渠道不够通畅。但显然，加强两岸警务合作已是目前应对非传统安全威胁势在必行的趋势，只有这样，未来侦审所需证据、资料的传递与缉捕行动的协调，才能更有效率。有学者建议，应当建立跨境 P2P 警务合作模式，形成即时通联的快速反应机制：由两岸检警以合作打击犯罪为基础，从"Police to Police"（警察对警察）的概念出发，以"全球思维、在地行动"为根本，联合开展查缉行动。P2P 警务合作在跨境电信网络诈骗犯罪侦办上的运用具有两方面的优势：一是可以加速案件的联系效率，无须经过多层关卡层报；二是可以有效整合情报资讯、技术支持等司法资源，发挥"1+1>2"的加成效应。在这种模式主导之下，可以构建犯罪资讯交流合作平台，共享治安大数据资料库，对两岸跨境犯罪的犯罪嫌疑人、犯罪集团背景、犯罪手法等相关资料建立档案，利用网络技术完成犯罪信息的收集、检索、交换、传递等一系列网络资料库体系的建构工作，让两岸警方均可即时获取所需资料，彻底遏制跨境犯罪的扩张。在技术手段方面，可尝试强化云端资料勘探技术，形成完善畅通的情报资讯交换机制。情报资讯的时效性、完整性与准确性是掌握犯罪趋势的关键所在，特别是在电信网络诈骗犯罪中，诈骗集团大量使用人头电话、账户，时常变换机房、据点，且成员更换速度也很快。对此，两岸合作防治电信网络诈骗犯罪的一个重要基础就是即时交流情报资讯。从两岸共同破获的重大跨境电信诈骗专案可知，跨境诈骗现今普遍将电信机房设于第三地，通过交换平台（中继站）

---

① 《检察机关全链条惩治电信网络诈骗犯罪 2021年起诉4万人》，载https://www.spp.gov.cn/xwfbh/wsfbh/202203/t20220302_546333.shtml，最后访问日期：2022年10月31日。

窜改号码并传送资讯，进而诈骗大陆民众。而从中继站的选择看，目前以香港为主，向香港电信业者代理或批发各种廉价话务，以合法形式掩盖其非法目的，再架设主机为不同诈骗集团提供传输话务、远端设定以及接听等电信服务。由此可以看出，跨境电信诈骗作业范围至少已跨四地，只有建立密切且及时的情报资讯通联机制、强化联防能力，才有可能即时查知诈骗集团所设的中继站所在，从中清查出各电信机房的据点，达到全面扫荡、连根拔起的效果。此外，还需要强化网络策略的云端检索平台功能，对异常手机号与网络账号进行实时预警监控，分析涉嫌电信诈骗者社群网络活动、人际关系、电子商务交易资讯等关联信息，加强与电信网络技术专业人员的合作，通过合作分享情报资讯，使两岸检警能在最短时间内迅速掌握犯罪踪迹、阻断攻击来源，达成主动式科技犯罪侦查与提升刑事侦查效率的目标，有效消弭电信诈骗犯罪的发生。[1]

对于跨国跨境电信网络诈骗、互联网金融犯罪，主犯难以直接到案的案件，在完善刑事管辖规则和强化国际合作时，需要确定适当的国家主权观，以网络空间的实害结果及其与行为的关系度为模型来应对属地管辖失灵，遵循国际法主权原则、刑法体系性原则、程序正当性原则、司法技术性原则、国际法标准原则等。同时，要完善刑事管辖，加强国际司法合作，在取证、涉嫌犯罪人员移交等方面形成协作机制，依法用好指定管辖，畅通司法机关之间案件移送通道。[2]

在追赃挽损方面，检察机关应当同公安机关、法院保持信息畅通，切实加大追赃挽损力度，不给犯罪分子在经济上以可乘之机，保护受骗群众的财产利益。当前，涉诈资金发现难、追缴难、处置难是困扰司法办案的一个突

---

[1] 沈威、徐晋雄等：《网络时代跨境电信诈骗犯罪的新变化与防治对策研究——以两岸司法互助协议之实践为切入点》，《中国应用法学》2017年第2期，第73—88页。

[2] 庄永廉、刘艳红等：《电信网络诈骗治理难题与破解》，《人民检察》2021年第11期，第37—44页。

出问题，也是影响人民群众获得感的重要因素。对此，检察人员应把追赃挽损作为司法办案的重要内容，及时会同公安机关、法院提取、梳理、分析涉诈资金证据尤其是电子数据，从平台资金账户、犯罪分子个人账户入手，倒查资金流向，依法及时冻结相关出入资金账户；通过资金流向发现处置线索，依法及时扣押涉案相关财物，阻断诈骗资金的转移和处置，最大限度挽回被害人的财产损失。尤其在案件介入的初期，检察机关应加强对涉案资金线索的梳理排查，引导公安机关依法及时扣押、冻结涉案资金财物，为后期追赃挽损创造条件。①

二、充分发挥检察机关在电信网络诈骗关联犯罪综合治理体系中的指导监督作用

检察机关应将打击诈骗犯罪案件作为一项重点工作来抓，制定并完善相关规范性文件，进一步织牢织密反诈防护网，积极开展重点领域的专项打击行动，实现专项清理与常态化打击相结合。同时，应进一步加强调查研究，及时总结办理类案的经验，提炼类案证据标准，适时出台打击电信网络诈骗犯罪办案指引和典型案例。围绕办案重点难点，通过制定规范性文件，推动法律适用标准的精细化。② 例如，结合司法办案，开展社会调查，及时总结梳理网络监管、"两卡"管理中存在的突出问题，通过检察建议、公益诉讼等形式，提出意见和建议，推动相关部门加强行政前置监管，完善行政处罚、信用惩戒等措施，全面落实打防管控各项措施和行业监管主体责任，充分运用检察建议，督促查漏补缺、建章立制，实现"办理一案，治理一片"，努力促进社会综合治理和源头治理。还应加强刑事司法与行政执法衔接，采用重点

---

① 赵玮、纪敬玲：《协同推进电信网络诈骗及关联犯罪诉源治理》，《人民检察》2022年第4期，第48页。

② 史兆琨：《坚持宽严相济，依法惩治诈骗犯罪》，《检察日报》2021年10月27日第2版。

领域整治、信用惩戒、大数据监测等综合措施，强化通信运营商、商业银行、第三方支付平台及有关监管部门的主体责任，针对"实名不实人"的顽疾采取有效措施进行整治。

检察机关要积极发挥能动的指导监督职能和公诉主动性，推进"四大检察"的相互贯通，不断丰富打击治理电信网络诈骗犯罪的"工具箱"，形成法律监督合力。例如，对于诈骗分子获取个人信息以实施下游电信网络诈骗关联犯罪的行为，根据 2021 年 11 月 1 日正式施行的《个人信息保护法》第 70 条，个人信息处理者违反本法规定处理个人信息，侵害众多个人的权益的，人民检察院可以依法向人民法院提起诉讼。检察人员在依法追究电信诈骗犯罪分子刑事责任的同时，应当认识到上下游关联犯罪是挖掘公益诉讼线索的"富矿"，及时敏锐地发现是否存在违法处理个人信息等情形，将其作为公益诉讼重点，以能动检察履职助推源头治理。以 2022 年 11 月浙江检察机关办理的全国首例反电信网络诈骗公益诉讼案为例，2022 年 4 月，宁波余姚发生多起冒充物流、网购客服退款赔偿类电信诈骗案件，余姚警方顺藤摸瓜，查处非法窃取云仓快递面单信息的重大刑事案件。经查，涉案犯罪团伙指使"马仔"通过临时应聘或者采取凌晨时分溜门、爬窗、技术开锁等方式进入义乌等地云仓企业的快递面单打单办公室，在电脑上安装远程控制程序盗取快递面单信息，并以每条 3—5 元的高价转卖给境外犯罪团伙，涉案金额达 1000 多万元。2022 年以来，义乌警方也先后查处了多起同类案件，犯罪团伙假借应聘等名义潜入电商云仓企业，采取植入远程控制程序、离职后使用相关电商管理系统子账号登录查询等方式，盗取快递面单信息并出售给上游犯罪团伙。上述电信网络诈骗案件的频繁发生，使浙江省人民检察院意识到这些案件背后反映的电商云仓等新业态在反电信网络诈骗、个人信息保护方面存在漏洞。因此，在最高人民检察院的统筹指挥下，浙江省人民检察院于 2022 年 11 月 15 日正式决定立案，提起公益诉讼，组织金华、义乌、余姚检察机关公益诉讼部门成立专案组，并多次赴义乌指导开展调查核实等工作。[①]又如杨某某、黎某等 3 人诈骗医保基金案，该案的争议焦点在于诈骗罪与合同诈骗罪的区别适用，其中难点是对医疗服务协议性质的准确界定。对此，德阳市检察机关积极发挥指导作用，认真研究法律政策，收集对照相关案例，邀请专家论证，根据相关司法解释和法学理论，结合医疗服务协议的约定内容，认定该类协议不属于平等主体之间的民事合同，而属于社会保障经办机构与医疗机构在基本医疗保险基金统筹、管理和支付过程中依法签订的行政合同，骗取医疗保险基金的行为侵害的法益并非市场经济秩序，因此不符合合同诈骗罪的构成，应当认定为诈骗罪。德阳市人民检察院的做法体现了其加强审判监督，纠正法律适用错误的作用，起到了良好的法律效果。结合此案，什邡市人民检察院还及时履行监督职能，分别向什邡市卫生和计划生育局、什邡市人力资源和社会保障局制发检察建议，建议进一步健全完善内控制度，全面实行医疗费用智能审核，对定点医药机构开展全面资格复查、建立定期复审制度，对医疗机构关键岗位和人员及医疗从业人员开展医保基础知识、法律政策和职业道德等培训，夯实医保基金管理基础，促进医疗领域社会治理，使医药行业监管得到进一步规范。[②]

电信网络诈骗犯罪分子往往借助电信业务经营者、金融机构、互联网服务提供者提供的服务实施犯罪，如果有关单位未履行实名制登记、尽职调查等义务，将会给司法机关锁定、抓获犯罪嫌疑人和追赃挽损造成较大困难。为此，要注意追究相应责任者的民事责任。检察机关可以依法履行民事支持起诉职能，促使有关单位积极履行防范与管理义务，强化对电信诈骗犯罪的

---

① 《首例！浙江检察机关办理反电信网络诈骗公益诉讼案》，载 https://www.zjjcy. gov.cn/art/2022/12/3/art_33_196552.html，最后访问日期：2023年5月7日。

② 《检察机关依法追诉诈骗犯罪典型案例》，载 https://www.spp.gov.cn/spp/xwfbh/ wsfbt/202110/t20211026_533382.shtml#2，最后访问日期：2023年5月7日。

全链条打击治理。① 同时，检察机关应进一步落实普法责任，广泛宣传防范电信网络诈骗知识，结合典型案例释法说理，全面提升人民群众的安全防范意识，坚持"全链条打击、精准化预防、一体化治理"思维，依法加大对电信网络诈骗及其关联犯罪的打击力度，积极营造"天下无诈、全民反诈"的良好环境。② 检察机关要重视发挥典型案例的指引作用，加强以案释法，警示犯罪分子迷途知返，教育广大公众提升防范意识，推动行业部门强化电信网络诈骗综合治理，共同营造清朗网络空间。

构建电信网络诈骗关联犯罪综合治理体系，检察人员要有融入参与的能动自觉，主动延伸监督，加强案件反向审视，推动制度机制建设，为电信网络诈骗的社会治理、网络监管发出"检察预警"、提供"检察方案"，还应加强刑事检察和公益诉讼检察之间的信息互通、资源共享、线索移送、人员协作和办案联动，形成相关犯罪治理的工作合力。同时，要更加重视数据赋能，强化大数据思维。如借鉴浙江等地数字化改革探索，推动建立数据互通共享，强化数据集成分析研判，实现由个案办理式监督向类案治理式监督转变，及时发现"死角""盲点"，为电信网络诈骗犯罪治理提供指导监督。除此之外，检察机关要更加重视涉案企业合规建设，利用涉案企业合规改革在全国全面开展的契机，结合电信网络诈骗黑灰产治理和个人信息安全保护的突出问题，督促涉案企业加强合规建设，强化源头治理。具体来讲，检察机关可通过制发检察建议书、开展专业第三方监督评估、召开不起诉案件公开听证会等，督促涉案企业构建数据合规管理体系、提高风险识别应对能力、营造企业合规文化。③

---

① 杜邈：《以检察能动履职促成"全链条"反电诈格局》，《检察日报》2022年3月16日第3版。

② 《检察机关全链条惩治电信网络诈骗犯罪 2021年起诉4万人》，载https://www.spp.gov.cn/xwfbh/wsfbh/202203/t20220302_546333.shtml，最后访问日期：2022年10月31日。

③ 赵玮、纪敬玲：《协同推进电信网络诈骗及关联犯罪诉源治理》，《人民检察》2022年第4期，第48页。

第四节　电信网络诈骗关联犯罪综合治理体系中的网络平台治理措施参考

——以腾讯公司的反诈防治策略体系为例

当前，我国网络用户数量增加迅猛，基本上实现了"全民皆网民"。但伴随着近几年互联网技术的快速更迭，电信网络诈骗的渠道也在不断拓宽，手法不断更新，呈现智能化、产业化、链条化和跨平台化的趋势。以短视频平台为例，利用短视频、二手交易平台等第三方网络平台内容传播速度快、触达面广的特点，发布诱惑性内容，引导用户前往第三方社交平台沟通，配合刷单、贷款、交友、返利等多种手法，形成"引流诈骗"链条，这已成为当前电信网络诈骗的常见手段。防范电信网络诈骗，构建电信网络诈骗的全过程综合治理体系，少不了网络平台的出力。发挥网络平台在电信网络诈骗治理中的积极作用，对打击电信网络诈骗犯罪具有强大的助推力。

一、聚焦挽损止付，守护好"钱袋子"

无论诈骗手段如何更新，电信网络诈骗犯罪分子的最终目的始终是非法获取被害人的钱财。因此，从百姓的"钱袋子"入手，防范电信网络诈骗，有利于从根本上让电信网络诈骗犯罪分子的目的落空，增加其犯罪成本。守护好"钱袋子"，不仅需要关注支付环节，还需要构建起以资金流为导向的全方位的资金、账号安全守护体系。

2020年开始，腾讯公司推出"钱袋子守护计划"，整合内部多团队的反诈技术能力，针对电信网络诈骗关键的资金支付环节，进行重点关注、识别与打击，加强用户资金的安全保障。2021年，"钱袋子守护计划"进一步升级，成立反欺诈专项，形成覆盖事前、事中、事后全过程、全环节的综合性反诈体系。在事前，加强对用户的安全教育与提醒；在事中，增加可疑交易防骗客服提醒，延长可疑交易冷静期；在事后，扩大对弱势群体的人道主义关怀，同时提升用户干预体验和申诉体验，降低客诉率。在"钱袋子守护计划"中，腾讯公司以微信支付为核心，聚合起微信红包、转账、面对面收款等众多支付业务场景的安全能力，构建起全新的微信支付聚合安全服务，覆盖从以支付为主，到支付、收款、出入资金等的全支付业务场景，不断沉淀恶意挖掘模型，实现团队之间的资金关联挖掘和已识别诈骗资金账号的扩散挖掘，实现从交易到账户、从个人到团伙、从单场景到全场景的资金风险的深度、全方位挖掘。此外，为了实现精准风险拦截，阻止诈骗行为对被害人造成财产损失，微信支付构建了一套对恶意账号支付能力进行限制，对被骗资金冻结、止损，以减少用户损失的策略模型。系统识别出收款方账户的异常特征，付款时会弹出交易风险提醒的消息，如提示"对方账号存在风险，请勿向对方转账"等。之后，在拦截后进行文字预警的基础上，还新增了"防骗客服提醒"新功能。通过客服强提醒，协助用户识别骗术，避免经济损失。在遇到风险交易时，支付界面会弹出"接听提醒"按钮，由腾讯云智服提供 24 小时实时在线客服，协助用户判断交易风险并进行有效的风险预警，进一步保护用户的财产安全。在腾讯公司的"钱袋子守护计划"中，更值得一提的是"风险分级"，即根据交易的可疑程度，对欺诈的风险程度进行综合评估，并且进行风险分级。针对不同的欺诈风险类型，由低至高，从交易资金限制、账户限制以及自然人限制等不同层面进行分级梯度处置，包括单笔交易资金冻结、账户限制收付款、账户资金冻结、限制注册等打击措施和处罚规则。[①]

[①] 腾讯公司：《腾讯电信网络诈骗治理研究报告（2021年）》，2022年，第56—58页。

二、关注重点人群，进行专项治理

从电信网络诈骗被害人的年龄构成来看，40 岁以下人群是主要的受害群体；在性别比例上，男性被害群体的比重大于女性被害群体；此外，数据显示，青少年极易陷入游戏交易、追星诈骗的圈套中。网络游戏、现场追星等都是当代青少年十分喜欢，甚至沉迷的活动，电信网络诈骗分子往往利用青少年的心理特性，投其所好，以"加好友送游戏皮肤""低价出售游戏虚拟物品""提供近距离接触偶像的机会"等方式，诱骗青少年进行转账、扫码付款，甚至诱导其使用父母或者长辈的手机进行支付。[①] 针对以上不同群体，网络平台基于大数据算法的分析，可进行相应的专项治理。

腾讯公司以微信支付为核心开展了青少年诈骗专项治理，微信支付协同多个团队进行联合打击，深入分析诈骗分子对青少年群体实施诈骗的手法和特点，制定针对性策略，识别风险，在发生风险时系统会立即实施拦截，并基于案例聚类特征，升级欺诈打击体验，保护青少年免于受骗。此外，由于青少年正处于心理发育不完全，内心敏感且不成熟的阶段，针对被骗青少年，腾讯公司还开展了专门的用户关怀计划，组织客服团队进行一对一深度跟踪回访，协助进行报案和提供证据，并帮助家长对青少年进行心理疏导，改善青少年被骗后可能出现的心理健康问题。腾讯公司实施青少年诈骗专项治理后，有关的青少年诈骗案件数量下降了近 89%，涉案金额降幅高达 94%，专项治理成果显著。[②]

对重点人群的专项治理还应体现在反诈宣传上。当前，部分地区反诈宣传工作依然存在问题，还是以"大水漫灌式"的发传单模式为主。反诈宣传是电信网络诈骗治理工作的重要部分，更是社会治理的一部分，应推动其精

---

① 腾讯公司：《腾讯电信网络诈骗治理研究报告（2021年）》，2022年，第12页。

② 腾讯公司：《腾讯电信网络诈骗治理研究报告（2021年）》，2022年，第59—60页。

细化转向。[①] 对此，腾讯公司针对不同人群积极开展针对性宣传。针对青少年，2021年1月至10月，腾讯公司联合深圳、无锡、武汉、广州等地公安机关，以及武汉大学、华中师范大学等高校和中小学，创新开展"反诈班会"、"反诈小宝贝"短视频、"全国中小学生网络安全教育日"安全教育、反诈MV、反诈漫画、反诈教育公开课等多种形式的宣传活动，引发对青少年防骗教育的广泛关注。针对中老年人，2021年9月至11月，腾讯公司联合重庆、拉萨、无锡、烟台、武汉、广州六地警方开展以"姜是老的辣、反诈力量大"为主题，以"反诈知识进社区""反诈歌曲大流行""反诈舞蹈齐开花"为主要内容的反诈骗宣传公益行动，旨在联合有更多闲暇时间且热心圈层传播的中老年群体，共同宣传反诈知识，带动身边人提升反诈意识。[②]

三、紧跟账号踪迹，斩断交易链条

当前，互联网账号交易黑灰产业链条逐渐规模化，虚假账号肆意横行，背后是各类逃避实名认证监管、养号包装的违法犯罪行为。实践中，通过盗窃账号、生产虚假账号的方式隐藏真实身份，为后续电信网络诈骗活动作铺垫的案例数不胜数。电信网络诈骗活动已经逐渐规模化、产业化，并且形成了上、中、下游的黑灰产业链，其中上游已经形成了专门的号商，这些号商大量注册各个网络平台账号，并以人工或工具方式养号，借助"账号交易平台"出售账号。此外，还有黑客通过技术或社会工程学等手段发起攻击，窃取用户账号，并通过黑市或者暗网出售。因此，只有保障信息安全，即账号安全，才能遏制电信网络诈骗黑灰产的发展速度，抵制黑灰产业链的攻击。

打击账号交易黑灰产，斩断账号交易链条，企业平台要素不可或缺。《反

---

① 刘力伟：《电信网络诈骗治安防控机制检视与治理路径优化》，《网络安全技术与应用》2022年第3期，第155页。

② 腾讯公司：《腾讯电信网络诈骗治理研究报告（2021年）》，2022年，第67页。

电信网络诈骗法》第 22 条对此也有明确规定："互联网服务提供者对监测识别的涉诈异常账号应当重新核验，根据国家有关规定采取限制功能、暂停服务等处置措施。互联网服务提供者应当根据公安机关、电信主管部门要求，对涉案电话卡、涉诈异常电话卡所关联注册的有关互联网账号进行核验，根据风险情况，采取限期改正、限制功能、暂停使用、关闭账号、禁止重新注册等处置措施。"因此，互联网企业首先应当严格落实"网络实名制"，建立审查实际运营者与注册身份是否相符合、防范虚假注册的基本制度，升级优化平台账号治理策略。

　　针对恶意账号注册、登录等情形，腾讯公司《微信个人账号使用规范》明确了账号封禁制度，该规范第 2.4 条明确指出："常见的违规行为包括但不限于：频繁注册、批量注册微信账号、滥用多个微信账号、诱导或欺骗他人为自己注册微信账号进行辅助验证、恶意为他人注册微信账号进行辅助验证等。为了保护用户账号安全，腾讯有权对访问异常的行为（如登录异常、打招呼异常、解封异常、其他操作异常等）进行独立检测判断并采取相应处理措施。……对于违反本规范的微信个人账号，一经发现，腾讯将根据情节进行删除或屏蔽违规信息、警告、限制或禁止使用部分或全部功能直至永久封号的处理，并有权公告处理结果。"腾讯 QQ 对此也有类似规定："QQ 号码使用权仅属于初始申请注册人。未经腾讯许可，您不得赠与、借用、租用、转让或售卖 QQ 号码或者以其他方式许可非初始申请注册人使用 QQ 号码。"腾讯游戏也不例外，《腾讯游戏许可及服务协议》制定了账号封禁规则："游戏账号是腾讯按照本协议授权您用于登录、使用腾讯游戏及相关服务的标识和凭证，其所有权属于腾讯……您不得将游戏账号以任何方式提供给他人使用，包括但不限于不得以转让、出租、借用等方式提供给他人作包括但不限于直播、录制、代打代练等商业性使用。否则，因此产生任何法律后果及责任均由您自行承担，且腾讯有权对您的游戏账号采取包括但不限于警告、限制或禁止使用游戏账号全部或部分功能、删除游戏账号及游戏数据及其他相关信息、封号直至注销的处理措施，因此造成的一切后果由您自行承担。"

腾讯公司旗下的腾讯QQ坚决抵制各类违法违规使用账号的行为，并以"日常严查"结合"专项打击"的方式，为网民提供健康有序的网络空间和社交平台环境。2019年，腾讯QQ启动为期3个月的安全专项行动——"绿萝行动"，针对平台上恶意注册、违规使用账号、交易倒卖账号的行为进行集中清理和打击，并采用好友辅助冻结、实名认证冻结、永久冻结账号等阶梯化的封禁处理方式净化平台生态安全，情节严重的，将会触发永久封号处罚。腾讯公司针对异常广告流量开发了"流量反作弊平台"，针对黑灰产垃圾注册、洗号、养号等风险行为及账号类型、发布时段等特征信息进行建模，对虚假账号和无效流量予以过滤，以此保障平台内账号的安全性。为了标记高危账号，腾讯微信安全中心建立了检测算法、外挂检测技术和客户端保护体系，该体系2018年初上线注册辅助验证策略，当监测到用户异常注册，如批量注册、外挂注册时，会要求用户通过好友辅助完成注册，进而有效增加黑灰产团伙注册手机卡及养号的成本。同时对高危账号进行用户画像，从设备ID等多维度进行识别，标记高危账号库，及时采取封禁处罚措施，及时制止作恶行为。

四、加强技术对抗，搭建防护长城

技术是把"双刃剑"，在给人们带去便利的同时，也给不法分子的违法犯罪活动带来种种可能。电信网络诈骗的犯罪手段由于其移动性、匿名性和灵活性，在传统的警务和司法手段面前显得极为难以制止。我们必须加强技术手段的研发和应用，完善网络安全防护体系，推进网络监管技术的发展，建立高效的监测、防御和追踪体系，提升电信网络诈骗治理的能力。电信网络诈骗分子利用网络技术实施犯罪活动，对此我们也应当不断地完善技术，进行技术反制。随着大数据、人工智能等互联网技术的发展，这类先进的技术完全可以用于识别、拦截电信网络诈骗。例如，可建立涉嫌诈骗手机、网络账号、IP 地址、软件工具的数据库，在全网进行过滤拦截；通过人工智能分析诈骗分子惯用伎俩、行为特征，监测数据流向，对事主进行主动提示；通过态势感知平台识别、分析、拦截电信网络诈骗行为等。[①] 对此，《反电信网络诈骗法》第 32 条第 1 款、第 2 款明确规定："国家支持电信业务经营者、银行业金融机构、非银行支付机构、互联网服务提供者研究开发有关电信网络诈骗反制技术，用于监测识别、动态封堵和处置涉诈异常信息、活动。国务院公安部门、金融管理部门、电信主管部门和国家网信部门等应当统筹负责本行业领域反制技术措施建设，推进涉电信网络诈骗样本信息数据共享，加强涉诈用户信息交叉核验，建立有关涉诈异常信息、活动的监测识别、动态封堵和处置机制。"

在技术层面，企业作为技术创新的中坚力量，其作用不可忽视。平台企业需建立完备的技术反制系统，监测平台生态中的账号状态和信息流动情况，及时识别并以标记、删除、封禁等方式处理涉诈信息和发布传播涉诈信息的账号。平台企业对平台内外链和应用程序负有安全保障义务，需对其实时监测并强化解析，以排除涉诈可能性。平台企业应构筑监测防范制度，对网络推广、第四方支付、虚拟币交易等涉诈支持、帮助活动进行监测、拦截和处置，进一步压缩电诈犯罪的生存空间。以微信反诈系统为例，程序可通过无监督异常聚类检测算法、外挂监测和客户端保护体系等多种技术，对恶意账号、链接、程序的网络环境特征、行为特征等进行多维度分析，实现对涉诈信息和涉诈支持、帮助行为的有效识别并及时处置。[②]

技术反制是反电信网络诈骗的重要一环，是防范、遏制电信网络犯罪活动的有效措施。第一，企业要积极履行反诈社会责任，随着技术的更迭，实

---

① 孙建光：《浅谈当前形势下电信网络诈骗犯罪治理》，《信息网络安全》2021年第S1期，第33页。

② 王熠、狄小华：《"反制技术措施"的内涵及法治实现——以〈反电信网络诈骗法〉为例》，《南京社会科学》2022年第10期，第77页。

时调整安全策略，长期持续地加强技术对抗，增强对专门性诈骗技术和设备的技术治理。与诈骗分子的技术对抗是此消彼长、交替上升的长期过程，双方一攻一防，持续激烈交锋，事前确实难以穷尽所有安全策略，做到全方位、无死角且一劳永逸地防范所有可能的作恶路径；即使被验证属于行之有效的安全防护措施，也有可能因为技术的不断更迭，被诈骗分子找到可以利用的漏洞或者薄弱环节。因此，技术对抗不存在一蹴而就的情况，企业需要持续投入，做好长期对抗的准备。如面对呼叫转移功能在大量案件中反复被利用，涉诈风险较高的情况，监管部门、企业应该及时联动、跟进研判，通过增加审核确认环节、加强功能风险提示等安全策略，封堵业务漏洞。第二，企业要加强对专门性诈骗技术和设备的技术治理，积极研发能够及时识别、阻断VOIP、GOIP、"卡池"、"猫池"等涉诈软件、设备的技术措施，探索将大数据、人工智能应用于诈骗风险监控、诈骗预警的技术创新，提高事前止骗命中率，同时为事中和事后用户权益的维护、不法分子的打击处置，提供高效可靠的解决方案。例如，强化诈骗信息挖掘研判能力，利用机器学习、数据挖掘等技术开展涉诈电信和互联网网络资源的关联分析，推动涵盖虚拟拨号设备识别、诈骗电话拦截与预警、钓鱼网页、仿冒APP下载链接研判、诈骗团伙关联挖掘、疑似涉诈转账识别与拦截等关键技术研发，为事前预警、事中拦截、事后处置提供技术支撑。第三，互联网企业应当充分发挥平台优势，建立智能化、一体化的电信网络诈骗治理平台，搭建电信网络诈骗协同治理平台，实现不同行业、不同部门之间的信息数据共享，增强信息收集与获取能力，防止出现信息不对称现象，保障电信网络诈骗治理工作高效有序进行。

以游戏黑灰产的技术治理手段为例，针对DDoS攻击、恶意注册、游戏外挂、游戏私服等技术攻击，企业可以采取智能算法反篡改、反逆向分析、抗DDoS攻击、破解外挂、弥补游戏漏洞等安全防控措施，搭建技术防御体系；针对撞库攻击，可以构建外挂样本对抗库、联合通信运营商建立黑卡数据库，或者搭建人脸识别系统、老用户交叉验证机制；针对游戏作弊、不法信息恶意引流等现象，可以采取"坐挂车""刷金""送皮肤"等恶意信息的语音、文字检测技术。

"腾讯卫士"是技术防诈的典型例子。腾讯公司致力于打造连接全民共治的"腾讯卫士"，它是集"用户举报、违规打击、用户教育"为一体的公益性综合安全服务平台，广泛受理用户举报、及时封停违规账号、联动警企线上线下宣传，提供防骗案例等互联网安全服务，为用户打造安全文明的产品体验。成立以来，平台已累计服务用户量 1.5 亿，受理有效举报量近 6000 万，打击违法违规账号超 1000 万。"腾讯卫士"目前已经成为连接海量用户的公共治理平台，可查看全国各地报案指引、防骗大讲堂，评价和分享防骗经验，及时发布风险预警，实时展示各地区欺诈态势。此外，"腾讯卫士"可以一站式处理腾讯全业务场景，包括微信、QQ、公众号等在内的违法违规举报，举报专区还可以灵活实时调整，涵盖 8 大类、68 小类违法违规类型，支持交易订单、二维码的非账号体系举报。结合举报热点及高发诈骗类型，腾讯公司定期开展专项治理，形成了腾讯卫士分析挖掘、安全团队策略研判、助力警方刑事打击的治理全链条，精准打击电信网络诈骗黑灰产人员。[①]

五、协同配合治理，加强公私合作

在电信网络诈骗犯罪的对抗博弈过程中，单靠政府等公权力的力量，或者仅依靠企业的自身治理都是不够的，必须清楚地认识到只有坚持公、私力量的结合，才能对电信网络诈骗犯罪活动进行有力的打击。《反电信网络诈骗法》明确了电信网络诈骗治理思路之一是强化综合治理格局。该法要求由地方政府负总责，公安部门组织协调，金融、通信、互联网等行业主管部门承担行业监管主体责任，电信部门、银行及非银行支付机构、互联网平台承担安全主体责任；同时，在法律层面规定国务院建立反电信网络诈骗工作机制，

---

① 腾讯公司：《腾讯电信网络诈骗治理研究报告（2021 年）》，2022 年，第 60—61 页。

统筹协调打击治理工作，实现跨行业、跨地域协同配合、快速联动，有效防范电信网络诈骗活动。综合治理格局的构建必然要求公私合作，共同打击电信网络诈骗犯罪活动。

公私合作打击电信网络诈骗要强化情报研判共享，汇总分析锁定作案规律。网络诈骗的实施必然离不开网络平台，网络平台中的涉诈线索千千万万，只有牢牢把握住这些线索，进行研判和追踪溯源，才能形成打击电信网络诈骗犯罪活动的重要推动力。要通过警综平台、警企合作平台、互联网平台对属地发生的各类通信网络诈骗警情和案件集中进行分析研判，从发案部位、受害主体、作案手段等角度进行分类归档，总结发案特点，标注重点要素，有条不紊地开展信息比对、案件串并，确定包含招嫖诈骗、裸聊诈骗、刷单诈骗和购物诈骗等在内的常见多发电信网络诈骗案件类型，及时发布打防犯罪预警通报，并指导辖区各派出所及相关部门开展针对性防范宣传。① 企业应当优化电信网络诈骗协调推进机制，构建企业与公安机关深度协同参与的综合治理体系，推进成立反诈联盟，建立完善行业涉诈线索、协调调度信息等自动流转机制。

腾讯公司积极开展的警企合作值得借鉴。其具体合作流程如下。腾讯公司首先根据用户的举报信息，开展平台审核，对审核确定为违规账号的进行打击，之后对此类账号进行聚类分析。团队在挖掘到线索后，会立即联动警方开展线下打击，同时，会与警方合作对此类案件进行特征采集，有针对性地制定反哺安全策略，以加强企业的反诈能力。腾讯"守护者计划"安全团队对内联动微信安全团队、腾讯客服等业务安全团队，依托腾讯在安全大数据、底层技术方面的优势，在线索输出、技术分析等方面积极配合，支持公安机关打击电信网络诈骗，震慑犯罪，并在案件侦破后复盘分析犯罪手法，反哺线上对抗策路，为公众加固网络安全防护。2021年1月至11月，腾讯

---

① 刘磊：《大数据背景下电信网络诈骗的防范难点及对策》，《网络安全技术与应用》2023年第2期，第153页。

"守护者计划"协助公安机关开展各类网络黑灰产打击行动，破获案件达93件（串），具体包括网络诈骗、短信轰炸、非法支付结算、盗版侵权、恶意解封账号、云上黑灰产、色情引流、非法侵犯公民个人信息等，协助抓获犯罪嫌疑人超过4300人，涉案总金额超过16亿元。此外，针对犯罪产业链分工日益精细、技术日渐复杂、定性打击难的问题，腾讯公司搭建了"问道沙龙""刑事法制高峰论坛""网络安全思享峰会"等理论实务交流平台，打通技术和法律的双向资源，邀请司法机关、学界、企业各方共同探讨治理之道，在应对层出不穷的网络犯罪问题上发挥出积极作用。[①]

全国首起"跑分代付"案件便是由腾讯安全团队协助山东淄博警方查获的。该起案件的上游诈骗团伙先是以刷单兼职向被害人支付酬劳的方式取得信任，待被害人尝到甜头后，再进一步对其实施精准诈骗；下游"代付"团伙搭建非法第四方支付平台，以高额兼职返利为诱饵，吸引并发展大量一般正常用户提供其支付账号，为下游诈骗团伙提供小额付款服务，帮助诈骗团伙将其用以诱惑潜在诈骗被害人的小额利益隐藏于正常的用户付款行为中，逃避金融安全策略的识别打击。通过这种方式，诈骗团伙频频得手，大量无辜群众上当受骗，造成巨额财产损失和严重社会危害。据调查，该平台日均对外付款3000多笔，单笔付款金额通常不超10元（多为5.8元、8.8元），非法获利数十万元。最终山东淄博警方在腾讯安全团队的协助下，奔赴各地现场抓获嫌疑人共32名，查扣大量手机、电脑、银行卡等作案工具。[②]警企协同治理在该起案件中发挥着不可磨灭的作用，对打击电信网络诈骗犯罪活动具有重要意义。

---

① 腾讯公司：《腾讯电信网络诈骗治理研究报告（2021年）》，2022年，第62—63页。
② 腾讯公司：《腾讯电信网络诈骗治理研究报告（2021年）》，2022年，第44页。